成人教育 服务乡村振兴的实践研究

陆和杰　主编

上海交通大学出版社
SHANGHAI JIAO TONG UNIVERSITY PRESS

内容提要

本书旨在对国家乡村振兴战略文件深度解读的基础上,调研并提炼近年来宁波市成人教育服务乡村振兴建设的实践模式,通过相关理论研究,构建新时代我国成人教育服务乡村振兴建设的先行范式,为我国成人教育转型发展、服务乡村振兴提供可资借鉴的行动模型。本书既是新时代背景下成人教育服务乡村振兴的理论与实践反思,也是宁波市成人教育服务乡村振兴的探索与实践,对全国其他地区具有引领示范作用。

图书在版编目(CIP)数据

成人教育服务乡村振兴的实践研究/陆和杰主编
. 一上海:上海交通大学出版社,2021.10
ISBN 978-7-313-24330-0

Ⅰ.①成… Ⅱ.①陆… Ⅲ.①乡村教育-成人教育-教育改革-研究-中国 Ⅳ.①G725

中国版本图书馆 CIP 数据核字(2021)第 106709 号

成人教育服务乡村振兴的实践研究
CHENGREN JIAOYU FUWU XIANGCUN ZHENXING DE SHIJIAN YANJIU

主　　编:陆和杰
出版发行:上海交通大学出版社　　　　　地　　址:上海市番禺路 951 号
邮政编码:200030　　　　　　　　　　　电　　话:021-64071208
印　　制:苏州市古得堡数码印刷有限公司　经　　销:全国新华书店
开　　本:787mm×1092mm　1/16　　　　印　　张:13
字　　数:198 千字
版　　次:2021 年 10 月第 1 版　　　　　印　　次:2021 年 10 月第 1 次印刷
书　　号:ISBN 978-7-313-24330-0
定　　价:59.00 元

序　一

　　改革开放四十年来,我国成人教育先后经历了扫盲教育、文化补习、技术培训、学历补偿教育等发展阶段,在提升国民整体文化素质,推动社会发展方面发挥着重要作用。然而,近年来随着社会转型期及中国特色社会主义新时代的到来,我国社会的主要矛盾转化为人民日益增长的美好生活需要和不平衡不充分的发展之间的矛盾。随着国民整体文化素质及学历层次的提升,过去传统的成人扫盲教育、文化补习、学历补偿教育等难以满足人民群众对多元学习的需求,正逐步退出历史的舞台。站在新时代的节点上,我国成人教育该何去何从以彰显自己存在的本真价值? 传统成人教育尤其是农村成人教育该如何提升自身内涵质量? 在引领全面终身学习、服务区域经济社会发展上该如何担当重任和发挥作用?这已经成为每一位成人教育工作者未来生存与发展中亟待思考和解决的核心问题。

　　2017 年 10 月 18 日,习近平总书记在党的十九大报告中提出了实施乡村振兴的发展战略,指出:农业农村农民问题是关系国计民生的根本性问题,必须始终把解决好"三农"问题作为全党工作的重中之重,实施乡村振兴战略。2018 年 1 月 2 日,国务院公布了2018 年中央一号文件,即《中共中央国务院关于实施乡村振兴战略的意见》,在国家性法规、制度层面,确立了乡村振兴战略实施的总体要求、建设方向、重点任务。2018 年 9 月,中共中央、国务院印发了《乡村振兴战略规划(2018—2022 年)》,要求各地区各部门结合实际认真贯彻落实。自此，乡村振兴战略已经作为国家七大重点发展战略之一，在全国各地正式落地实施。

在未来乡村振兴战略背景下，我国成人教育尤其是农村成人教育将大有可为。习近平总书记参加十三届全国人大一次会议山东省代表团审议时发表重要讲话强调："要推动乡村人才振兴，把人力资本开发放在首要位置，强化乡村振兴人才支撑，加快培育新型农业经营主体。培育产生一批新型职业农民，打造一支强大的乡村振兴人才队伍，为加快推进农业农村现代化提供坚实的人才支撑。"实施乡村振兴战略，必须破解人才瓶颈的制约。新时代，我国成人教育尤其是农村成人教育作为乡村文化普及、知识传授、技术技能推广、就业创业培训、终身学习的重要载体，必将在乡村人才振兴过程中，发挥重要的引领与促进作用，助力区域农业农村的现代化。

本书既是新时代背景下成人教育服务乡村振兴的理论与实践反思，也是宁波市对成人教育服务乡村振兴的探索与实践。近年来，宁波市各级各类成人学校紧紧围绕国家乡村振兴战略的总体部署，充分整合资源，依托农科教结合、教育助农、社区教育品牌、特色示范成校等项目，开展新型职业农民、甬派乡村之星、农村电商转型、农村精准扶贫、农村创业扶助、乡村全域旅游、农村劳动力转移等系列培训，助力区域乡村振兴发展。实现了区域农村生态之美、农业产业之兴、农民生活之富。宁波市已在全国率先打造形成了成人教育服务乡村振兴战略的"宁波样板"，对全国其他地区具有重要的引领示范作用。

乡村振兴战略为新时代农村经济社会发展擘画了新蓝图、指明了新方向，也为我国成人教育发展提出了新要求、新使命、新挑战。未来，成人教育要精准把握"乡村振兴五大目标"与"乡村振兴20字方针"全要素，为乡村振兴提供全方位、多功能、宽领域、广覆盖的教育服务，这既是成人教育发挥实现人的全面发展和促进社会进步的应然教育功能，也是实现自身转型发展、服务乡村振兴战略的题中要义和价值所在。

宁波市教育局副局长

张建国

序　二

  2018 年 4 月 24 日,联合国教科文组织驻华代表处与中国联合国教科文组织全国委员会、中国成人教育协会、宁波市教育局、宁波市成人教育学校联合承办了联合国教科文组织农村成教服务"一带一路"国际研讨会。并经联合国教科文组织驻华代表处和中国联合国教科文组织全国委员会批准设立了国内首个联合国教科文组织农村社区(CLC)终身学习研究所。该研究所是联合国教科文组织于 1998 年在亚太国家实施的"农村社区学习中心能力建设"项目的延伸和发展。

  我代表联合国教科文组织驻华代表处,亲自参与了 CLC 研究所的筹划与设计,前期在宁波市走访调研,让我对宁波市的成人教育深感震撼,对于宁波市成人教育精准服务区域乡村振兴战略的创新举措表示钦佩。早在 2017 年初,时任宁波市成人教育学校成教发展研究中心负责人陆和杰和他的团队就开启了乡镇成校走访之路。他们的足迹遍布 40 多个乡镇,深入调研农村成人教育的需求和瓶颈,从课程设计、师资聘请、开班方案等方面为乡镇成校的新型职业农民培训提供精准服务与指导。为快速推进"金融惠农项目"的实施,该校承建的宁波市现代服务业公共职业培训平台联合 10 余家机构,发起成立了宁波市金融惠农产学研服务中心。该中心目前已为奉化 15 家农场及合作社的经营主提供服务,成功策划了奉化水蜜桃品牌化系列培训项目;还针对农业保险、农家乐、新农村建设、智能民宿集群优势、农业种植/农产品加工大户企业化转型等具有前沿性和可落地性的领域,开发不同主题的"三农"培训,使农户及整个产业受益。

　　本书是联合国教科文农村社区(CLC)研究所与宁波市成人教育服务乡村振兴成功经验深度融合的产物。三年来,研究所与宁波市甬派教育科研基地合作,组织开展了农村成人教育优秀教科研成果孵化培育,协助乡镇成人学校广泛收集典型案例与实践做法,认真梳理材料,撰写成果材料,形成了一批可资借鉴的中国农村社区(CLC)项目的宁波实践范式。

联合国教科文组织驻华代表处

教育项目专家

目　　录

第一章　乡村振兴战略的逻辑缘起与内涵解读　　001

第一节　乡村振兴战略的逻辑缘起　　002

第二节　乡村振兴战略的内涵解读　　006

第二章　乡村振兴与成人教育的机会与着力点　　017

第一节　乡村振兴面临的突出挑战与教育诉求　　018

第二节　现代成人教育的内涵及其功能　　024

第三节　成人教育服务乡村振兴的战略定位　　032

第四节　成人教育服务乡村振兴的着力点

　　　　——以宁波市为例　　037

第三章　新时代成人教育的使命定位与改革路向　　046

第一节　新时代成人教育的历史使命　　046

第二节　新阶段成人教育的发展定位　　048

第三节　新形势下成人教育的改革路向　　053

第四节　新征程下成人教育的保障机制　　056

第四章　农村成人教育的内涵发展　　058

第一节　农村成人教育内涵式发展：概念、缘起及路向　　058

第二节　教育科研引领乡镇成校内涵发展的实践路径　　088

第三节　公共职业培训平台擘画成教内涵发展蓝图的实践

　　　　——SITP 平台创新与 TDAR 培训模式探索　　100

第五章　成人教育服务乡村振兴的宁波实践　　119

第一节　宁波市成人教育服务乡村振兴纪实　　119

第二节　宁波市成人教育服务乡村振兴的典型案例　　128

第三节　宁波市成人教育服务乡村振兴的实践模式　　148

附录　关于进一步加强农村成校建设增强服务乡村振兴

　　　　能力的意见（宁波市教育局文件　甬教终民〔2019〕158 号）　　189

参考文献　　196

后记　　197

第一章

乡村振兴战略的逻辑缘起与内涵解读

2017 年 10 月 18 日,习近平总书记在党的十九大报告中提出实施乡村振兴的发展战略,指出:农业农村农民问题是关系国计民生的根本性问题,必须始终把解决好"三农"问题作为全党工作的重中之重,实施乡村振兴战略①。

2017 年 12 月 29 日,中央农村工作会议首次提出走中国特色社会主义乡村振兴道路,让农业成为有奔头的产业,让农民成为有吸引力的职业,让农村成为安居乐业的美丽家园。会议明确提出了实施乡村振兴战略"三步走"的路线图:第一步,到 2020 年,乡村振兴取得重要进展,制度框架和政策体系基本形成;第二步,到 2035 年,乡村振兴取得决定性进展,农业农村现代化基本实现;第三步,到 2050 年,乡村全面振兴,农业强、农村美、农民富全面实现②。

2018 年 1 月 2 日,国务院公布了 2018 年中央一号文件,即《中共中央国务院关于实施乡村振兴战略的意见》(简称《实施意见》)③。在国家性法规、制度层面,确立了乡村振兴战略实施的总体要求、建设方向、重点任务。2018 年 9 月,中共中央、国务院印发了《乡村振兴战略规划(2018—2022 年)》

---

① 习近平.决胜全面建成小康社会　夺取新时代中国特色社会主义伟大胜利——在中国共产党第十九次全国代表大会上的报告[R/OL].[2017 - 10.28]http://cpc. people. com. cn/n1/2017/1028/c64094-29613660. html.

② 董峻,王立彬.中央农村工作会议在北京举行习近平作重要讲话[EB/OL].[2017 - 12 - 29]http://www. moa. gov. cn/ztzl/ncgzhy2007/zxdt/201801/t20180103_6133744. htm.

③ 中共中央国务院关于实施乡村振兴战略的意见[EB/OL].[2018 - 02 - 04]https://baijiahao. baidu. com/s? id = 1591477702040114928&wfr = spider&for = pc.

（简称《战略规划》），并发出通知，要求各地区各部门结合实际认真贯彻落实[①]。

自此，乡村振兴战略作为国家七大重点发展战略之一，在全国各地正式落地实施，各地区根据《实施意见》《战略规划》的指导要求，纷纷结合本地区的产业特色、区位优势、资源条件和现有基础制定精准落地的乡村振兴发展规划及系列实施意见，选择适合本地区的特色化、多元化、绩效化、可持续化、高质量化发展的乡村建设之路，通过统筹推进乡村产业振兴、乡村人才振兴、乡村文化振兴、乡村生态振兴、乡村组织振兴，实现农村政治、经济、文化、生态、社会全方位发展，真正让农业强起来、农村美起来、农民富起来。

第一节　乡村振兴战略的逻辑缘起

乡村振兴战略是进入中国特色社会主义新时代，党中央对"三农"发展新形势、新任务、新目标的重大判断、重大决策。把乡村振兴作为一个"战略"提出来，这有别于以往任何一个农业农村发展政策，体现的是一个宏观的、系统的、综合性、全局性的发展方略[②]。在新时代背景下，乡村振兴战略的提出有其固有的逻辑依据，是新时代中国特色社会主义思想引领下，我党对终结乡村衰落、化解社会主要矛盾、全面实现"两个一百年奋斗目标"等做出的必然选择。

一、改变工业化、城镇化先行发展导致的乡村全面衰落的窘境

长期以来我国以城市为中心的工业化、城镇化、现代化建设，使大量的农村劳动力、资本、原材料、市场等生产要素向城市转移与倾斜，城市逐渐繁荣发展，而广大农村与城市的差距却越来越大，呈现"全面衰落"的景象。大量的农村青壮年劳动力入城务工，农村整体呈现"农村空心化""农民老龄

---

① 新华社. 中共中央国务院印发《乡村振兴战略规划（2018—2022 年）》[EB/OL]. [2018 - 09 - 26] http://politics. people. com. cn/n1/2018/0926/c1001-30315263-2. html.

② 廖彩荣，陈美球. 乡村振兴战略的理论逻辑、科学内涵与实现路径[J]. 农林经济管理学报，2017，16(6)：795 - 802.

化""农业边缘化"等特征。据统计,2016 年我国城市常住人口 79 298 万,农村常住人口 58 973 万,与 2010 年第六次全国人口普查结果相比,城市常住人口增加 12 320 万,农村常住人口减少 8 140 万①。

从世界经济发展规律可知,世界许多国家都经历了工业化初期的"工业优先发展",工业化中期的"工业反哺农业",工业化后期的"工农融合发展"的经济发展路径。一是在工业化初期,我国面临着经济文化落后与西方发达国家封锁的双重打击,被迫提出优先发展工业,努力实现四个现代化的战略抉择。如 20 世纪 50 年代的"一化三改造",60 年代的"四个现代化",80 年代的"翻两番"。国家通过农产品的统购统销政策与工农产品之间"剪刀差",为工业化建设提供支持保障。二是在工业化中期阶段,随着工业化的发展,工农业差距不断拉大,城乡二元经济结构矛盾凸显,我国"三农"问题愈发严重,基于此,国家在 21 世纪初提出了工业反哺农业的政策,实施城乡统筹和城乡一体化发展。连续 14 年中央一号文件都聚焦"三农"问题,加大对农业农村的扶持力度。然而,由于城乡统筹没有从根本上改变以工业化为主导的战略框架,工业统筹农业,农村的内生发展动力没有充分激发起来,"三农"问题依然严峻。三是在工业化后期阶段,特别是中国共产党第十八次全国代表大会(简称:中共十八大)以来,随着工业化与城镇化的进一步发展,经济增速开始放缓,工业产能过剩、结构性用工短缺、农村人口红利消失等问题出现,导致大城市病与乡村衰落现象并存,城乡必须实施"工农融合"发展。

二、化解城乡发展不平衡、农村发展不充分导致的社会主要矛盾

党的十九大报告中提出新时代我国社会的主要矛盾转化为:"人民日益增长的美好生活需要和不平衡不充分的发展之间的矛盾"。其中,城乡发展不平衡是当前我国最大的发展不平衡,农村发展不充分是当前我国最大的发展不充分②。因此,实施乡村振兴战略补齐城乡发展不平衡、农村发展不

---

① 姜德波,彭程. 城市化进程中的乡村衰落现象:成因及治理[J]. 南京审计大学学报,2018(1):16-24.
② 李长学. 论乡村振兴战略的本质内涵、逻辑成因与推行路径[J]. 内蒙古社会科学(汉文版),2018(5):13-18.

充分的短板,满足广大农民对美好物质生活、精神生活的向往,成为化解新时代社会主要矛盾的重大举措。

城乡发展不平衡是当前我国社会最大的不平衡。中华人民共和国成立以来,我国长期实施的工业化、城镇化战略已经导致了严重的城乡两元经济结构,城乡发展差距越拉越大,社会矛盾日益突出。其主要表现:其一,城乡的经济社会发展不平衡。广大的城市、城镇是我国经济社会发展的重要区域,工业化水平高、第二产业、第三产业齐头并进,人才、市场、资本、技术等优势资源集聚。反观农村产业发展落后,农业生产效率低下,小农经济主导下的现代农业产业体系任重而道远。据统计,2016 年,我国农业劳动生产率约为世界平均值的 76%,约为高收入国家平均值的 5%,约为美国和法国的 2%[①]。其二,城乡居民可支配收入及社保水平极不均衡。据统计,近 5 年来,我国农村居民收入连年增速快于城镇居民,城乡居民收入的差距在不断地缩小,2017 年缩小至 2.71∶1。但我国城乡收入的差距仍高于世界的平均水平,绝对差距由 16 175 元扩大到 22 964 元。此外,城乡居民财产性收入差距更在不断地扩大。据统计,2002—2016 年,城乡居民人均财产性收入差距由 2.0∶1 扩大到 12.0∶1,绝对额差距由 51.4 元扩大到 2 999.2 元[②]。其三,城乡基础设施建设及公共服务供给不平衡。长期存在的"城乡分治"及各级政府间非对称的财权事权机制,导致城镇基础设施与公共服务供给与乡村差距巨大,农村的交通运输、农田水利、农村饮水、乡村物流、宽带网络、图书馆、医院等基础设施建设严重滞后,同时农村的教育、医疗、文化、就业、养老等公共服务严重不足,因此,当下迫切需要实施乡村振兴战略,加大乡村基础设施建设和公共服务供给力度,满足农民对日益增长的美好生活的需要。

农村发展不充分是当下我国社会发展的最大不充分。其一,农业发展不充分。主要表现在农业的基础设施建设不充分,农业规模化发展不充分,农田业资源利用不充分,农业科技应用不充分,农产品的国内外市场开拓不

---

① 北青网.中改院迟福林.最大的发展不平衡是城乡发展不平衡[EB/OL].[2018 - 02 - 27]http://www.sohu.com/a/224397634_255783.

② 北青网.中改院迟福林:最大的发展不平衡是城乡发展不平衡[EB/OL].http://www.sohu.com/a/224397634_255783.

充分。其二,农村发展不充分。主要表现在农村区域发展不平衡,农村发展缺乏科学有效的系统规划,农村发展缺乏人才支撑与居民组织,农村经济动能尚未被充分激发,农村发展欠缺强大的基础设施与服务保障。其三,农民发展不充分。主要表现为农民收入不充分,农民受教育不充分,农民转移市民化不充分,农民文化生活不充分。[①]

三、破解"三农问题"阻碍两个一百年奋斗目标实现的短板与难点

党的十九大报告清晰地擘画了实现"两个一百年的奋斗目标"。第一个一百年,是到中国共产党成立 100 年时全面建成小康社会;第二个一百年,是到中华人民共和国成立 100 年时建成富强、民主、文明、和谐、美丽的社会主义现代化强国。

从全面建成小康社会的奋斗目标看,全面建成小康社会的重点是"全面",关键是"建成",强调全体人民、全部地域、全方位发展,实现城乡政治、经济、文化、社会、生态等全面一体化融合发展,强调全体人民的共同富裕与城乡的现代化实现。因此,作为全面建成小康社会重要一环的"三农问题",已经成为一个亟待解决的短板与难点,实施乡村振兴努力实现农业强、农村美、农民美,成为第一个一百年全面建成小康社会奋斗目标的战略举措。

从建成富强、民主、文明、和谐、美丽的社会主义现代化强国目标来看,社会主义现代化强国要求经济上实现国家繁荣昌盛,跻身创新型国家前列;民主上保障人民平等的参与权与发展权利,形成法治、德治、自治相融合的国家治理体系;在文明上,形成物质文明、精神文明、政治文明、生态文明相互协调发展的格局;在和谐上,实现城乡在区域发展与居民生活水平上的和谐发展,公共服务均等化基本实现;在"美丽"上,努力建设美丽中国,实现中华民族永续发展。因此,要实现富强、民主、文明、和谐、美丽的社会主义现代化强国,首先要实现农业农村的现代化,彻底打破城乡发展不平衡、农村发展不充分的短板,实施乡村振兴战略,推动产业兴、人才兴、文化兴、组织兴、生态兴,全面解决"三农"困境与难题,实现中华民族的伟大复兴。

---

① 刘合光. 乡村振兴战略的关键点、发展路径与风险规避[J]. 新疆师范大学学报(哲学社会科学版),2018(5):25-33.

第二节　乡村振兴战略的内涵解读

一、本质内涵

乡村振兴战略是在我国经济社会发展进入新时代,社会主要矛盾发生转变的背景下,按照"产业兴旺、生态宜居、乡风文明、治理有效、生活富裕"等总要求,扭转乡村衰落,实现农业农村现代化,最终完成国家两个一百年的奋斗目标的过程。具体来说,其内涵要义包括6个层面:一是乡村振兴战略的逻辑缘起新时代、新矛盾背景下乡村的全面衰落与国家"两个一百年"奋斗目标之间的巨大反差;二是乡村振兴战略的本质与根本目标是通过城乡均衡发展、农村充分发展,全面实现农业农村现代化达到的;三是乡村振兴战略的主要内容及衡量标准是"产业兴旺、生态宜居、乡风文明、治理有效、生活富裕",是国家政治建设、经济建设、文化建设、生态建设、组织建设等"五位一体"总体布局在"三农"领域的具体体现;四是乡村振兴战略的新动能是促进农村第一、二、三产业融合发展,全面推进农村新业态、新经济的发展;五是乡村振兴战略的重要保障是造就一支"懂农业、爱农村、爱农民"的"三农"工作队伍,培育一批"爱农业、懂技术、善经营"的新型职业农民群体;六是乡村振兴战略的实施原则是因地制宜、农民主体、政府主导、企业引领、科技支撑、社会参与[①]。

二、内容解读

党的十九大报告中提出了实施乡村振兴战略的"二十字"方针:"产业兴旺、生态宜居、乡风文明、治理有效、生活富裕"。"二十字"方针也是乡村振兴战略的核心内容、建设目标、建设任务。在乡村振兴的建设中,产业兴旺是经济基础,生态宜居是环境基础,乡风文明是文化基础,治理有效是社会基础,生活富裕是群众基础。

---

① 黄祖辉. 准确把握中国乡村振兴战略[J]. 中国农村经济,2018(4): 2 - 12.

1. 产业兴旺

产业兴旺是乡村振兴的经济基础。马克思经济政治学原理告诉我们："经济基础决定上层建筑，上层建筑反作用于经济基础"。在乡村振兴中产业兴旺是第一位的，是核心基石，是生态宜居、乡风文明、治理有效、生活富裕的前提基础。

（1）内涵要义。所谓产业兴旺就是两个"实现"：第一，实现农业产业兴旺，通过农业供给侧结构性改革，完善农业产业体系、生产体系、经营体系，推进现代农业高质量发展，保障我国粮食安全；第二，实现乡村三产融合发展，即推进乡村第一、二、三产业的融合发展，激发乡村新业态、新经济的出现，促进农业产业链延伸，实现农业增产、农村增富、农民增收。

（2）预期目标。产业兴旺旨在通过打造现代农业产业体系，实现农业产业的规模化、绿色化、优质化、特色化、品牌化发展，培育多元化的乡村融合型业态经济，充分激发农村产业发展动能，壮大农村服务业，最大限度地保障国家粮食产量与质量安全，为农民提供广阔的就业和创业机会，切实提高农民的经济收入。

（3）建设要素。产业振兴的核心在于农业供给侧结构性改革，国务院参事、国家发展改革委原副主任杜鹰将农业供给侧结构性改革简单概括为3个层面：调结构、转方式、促改革。①"调结构"一方面是指要根据市场需求，调整农业产品结构和生产结构；另一方面是优化农业产业结构，形成农村第一、二、三产业融合发展的产业链。②"转方式"是指要转变农业的生产方式和经营方式，强调农业生产方式的"绿色化、标准化、品牌化、科技化"，培育新型农业经营主体，努力实现农业现代化。③"促改革"就是通过土地、资本、劳动力、技术等制度改革，激发农业发展的活力和动能①。

（4）衡量标准。产业兴旺的衡量标准是多维度的，可以从4个层面来分析：一是生产能力要强，提高粮食单产和质量；二是产品质量要好，农产品保证健康安全；三是生产效率与资源利用率要高，降低生产成本，提高农民收入；四是多功能性要发挥好，发挥好农业农村经济、生态、文化、社会等多种

---

① 新华网. 农业供给侧结构性改革是什么，三个关键词告诉你[EB/OL]. [2018 - 08 - 01]https://baijiahao. baidu. com/s? id = 1607587829782502915&wfr = spider&for = pc.

功能①。

2. 生态宜居

2005 年 8 月,时任浙江省委书记习近平同志提出"绿水青山就是金山银山"的科学论断。2017 年 10 月,党的十九大首次将"必须树立和践行绿水青山就是金山银山的理念"写入大会报告;大会新修订的《中国共产党章程》总纲中明确指出:树立尊重自然、顺应自然、保护自然的生态文明理念,增强绿水青山就是金山银山的意识。乡村振兴战略将"生态宜居"放在了第二位,作为乡村振兴战略的环境基础,建设好生态宜居的美丽乡村,是让广大农民拥有更多的获得感、幸福感的前提和基础。

(1)内涵要义。"生态宜居"中的"生态"是指要保护生态环境,坚持绿色导向,生态导向,实现人与环境的生态和谐。"宜居"是指老百姓要住的好,无论是发达地区还是贫困偏远地区,都要给老百姓一个绿色、干净、优美的居住环境。

(2)预期目标。生态宜居的根本目标是"生态和谐"与"安居乐业"。首先,生态和谐就是通过统筹推进山水林田湖草保护和建设,加强农村污染物的综合治理,实现乡村自然生态环境保护与开发利用的和谐统一。其次,安居乐业就是在生态和谐的基础上,让农民过上人居环境整洁、乡村美丽迷人、基础设施完善的美好幸福生活。把农村建设成宜居、宜业、生产、生活、生态一体的综合体,

(3)建设要素。一是加强农村生态环境保护。健全山水林田湖草修养保护机制,分类有序地退出超载的边际产能。健全水生生态保护修复机制,开展河湖水系连通和农村河塘清淤整治。开展国土绿化行动,推进荒漠化、石漠化、水土流失的综合治理。二是加强乡村人居环境综合治理。十九届中央全面深化改革领导小组第一次会议通过了《农村人居环境整治三年行动方案》,明确指出:以农村垃圾、污水治理和村容村貌整治为主攻方向,补齐农村人居环境的短板②。再次,加强农村基础设施建设,不断完善水、电、气、路、房、通信、垃圾污水处理等基础设施,提高农村社会公共服务的水平,

---

① 柯炳生. 从多维角度衡量产业兴旺[J]. 农村经营管理,2018(6):22.
② 杨苹苹. 乡村振兴视域下生态宜居乡村的实现路径[J]. 贵阳市委党校学报,2017(6):59-62.

给农民更多的生活获得感、幸福感。

（4）衡量标准。生态宜居主要是从生态和谐与安居乐业两个维度来整体衡量。首先，生态和谐。评价指标有主要道路绿化普及率、农田林网化率、生活污水集中处理率、垃圾分类及无害化处理率、农田河流污染情况。其次，安居乐业。评价指标包括水、电、气、路、通信等设施的覆盖率、危房改造率、清洁能源普及率、生活饮用水合格率、农村卫生户厕普及率、乡村公共服务覆盖率等[①]。

3. 乡风文明

乡风文明是乡村振兴的文化基础，是乡村振兴的"灵魂"，是推动产业振兴、生态宜居、治理有效、生活富裕的精神动力和智力支持。乡风文明是解决乡村文化传承与文化引领，提升农民文化素养，从根本上解决人的"头脑思想"等问题的关键，因此是乡村振兴中最基本、最深沉、最持久的力量。

（1）内涵要义。新时代"乡风文明"具有丰富的文化内涵，"乡风"是指乡村社会的风气、风俗、风尚，是乡民普遍认同和遵守的价值观念、思想观念、生存方式、生活习惯和人际交往方式，是一种涵盖物态文化（包含生态文化）、精神文化、制度文化、行为文化的地域性文化的总和。"文明"是有史以来沉淀下来的，有益增强人类对客观世界的适应和认知、符合人类精神追求，能被绝大多数人认可和接受的人文精神、发明创造以及公序良俗的总和[②]。乡风文明就是传承地方优秀传统文化的精髓，加大向农民文化供给，提升农民的整体文化素质，培育文明乡风、良好家风、淳朴民风。

（2）预期目标。《中共中央、国务院关于实施乡村振兴战略的意见》指出："乡风文明必须坚持物质文明和精神文明一起抓，提升农民精神风貌，培育文明乡风、良好家风、淳朴民风，不断提高乡村社会文明程度"。乡风文明的主要预期目标是传承优秀文化，扩大农村文化服务供给，提升农民的文化素质，培育乡村的文明风气，提升乡村的社会文明程度。

（3）建设要素。根据乡风文明的内涵要义，笔者认为可以从文化传承、

---

① 中国工程院. 构建美丽乡村建设评价（考核）指标体系［EQ/EL］.［2018 - 12 - 21］http://www.sohu. com/a/283518956_120051723.

② 百度百科. 文明［EQ/EL］.［2019 - 04 - 30］https：//baike. baidu. com/item/%E6%96%87%E6%98%8E/392? fr = aladdin.

文化供给、文化教育、文明培育4个层面来推进乡风文明建设。一是文化传承。深度挖掘和传承农耕、慈孝等乡村优秀的传统文化中所蕴含的优秀思想观念、人文精神、道德规范。二是文化供给。加强农村公共文化建设,依托乡镇文化站、村文化礼堂、农村电影放映厅、阅览室、农家书屋、文化大院等载体,组织开展文艺展演、文化演出、文艺培训和送文化下乡、送电影下乡、送图书下乡等文艺志愿服务活动,丰富农民群众的精神文化生活。三是文化教育。加强农村思想道德教育,通过教育引导、实践养成、制度约束,重点培育农民的社会公德、职业道德、家庭美德、个人品德,提升农民的整体文化素质。四是文明培育。通过制订乡规民约,开展移风易俗监督,开展文明村镇、星级文明户、文明家庭等群众性精神文明创建活动,培育乡村良好的家风、民风、乡风。

(4)衡量标准。乡风文明重在文化育人,提升农民的思想文化素质,培育乡村文明风气。因此,乡风文明的衡量标准可以从4个层面展开,一是优秀传统文化的挖掘与现代文化融合发展的成果,形成一套具有地域特色、彰显时代底色的修身、齐家、治国等文化价值观体系。二是打造特色充盈的乡村文化载体及文化服务产品,满足农民对精神文化生活的需求。三是建立完善的农民文化素质教育体系,切实提升农民的综合文化素质。四是形成良好的乡村民风、家风、乡风,乡村邻里团结、家庭和睦、诚实守信、文明有序。

4. 治理有效

"治理有效"是乡村振兴的社会基础、秩序根基。《关于实施乡村振兴战略的意见》中指出:"乡村振兴,治理有效是基础必须把夯实基层基础作为固本之策,建立健全党委领导、政府负责、社会协同、公众参与、法治保障的现代乡村社会治理体制,坚持自治、法治、德治相结合,确保乡村社会充满活力、和谐有序。"因此,乡村是国家治理的基本单元和"神经末梢",乡村治理是国家治理体系的重要组成部分,是推进国家治理体系建设与治理能力现代化的基础保障。实现乡村善治,是充分激发农民为主体参与乡村振兴内生动力的根本路径。

(1)内涵要义。"治理有效"的概念包括"治理"与"有效"两个子概念,笔者采用学理分析与实践解读相结合的方式对"治理、有效"的概念内涵进行深度的解析。从理论层面看,治理(governance)的概念源自古典拉丁文或古希腊语"引领导航"(steering)一词,原意是控制、引导和操纵,指的是在特定的范围内行使权威。它隐含着一个政治进程,即在众多不同利益共同发挥作用的领域建立一致或取得认同,以便实施某项计划[①]。在有关治理的各种定义中,全球治理委员会的表述具有很大的代表性和权威性。该委员会于1995年对治理做出如下界定:治理是或公或私的个人和机构经营管理相同事务的诸多方式的总和。它是使相互冲突或不同的利益得以调和并且采取联合行动的持续的过程。它包括有权迫使人们服从正式机构和规章制度以及种种非正式安排。而凡此种种均由人民和机构或者同意,或者认为符合他们的利益而授予其权力[②]。从实践层面看,2017年中央农村工作会议明确提出,"必须创新乡村治理体系,走乡村善治之路",并把它作为中国特色社会主义乡村振兴的具体路径之一。"善治"的内涵,就是民主和法治,即建立健全党委领导、政府负责、社会协同、公众参与、法治保障的现代乡村社会治理体制,健全自治、法治、德治相结合的乡村治理体系[③]。"有效"就是指乡村治理的有效果,具体来说,笔者认为主要表现在"三个性",即乡村治理手段的多元化和刚柔并济性,治理效果的可持续性和低成本性,治理主体得到群众的广泛认可与满意。基于此,结合理论与实践分析,笔者认为"治理有效"就是以农村基层党组织为核心,以农民自觉参与为主体,以村委会、合作社、农村社区等组织为纽带,政府人员、农民、乡贤、企业等多方利益相关者在民主协商、相互认同的基础上,在自治、法治、德治"三治合一"多元治理的框架下,共同参与实施乡村政治、经济、文化、组织、生态建设,实现农业农村可持续内生发展。

(2)预期目标。治理有效的根本目标就是实现乡村的善治,具体来说预期目标有3个,第一目标,建立现代乡村治理体制机制,即建立健全党委领导、政府负责、社会协同、公众参与、法治保障的现代乡村社会治理体制,健全自治、法治、德治相结合的乡村治理体系。第二目标,提升基层党组织、居

---

① 俞可平.治理与善治[M].北京:社会科学文献出版社,2000:16-17.

② 俞可平.治理与善治[M].北京:社会科学文献出版社,2000:270-271.

③ 滨州网."乡村振兴"系列评论之五:治理有效群众为主[EQ/EL].[2018-02-12]https://www.sohu.com/a/222331425_100027798.

民的综合治理能力,即实现基层党组织的组织力、带领力、战斗力全面增强,村民的民主自治能力显著提高[①]。第三目标,培养造就一支包括基层党员、村委会干部、乡贤能人、大学生村官、农民致富带头人等组成的"有情怀、有本领、有担当、有作为"的高素质乡村治理工作队伍。

(3) 建设要素。乡村治理有效是乡村振兴得以健康实施的重要基础和保障,笔者根据乡村治理的过程及关键节点,从治理理念、治理结构、治理模式(三治合一)、治理支持等 4 个层面对乡村治理推进方略进行讨论。首先,创新治理理念。乡村要实现善治,必须秉承以人为本、因地制宜、问题导向、群众主体、科学有效的整体理念,从乡村实际出发,以人民需求为中心,构建合理有效的特色治理模式,充分激发人民群众广泛参与治理的主动性与能动性,改善民生福祉,维护群众的共同利益。其次,完善治理结构。建立以基层党组织、村委会为核心,以村民自治组织(村民代表会议、村民议事会、村民监事会)为主体,以市场组织(企业、合作社)、社会组织(志愿者服务组织、群众互助组织、公益服务组织、村民社群组织等)为补充的多主体协同的治理结构,形成农民广泛参与治理的格局。再次,建立自治优先、德治约束、法治保障的"三治合一"的乡村治理模式。包括①坚持以群众自治为基础。加强农村群众性自治组织的建设,完善民事民议、民事民办、民事民管的多层次、多形式、多主体的群众自治机制,强化政务信息公开透明,提升村民的自治水平与能力。②坚持德治为先。充分挖掘农村传统文化中的道德力量,在村民共同认可的基础上,制订村规民约、生态公约、道德公约等,时刻引导、关照、约束村民行为,呵护公序良俗。③坚持法治为本。加强法治教育宣传,提升农民的法治观念与素养;建立乡村公共法律服务平台,增强对农民的法律援助和司法救助;实施村级小微权力清单,管住农村维权腐败。最后,优化治理支持体系。①实施"班子带头人"的提升工程。开展对乡村支部书记、村委会主任等带头人的素质提升培训,提升他们的治理能力、治理水平、治理现代化。②加强对农村"现代乡贤"的扶植培育,通过引进来与走出去相结合的政策,鼓励优秀能人回乡创业,培育当地"现代乡贤"人才队

---

① 四川乡村振战略研究智库. 实施乡村振兴战略的系统认识与道路选择[J]. 农村经济,2018(1):11 - 20.

伍,带领农村青年创业致富。③打造乡村基层服务中心建设。推进公共服务、公共管理、公共安全等相关资源向乡村延伸与下沉,建立乡村综合服务中心网点,为农民提供高质量的教育、医疗、文化、行政的服务,提高村民的获得感和幸福感。

（4）衡量标准。从整体上看,乡村治理的根本目标是实现乡村善治,即呈现乡村社会公平正义、村民对国家高度认同、乡村社会的和谐文明、农民干事创业的激情四射、乡村公序良俗有效呵护等良好局面。乡村治理的衡量标准可以概括为"治理七性",即治理理念的科学务实性、治理结构的多元协同性、治理模式的"三治"统一性、治理团队的专业引领性、治理手段刚柔并济性、治理效果的可持续性和低成本性、治理主体的群众认可与满意性。

5. 生活富裕

生活富裕是乡村振兴的民生目标和根本目的。习近平总书记在安徽省凤阳县小岗村主持召开农村改革座谈会并发表重要讲话时指出:"中国要强农业必须强,中国要美农村必须美,中国要富农民必须富。"乡村振兴的发力点和根本是实现共同富裕,切实缩小城乡居民收入的不均衡,满足广大农民对富裕、幸福、充实生活的向往与追求。

（1）内涵要义。从整体上看,乡村振兴下的生活富裕就是让农民有持续稳定的收入来源、经济宽裕、衣食无忧、生活便利、身心健康,拥有基本的生活保障。笔者认为生活富裕的内涵可以从 3 个层面解读。①经济富足。富裕是指经济宽裕、富足,财物充裕丰富,也就是农民脱贫致富,有持续稳定的经济收入,生活富足无忧。②社会保障。不断地缩小社会公共服务的城乡差距,不断地完善农村医疗保障制度、义务教育、就业创业、社会救助、基本养老保险、最低生活保障、养老服务等公共服务体系,让广大农民都享受到高质量的社会公共服务。③生活便利。通过完善农村基础设施,包括公路、供水、供气、环保、电网、物流、信息、广播电视等,提升农民的居住生活质量。

（2）预期目标。生活富裕是乡村振兴的出发点与归宿,其预期目标主要有 3 个维度:①打赢农村脱贫攻坚战。2018 年 6 月 15 日,中共中央、国务院发布了《关于打赢脱贫攻坚战三年行动的指导意见》,文件中指出:"到 2020年,巩固脱贫成果,因地制宜综合施策,确保现行标准下农村贫困人口实现脱贫,消除绝对贫困;确保贫困县全部摘帽,解决区域性整体贫困。"②拓宽农民增收渠道,提高农民多元化收入,即家庭经营性收入、农民工资性收入、农民财产性收入、农民转移性收入等。③提升农民的生活质量。实现公共服务农民全覆盖,保障广大农民的子女义务教育、提高医疗条件、基本养老保险和基本医疗保险、大病保险、低保、养老服务、就业创业培训等权益,完善农村公共基础设施建设,让农民生活便利,人居环境得到彻底的改善。

(3)建设要素。针对预期目标,在乡村振兴建设实现农民生活富裕的过程中,笔者认为应坚持"五位一体"的推进策略。①通过"扶志、扶智、扶技、扶业、扶弱",实现农村全方位的精准脱贫。针对外出务工人员,开展就业创业培训,通过劳务输出实现农民增收;针对有劳动能力不愿外出的农民,开展产业扶贫、就业扶贫、金融扶贫、基础设施扶贫等,拓展农民收入渠道;针对丧失劳动能力的弱势群体,健全社会保障救助体系,保障农民最基本的生活质量。②大力发展农村新经济、新业态,提高农民家庭经营性收入。通过发展农村优质农特产品种养殖、农村电商、农产品加工业、乡村全域旅游,农民家庭经营性收入得到持续提高。③加强农民外出就业培训,提高农民工资性收入。通过广泛开展农民工职业技能培训,提升农民外出就业稳定性和工资收入水平。④激活农村要素资源,提高农民财产性收入。推动农村宅基地转让抵押,推广农村股份合作经营,提高农民的土地流转与股份收益。⑤完善公共服务体系,提升农民的生活质量。建立乡村基层公共服务中心,完善农民教育、医疗、社保、就业、水电煤气网供应、养老、救助等社会公共服务体系,提升农民的生活幸福指数。

(4)衡量指标。根据生活富裕的内涵要义,笔者认为在乡村振兴推进下的"生活富裕"的衡量标准主要有3个层面,①农民经济更富足。贫困地区的乡村完全实现脱贫,农民人均可支配收入增长幅度高于全国平均水平。非贫困地区的乡村农民有持续稳定的经济收入,生活富足无忧。②农村社会有保障。建成完善的城乡公共服务体系与社会保障体系,农民享有教育、医疗、基本养老保险、医疗保险、大病保险、最低生活保障、社会救助等社会性保障。③农村生活更便利。建立完善的农村公共基础设施,公路、供水、供气、环保、电网、物流、信息、广播电视实现全覆盖,农村危房实现全面改造返修重建,人民生活质量显著提升。

表1-1所示为乡村振兴内容和要素。

表 1-1　乡村振兴内容和要素一览表

建设内容	内涵要义	预期目标	建设要素	衡量标准
产业兴旺	1. 实现农业产业兴旺 2. 乡村产业融合发展	1. 保障国家粮食安全 2. 提高农民经济收入	调结构、转方式、促改革	1. 生产能力强 2. 产品质量好 3. 生产效率与资源利用率高 4. 多功能性要发挥好
生态宜居	1. 保护生态环境,实现人与环境的生态和谐 2. 建设乡村绿色、优美的宜居环境	1. 生态和谐 2. 安居乐业	1. 农村生态环境保护 2. 乡村人居环境综合治理 3. 农村基础设施建设	1. 生态和谐(农田河流污染情况等) 2. 安居乐业(基础设施覆盖率等)
乡风文明	1. 提升农民的精神风貌 2. 培育文明乡风、良好的家风、淳朴的民风	1. 传承优秀的文化 2. 提升农民的文化素质 3. 培育乡村的文明风气 4. 提升乡村的社会文明程度	文化传承、文化供给、文化教育、文明培育	1. 特色的乡村文化价值观 2. 乡村文化载体及文化服务产品 3. 农民文化教育体系与农民综合文化素质得到提升 4. 良好的民风、家风、乡风
治理有效	实现乡村善治,即民主法制	1. 建立现代乡村治理体制机制 2. 提升基层党组织、居民的综合治理能力 3. 培育高素质的乡村治理工作队伍	1. 创新治理理念 2. 完善治理结构 3. 建设"三治合一"的乡村治理模式 4. 优化治理支持体系	1. 治理理念的科学务实性 2. 治理结构的多元协同性 3. 治理模式的"三治"统一性 4. 治理团队的专业引领性 5. 治理手段刚柔并济性 6. 治理效果的可持续性和低成本性 7. 治理主体的认可与满意性

（续表）

建设内容	内涵要义	预期目标	建设要素	衡量标准
生活富裕	1. 经济富足 2. 社会保障 3. 生活便利	1. 打赢农村脱贫攻坚战 2. 拓宽农民的增收渠道，提高农民的多元化收入 3. 提升农民的生活质量	1. 农村全方位精准脱贫 2. 大力发展农村新经济、新业态 3. 加强农民外出就业培训 4. 激活农村要素资源 5. 完善公共服务体系	1. 农民经济更富足 2. 农村社会有保障 3. 农村生活更便利

第二章

乡村振兴与成人教育的机会与着力点

乡村振兴战略作为国家七大重要战略之一已被写入党章，上升到国家层面并重点推进实施的中长期战略工程。如何做好顶层设计，科学务实地推进乡村振兴战略，精准实现农业农村的现代化，成为今后一个时期的工作重心。2018年4月24日下午，习近平在湖北省宜昌市许家冲村考察时做出重要指示："要坚持乡村全面振兴，抓重点、补短板、强弱项，实现乡村产业振兴、人才振兴、文化振兴、生态振兴、组织振兴，推动农业全面升级、农村全面进步、农民全面发展。"在乡村五大振兴中，人才振兴是乡村振兴的保障、基石、顶梁柱。习近平总书记参加十三届全国人大一次会议山东代表团审议时发表重要讲话指出："要推动乡村人才振兴，把人力资本开发放在首要位置，强化乡村振兴人才支撑，乡村振兴关键在人才。"①

因此，实施乡村振兴战略，必须从根本上树立"人才是第一资源"的理念，充分认识农民在乡村振兴中的主体地位，把乡村人才振兴放在乡村振兴的重要位置，培育出一大批新型农民，打造一支强大的乡村振兴人才队伍，为加快推进农业现代化提供坚实的人才支撑。实施乡村振兴战略，必须破解人才瓶颈的制约。要把人力资本开发放在首要位置，畅通智力、技术、管理的下乡通道，造就更多的乡土人才，聚天下人才而用之②。成人教育尤其是农村成人教育作为乡村文化普及、知识传授、技术技能推广、就业创业培

① 大众日报. 牢记总书记嘱托　开创现代化强省建设新局面[EB/OL]. [2018 – 03 – 10]http://cpc. people. com. cn/big5/n1/2018/0310/c64387-29859849. html.
② 何忠国. 以乡村人才振兴推进农业农村现代化[EB/OL]. [2018 – 12 – 18]http://theory. people. com. cn/n1/2018/1029/c40531-30367805. html.

训、终身学习提升的重要载体，必将在乡村人才振兴过程中，发挥重要的引领与促进作用，助力区域农业农村的现代化。

第一节　乡村振兴面临的突出挑战与教育诉求

一、乡村产业发展滞后，急需现代化"三农"人才队伍支撑

产业兴旺是乡村振兴的基础和根基。其内涵与建设目标就是实现农业产业现代化与乡村第一、二、三产业融合发展。然而，从整体上看，当前我国农村产业发展严重滞后，主要表现为"第一产业生产效率不高，尤其是贫困地区，仍在使用传统落后的生产方式，农村第二产业生产工艺落后，农村第三产业发展严重滞后，现代乡村产业体系尚未形成①。"从农业产业发展层面看，我国仍是以家庭为单位的小规模农业经济，农业的生产能力弱、生产效率低，农业现代化任重而道远。据统计，2016 年，我国农业劳动生产率约为世界平均值的 76％，约为高收入国家平均值的 5％，约为美国和法国的 2％；日本每个农业劳动力平均农业增加值大约为 4 万美元，美国为 5 万美元，而我国 2015 年为 4 459 美元，仅为日本的 11％，美国的 8.9％②。从乡村三产融合角度看，农村主体功能单一，产业链狭窄短小，农产品加工业、现代休闲农业、乡村旅游民宿经济等产业发展严重滞后。

乡村产业发展滞后的原因有很多，包括农村人口空心化、老龄化、兼业化、留守化和农村土地闲置化、农业技术落后化等等。但是，笔者认为农村产业发展滞后的根源在于农民素质低下与现代化人才匮乏。因为劳动者素质技能是人本质核心要素的存在形式，它是生产的根据，是生产力的内容③。农村产业振兴首先是人才的振兴，然而，当前我国农民的整体受教育年限不

---

① 姜德波，彭程. 城市化进程中的乡村衰落现象：成因及治理[J]. 南京审计大学学报，2018（1）：16 - 24.

② 北青网. 中改院迟福林：最大的发展不平衡是城乡发展不平衡[EB/OL].［2018 - 02 - 27］http://www.sohu.com/a/224397634_255783.

③ 陈科，董香君. 成人教育促进乡村振兴的功能及其实现路径[J]. 河北大学成人教育学院学报，2018（9）：5 - 10.

高,接受专科及以上高等教育的占比非常小,农民工群体接受过农业或非农职业技能培训的比例偏低,农村的整体人力资本存量非常有限。据国家统计局《2017 年农民工监测调查报告》统计数据显示:"农民工中,未上过学的占 1%,小学文化程度占 13%,初中文化程度占 58.6%,高中文化程度占 17.1%,大专及以上占 10.3%。"此外,有数据显示:"接受过农业或非农职业技能培训的农民工仅占 32.9%,其中,接受非农职业技能培训的占 30.6%,接受农业技能培训的仅占 9.5%,农业和非农职业技能培训都参加过的仅占 7.1%。"[①]由此可见,当前我国农民的整体文化素质与职业技能水平偏低,爱农业、懂技术、善经营的新型职业农民、农村新型实用型人才、农村新型经营人才等相关人才短缺,严重制约了乡村产业发展振兴。

基于此,实现乡村产业振兴,加快推进农业农村现代化,迫切要求培养造就一支懂农业、爱农村、爱农民的"三农"工作队伍。成人教育是一种教育形式,旨在发展成人能力,丰富成人知识,提高成人的技术与职业水平,促进成人全面发展,使其均衡而独立地参与社会、经济、文化的发展[②]。乡村产业振兴急切需要成人教育,通过整合各方优质资源,广泛开展形式灵活的成人继续教育培训,提升农民的技能型人力资本的存量。

二、乡村文化衰落混乱,亟待进行文化传承与文明再造

习近平总书记指出:"乡村振兴,既要塑形,也要铸魂。没有乡村文化的高度自信,没有乡村文化的繁荣发展,就难以实现乡村振兴的伟大使命,要把乡村文化振兴贯穿于乡村振兴的各领域、全过程,为乡村振兴提供持续的精神动力。"[③]乡村文化振兴的内涵表征就是"乡风文明",所谓"乡风文明"就是传承优秀的文化,加大文化供给,提升农民的文化素质,培育乡村文明的乡风、良好的家风、淳朴的民风,提高乡村的社会文明程度。

费孝通认为乡村社会是礼治秩序,礼是社会公认合适的行为规范。合

---

① 国家统计局. 2017 年农民工监测调查报告[EB/OL]. [2018－04－27]http://www. stats. gov. cn/tjsj/zxfb/201804/t20180427_1596389. html. 2018－4－27.

② 李文武. 论技能型人力资本开发[J]. 山东经济,2004(11):53－55.

③ 人民网. 习近平要求乡村实现"五个振兴"[EB/OL]. [2018－07－16]http://politics. people. com. cn/n1/2018/0716/c1001-30149097. html.

于礼就是说这些行为是做得对的,对是合适的意思。如果单从行为规范来说,这和法律无异,法律也是一种行为规范。礼和法不相同的地方是维持规范的力量。法律是依靠国家权力来推行的,而礼却不需要这有形的权力机构来维持。维持礼这种规范的是传统。传统是社会所积累的经验,行为规范的目的是配合人们的行为以完成社会的任务,社会的任务是满足社会中各分子的生活需要。费孝通指出文化本来就是传统,不论哪一个社会,绝不会没有传统。衣食住行种种最基本的事务,并不需要事事费心思,那是因为我们托祖宗的福,有着可以遵守的成规即传统。因此,费孝通认为乡土社会的礼治是人们的行为不受法律约束而自动形成的秩序,是人们在教化中养成的个人敬畏之感,主动地服于成规罢了①。

费孝通的乡土社会的礼治秩序是建立在传统可以有效地应付生活问题这一前提下,对传统文化的敬畏与传承。但是随着农村社会变迁,尤其是改革开放以来,工业化、城镇化和现代化的发展,农村环境发生了变化,传统文化受到了前所未有的冲击和消解,产生了一系列新问题、新矛盾、新关系亟待有效解决和处理。当农村传统方法难以应付新问题时,维持农村礼治秩序的传统文化体系开始瓦解,乡村文化逐渐衰落。农村中的年轻壮劳力离土离乡,纷纷外出务工,从此,他们开始游离于乡村文化生活秩序。传统乡村文化的代表——"年长者",因无法适应社会发展沦为乡村社会的边缘人物,乡村本土文化秩序长期处于瓦解之中。同时,传统的乡土文化价值体系开始异化,求富裕成为乡村人压倒一切的生活目标,利益驱动几乎淹没了一切传统的乡村社会文化价值,经济成为乡村生活中的强势话语,乡村生活逐渐失去了自己独特的文化精神内涵,赌博、买码、暴力犯罪盛行②。

基于此,在乡村振兴推进过程中,针对当前乡村社会文化衰落与混乱,农村亟待进行文化传承与文明再造。各级乡镇政府应充分发挥农村成人教育、社区教育的文化育人功能,以农村文化礼堂、党员学习室、农家书屋、农民大课堂等为载体,挖掘传统的优秀地域文化中的价值观、人文精神与道德规范,广泛开展社会主义核心价值观与公民思想道德教育,提升农民的素质

---

① 费孝通.乡土中国 生育制度 乡土重建[M].北京:商务印书馆,2011:50-56.
② 江立华.乡村文化的衰落与留守儿童的困境[J].江海学刊,2011(4):108-114.

与素养,重塑农村传统文化的"精神之魂",培育农村良好的家风、乡风和民风。

三、乡村生态环境恶化,急需落实绿色育人与综合整治

2018年4月24日下午,习近平总书记在湖北省宜昌市许家冲村考察时指出:"要推动乡村生态振兴,坚持绿色发展,加强农村突出环境问题综合治理,扎实实施农村人居环境整治三年行动计划,推进农村'厕所革命',完善农村生活设施,打造农民安居乐业的美丽家园,让良好生态成为乡村振兴支撑点。"乡村振兴,生态宜居是关键。良好的生态环境是农村最大的优势和宝贵财富,是实施乡村振兴的生态基础。生态宜居的内涵与预期目标就是生态和谐与安居乐业,即保护生态环境,实现人与环境的生态和谐;加强综合治理,建设乡村绿色、优美的宜居环境。

自1978年改革开放以来,随着工业化、城镇化、现代化的发展,我国农村的社会经济取得了显著的成绩,农村的生产生活方式发生了翻天覆地的变化。但是,由于资源利用、生产活动、生活方式等原因,导致我国乡村生态环境压力逐年增大,环境污染愈演愈烈,严重影响和破坏了生态和谐与人居环境,亟待综合治理。乡村生态环境污染可以分为农业污染型(面源污染)、生活污染型、工业污染型(点源污染)、污染转嫁型[1]。一是农业污染型。随着农业生产的强度不断加大,传统粗放型的农业生产存在农药化肥过量施用、农膜残留量大且回收率低、农用柴油使用量大、秸秆利用率低,随意焚烧等严重污染环境的现象。二是生活污染型。农村生活污水、生活垃圾、旱厕粪水等大量排放,导致饮用水的水质不断下降,土壤污染与土地退化,大量农地绝产减收,居民身体健康受到严重损害[2]。据卫生部(2013年,卫生部与人口计划生育委员会组建为国家卫生和计划委员会,2018年组建为卫生健康委员会)调查显示,我国农村垃圾产生量每人每天可达0.86公斤,年垃圾产生量达3亿吨。三是工业污染型。主要是乡镇工业企业、畜禽养殖业、水产养殖业等排放的废水、废气、废渣等严重污染环境,威胁居民的身体健康。

---

[1] 王婷婷,蒋知桂,杨耀其等.农村生态文明建设中的环境污染问题与治理对策[J].贵州农业科学,2013(10):203-208.

[2] 李玉恒,刘彦随.中国城乡发展转型中资源与环境问题解析[J].经济地理,2013(1):61-65.

据统计,乡镇企业所排放的废水、废气、废渣分别占全国"三废"排放总量的21％、67％、89％[①]。四是污染转嫁型。由于长期的城乡二元格局,导致城市无处安置或难以安置的生活垃圾、低端制造企业、污染严重的企业逐渐向农村转移,农村生态环境进一步恶化。

当前,导致农村生态环境与人居环境持续恶化的因素是多元的,笔者认为主要有 3 个层面的原因,①农业技术落后形成的传统农业粗放型生产方式导致的资源浪费与污染;②农民自身环保意识和参与意识的薄弱;③农村基层环保治理机制的严重真空。基于此,笔者认为在乡村生态振兴的推进过程中,针对当前乡村生态环境恶化等问题,迫切需要落实绿色育人与综合整治。即各级乡镇、村民委员会,要充分发挥农村成人教育中"公民教育"的功能,依托村文化礼堂、村民学校等载体,广泛开展垃圾分类、农村生态环境保护、农业清洁生产、农村厕所革命等主题文化教育活动,提升农民的环保意识与参与能力,营造人人为环保、环保为人人的良好氛围。

四、乡村组织治理落后,急需培育基层组织与治理人才

习近平指出:"要推动乡村组织振兴,打造千千万万个坚强的农村基层党组织,培养千千万万名优秀的农村基层党组织书记,深化村民自治实践,发展农民合作经济组织,建立健全党委领导、政府负责、社会协同、公众参与、法治保障的现代乡村社会治理体制,确保乡村社会充满活力、安定有序。"[②]治理有效是组织振兴的结果表征,是乡村振兴的社会基础和秩序根基,实现治理有效的核心就是实现乡村的"善治",即坚持以人民为中心,建立基层党组织、村级行政组织、村民自治组织等,完善乡村民主与法制相结合的治理机制,实现公共利益最大化,治理方式多元化,治理效果可持续化、低成本化,治理主体满意化。

然而,近年来在城镇化、现代化、工业化的背景下,城乡二元格局加剧,我国乡村本土文化秩序与乡村文化价值体系解体,在农村"空心化""三留

---

① 王婷婷,蒋知桂,杨耀其等. 农村生态文明建设中的环境污染问题与治理对策[J]. 贵州农业科学,2013(10):203-208.

② 人民网. 习近平要求乡村实现"五个振兴"[EB/OL]. [2018-07-16]http://politics. people. com. cn/n1/2018/0716/c1001-30149097. html.

守"的背景下,农村本土精英人才缺失,农村基层党组织涣散弱化,乡村家族、宗族势力干扰乡村治理,乡村社会治理面临巨大的困境与挑战。从组织的视角看,笔者认为当前乡村治理面临的主要问题有三:一是基层党组织薄弱,村书记整体素质有待提升。主要表现为:乡村基层党组织涣散,村支部书记法治观念淡薄、文化素质不高、综合治理能力欠缺,导致基层党组织的政治领导力、思想引领力、群众组织力不强,难以真正发挥乡村基层党组织的战斗堡垒作用。二是村自治组织不足,村民参与治理的意识与能力不强。由于农民思想传统保守,老人、妇女等村民主体的参与治理意识与能力较差,导致村民自治组织匮乏,以村民为主体多元参与的社会力量难以调动起来。三是乡村治理人才缺失,各项发展能力难以提升。由于长期以来大量的农村"精英群体"到城市发展,乡村社会日益走向"空心化",乡村和土地已经不再是他们谋生和生活的场域。留守在乡村中的儿童、老人和妇女成为乡村社会中的主要群体。这些人才的缺失,导致与乡村相关的各项事务的管理难以保障,基层自治组织运转面临着现实的困难[①]。

从组织振兴的视角看,当前农村治理滞后的根源在于高素质治理人才的缺失,亟待建立一支有思路、有想法、有能力、有情怀、有作为的涵盖基层党支部书记、村委会主任、乡村致富带头人、新乡贤、电商新农人、公益组织带头人等高素质乡村治理人才。基于此,笔者认为基于当前乡村组织治理滞后的窘境,迫切需要培育基层组织与治理人才,即各级乡镇政府要充分发挥成人教育以提升农民整体素质,增强乡村治理能力,培养基层治理人才,孵化乡村基层组织,提高乡村人力资本存量等功能,为乡村组织振兴贡献教育的智慧与力量。

五、乡村农民生活贫困,亟待孵化乡村创业就业带头人

习近平指出:"农业农村工作,说一千、道一万,增加农民收入是关键。要加快构建促进农民持续较快增收的长效政策机制,让广大农民都尽快富裕起来。"[②]"生活富裕"是乡村振兴的民生目标和根本目的,是乡村振兴的出

---

① 胡红霞,包雯娟. 乡村振兴战略中的治理有效[J]. 重庆社会科学,2018(10):24 - 32.
② 人民日报. 习近平"三农"金句:说一千、道一万,增加农民收入是关键[EB/OL]. [2018 - 09 - 23] https://baijiahao.baidu.com/s? id = 1612372357487550380&wfr = spider&for = pc.

发点与归宿，是从根本上解决当前社会主要矛盾的重要切入点。"生活富裕"的核心就是让农民有稳定的收入来源，使他们经济富裕、衣食无忧、生活便利、身心健康、拥有基本的生活保障。

然而，由于二元经济结构的影响，城乡居民收入差距明显，农村贫困问题依然存在，并呈现贫困人口规模庞大、贫困程度深、收入结构单一等特征。农民家庭经营收入、财产性收入占比及增收有限，发展现代农业产业经济，促进农民三产融合发展，提升农民技能素质，引领农民增收致富迫在眉睫。

导致农民生活贫困的原因是多元的，既有经济因素，如经济基础薄弱、产业结构单一、市场发育程度低，也有环境、历史、体制、思想等因素。其中，公共教育和科研推广越来越被证明是现代农业增长的源泉，日益成为农业发展的内在变量①。因此，在乡村振兴的推进过程中，各级县、镇政府要充分发挥农村成人教育在新品种引进、新技术推广、新农人培育等方面的优势，针对区域产业经济发展的特点，广泛开展现代农业种植、农村电商、乡村民宿、农产品加工、观光旅游等多元化的农民技能培训，精准培育一批爱农业、懂技术、善经营的新型职业农民、新型农业经营主体，提升农民增收致富的本领。

第二节　现代成人教育的内涵及其功能

一、成人教育的内涵

现代意义上的成人教育追溯于 1798 年的英国在第一次工业革命中应运而生的诺丁汉成人学校。1833 年，德国教师凯普提出"成人教育学"一词，标志现代成人教育学理论的产生。19 世纪中叶，以现代科学技术发展为动力的工人技术教育在西方国家推行，成人教育成为发达国家的一项教育制度②。我国现代意义上的成人教育初始于 20 世纪初，以蔡元培、晏阳初、陶

---

① 彭红碧. 中国农村贫困现状及影响因素[J]. 安徽农业科学,2010(1)：399 - 405.
② 丁保朗. 成人教育、继续教育、终身教育概念之诠释[J]. 成人高教学刊,2006(2)：33 - 35.

行知、梁漱溟、黄炎培等一批民主革命家、教育家为代表,发起开展的平民教育运动、乡村教育运动。1949年,中华人民共和国成立以后,党和政府高度重视成人教育工作,特别是改革开放以来,我国成人扫盲教育、干部教育、职工教育、函授教育、社区教育等成人教育事业蓬勃发展,成为我国教育事业,尤其是构建终身教育体系不可分割的重要组成部分。

　　然而,从国际范围来看,学界有关成人教育概念的理解、界定和描述还存在诸多差异,尚未形成一个被国际普遍通用、权威认可度高的概念表述。因此,笔者对国内外有关成人教育概念界定相对比较权威的观点进行了梳理再现,以期更加理性、科学、本真地理解成人教育的内涵与要义。

1. 国外代表性的观点

　　1972年联合国教科文组织国际教育发展委员会编著的《学会生存——教育世界的今天和明天》中指出:"成人教育可能有很多定义。对于今天世界上许许多多成人来说,成人教育是代替他们失去的基础教育。对于那些只受过很不完全的教育的人们来说,成人教育是补充初等教育或职业教育。对于那些需要应付环境的新的要求的人们来说,成人教育是延长他们现有的教育。对于那些已经受过高等训练的人们来说,成人教育就给他们提供进一步的教育。成人教育也是发展每一个人的个性的手段。"[1]

　　1976年联合国教科文组织第19届教育大会和1985年第四次国际成人教育大会通过的最后报告认为:"成人教育是指整个有组织的教育过程,不论其内容、水平、方法如何,是正规的或是非正规的,不论是连续的或是取代学校和大学进行的初等教育以及在企业的学徒训练。这个教育过程使社会成员中被视为成年的人增长能力、丰富知识、提高技术和专业资格,或使他们转向新的方向,在人的全面发展和参与社会经济、文化的均衡而独立发展两个方面,使他们的态度和行为得到改变。"[2]

　　国际经济合作发展组织对成人教育概念的表述:"任何专门为满足已超过义务教育年龄而且其主要活动已不再是受教育的公民一生中任何阶段的学习需要和利益所提供的学习活动和项目。因而其范围包括非职业的、职

---

① 联合国教科文组织国际教育发展委员会编著,华东师范大学比较教育研究所译.学会生存—教育世界的今天和明天[M].北京:教育科学出版社,1996:247.
② 高志敏."成人教育"概念辨析[J].陕西师范大学继续教育学报,2000(1):5-10.

业的、普通的、正规的或非正规的学习以及带有集体社会目的的教育。"①

1982 年，美国成人教育学家达肯沃尔德·梅里安在其出版的《成人教育——实践的基础》一书中，将成人教育定义为："成人教育是这样一个过程，在这个过程中，那些主要社会责任是以成人状态为特点的人们为了使知识、观点、价值或技能产生变化而从事系统的持续的学习活动。"②

2. 国内权威性的观点

国内著名成人教育专家叶忠海教授于 1996 年在《成人教育和职业教育关系研究》一文中指出："成人教育是按人和社会全面发展的需要，有目的、有组织的为所属社会承认的成人一生任何阶段所提供的非传统的、具有自身特色的教育活动。它是终身教育中成人阶段一切教育的总和，是与未成年人全日制学校相对称的一种独立的教育体系。"③他将成人教育划分为两大子系统，一个是成人职业教育子系统，包括职业技术教育、技术等级培训、岗位培训、继续教育等；另一个是成人非职业教育子系统，包括成人学历教育、思想政治教育、社会经济教育、社会文化教育和社会生活教育等。

我国成人教育著名专家、华东师范大学高志敏教授在综合国内外有关成人教育定义表述的基础上，分别从"对象""制度""行为""内容""目的"等五个维度对成人教育的概念进行了解读。其一，成人教育是指一种特定对象。这种对象是离开传统学校教育以后或是超过学龄而不能再进入这个系统学习的人们。其二，成人教育是指一种制度，这个制度是在组织、人员、形式和空间等各个方面都呈现极为多元、开放和发散型的制度。其三，成人教育是指一种行为，即根据教育对象的不同基础而施加的一种教育行为。其四，成人教育是指一种内容，它既涵盖着成年阶段发展需求的全部，也紧扣着其履行多重社会角色需求的全部。其五，成人教育是指一种目的。即旨在全面提升全体公民和劳动者的素质，促进社会的两个文明的建设④。

① 王丽，王晓华. 成人教育、继续教育与终身教育——概念的解读与辨析[J]. 继续教育研究，2010 (11)：4-6.
② 达肯沃尔德，M 著，刘宪之等译. 成人教育——实践的基础[M]. 北京：教育科学出版社. 1986：9-14.
③ 叶忠海. 成人教育与职业教育关系研究[J]. 教育研究，1996(2)：20-26.
④ 高志敏."成人教育"概念辨析[J]. 陕西师范大学继续教育学报，2000(1)：5-10.

结合当前国内外有关成人教育内涵的定义表述,根据教育者、受教育者、教育影响等的基本要素,可以从目的、对象、主体、形式、内容等五个维度,对成人教育的概念进行界定。所谓成人教育是以持续促进人的全面发展和社会进步为目标,以传统学校教育以外的广大成人群体为对象,以政府、企业事业单位、学校、协会组织、社会团体等为办学主体,根据成人发展与社会角色履行的需要,开展以提升成人知识、技术、能力、素养为核心,服务社会经济发展为重要补充,是有组织、有计划涵盖一切正规、非正规、非正式教育实践活动的总和。

二、成人教育的功能厘定

功能,是指功效和职能。教育功能是指教育活动的功效和职能,即"教育能干什么"的问题,是指人类教育活动和教育系统对个体发展和社会发展产生的作用和影响。这是一个与教育价值观紧密关联的问题,是教育价值观的展开和具体化,教育价值取向也从根本上决定和制约着教育选择的目标和方向,从而也就决定着教育的基本功能[1]。教育价值观属于教育哲学的范畴,它所反映的不是教育本身,而是教育与主体之间的价值关系,它规范、指导、调节、影响着教育行为。按照主体的不同,教育价值观可分为两种:"教育的内在价值或个人本位的教育价值观,强调教育基本价值在于促进个人知识与理智的发展,达到个性的完善;教育的工具性价值或社会本位的教育价值观,强调教育通过培育社会人才,促进国家政治经济和文化发展。"[2]

由于教育价值观决定着教育的基本功能,因此,依据教育价值观的分类标准,按照主体的不同,教育的功能应分为个体发展功能和社会发展功能两个基本维度。教育个体发展功能是指促进个体自我意识的形成、促进个体社会化的完成、促进个体的创造能力等。教育的社会发展功能是教育对社会政治、经济、文化等产生的复杂影响。基于此,成人教育的功能也应从内在价值或个人本位、工具性价值或社会本位两个维度来分析,成人教育功能包括基本功能(个人本位)和派生功能(社会本位),成人教育的基本功能是

---

① 叶忠海. 现代成人教育学原理[M]. 北京:中国人民大学出版社,2015:25-26.
② 余小波,范玉鹏. 改革开放以来我国高等教育思想的演进[J]. 高等教育研究,2018(10):1-8.

指促进成人身心全面、和谐的发展,使其能够持续、主动与社会整体的发展相协调。成人教育的派生功能是调整社会结构和促进社会进步①,具体包括成人教育的政治、经济、文化、社会、生态等功能。

1. 成人教育的基本功能

成人教育的基本功能即成人教育的本体价值是通过实施丰富多彩的成人教育活动,提升成人的知识、技术、能力、素质,帮助成人掌握社会必需的价值观、行为规范、社会网络,引领成人过上充实而有意义的生活,最终让成人学会生存、学会学习、学会做事、学会共同生活,使之成为全面发展的人。

"所谓人的全面发展,就是指身心、智力、敏感性、审美意识、个人责任感、精神价值等方面的全面发展。成人教育应该使每个人尤其借助于青年时代所受的教育,能够形成独立自主的、富有批判精神的思想意识,以及培养自己的判断能力,以便由他自己确定在人生的各种不同的情况下他认为应该做的事情。"②具体来说,成人教育的基本功能就是通过教育促进成人养成完善的人格,掌握当代社会普遍认同的价值观与行为规范(社会主义核心价值观),具备自我生存与发展的人际交往与职业能力,拥有独立生活与家庭经营能力,使每个人都能过上充实、圆满、觉悟的人生。

那么,成人教育如何才能有效地发挥促进人全面发展的本体功能? 笔者认为主要通过成人的社会化与个性化两个功能来实现。社会化和个性化是成人教育功能的两个方面。一方面,社会化功能的本质是一种求同的过程,个体将社会的统一要求内化为自己的价值观和生活目标,并得到社会的认可,使社会趋向统一和稳定;另一方面,个性化功能的本质是一种求异的过程,让社会中的个体成为有个性的人,有独创性的人,成为不囿于传统和敢于批判的人,这是社会改革和创新的动力所在③。

一是成人教育的社会化功能,使成人由自然人向社会人转型。社会化就是个体由生物意义的自然人经过不同的方式逐步转化为社会意义上的社会人的渐进过程。成人只有在参与社会的学习中,在与社会成员的交流互

---

① 叶忠海. 成人教育学通论[M]. 上海:上海科技教育出版社,1997:45-49.
② 联合国教科文组织,华东师范大学比较教育研究所译. 教育—财富蕴藏其中[M]. 北京:教育科学出版社,1996.85.
③ 周洪娟. 关于成人教育的功能的探究[J]. 继续教育研究,2004(6):19-21.

动中,不断地将社会的价值观念、行为规范、行为准则内化为自己的行为标准,从而成为拥有社会属性的人。按照人的发展历程,社会化可分为初级社会化、继续社会化、再社会化3个过程,成人教育具有社会化尤其是继续社会化的功能,集中表现在"促进成人掌握、更新和丰富社会生活的知识和技能""帮助成人进一步确立价值观念与学习社会规范""促使成人的个人目标与社会目标保持一致""帮助成人认同社会角色,掌握角色技术。"[①]

二是成人教育的个性化功能,使成人由从众人向自由人升华。胡适说过:"凡是自己说不出'为什么这样做'的事,都是没有意思的生活。凡是自己说得出'为什么这样做'的事,都可以说是有意思的生活。生活的为什么,就是生活的意思。"每个人受不同的教育,积累不同的社会经验,形成不同的知识结构,便最终造就了一个人独一无二的个性化特质。[②]

所谓人的个性化,就是指人与环境的相互作用中,随着年龄的增长形成与其他人不同的心理特质的过程[③]。笔者认为人的个性化特质的核心在于人的独立性、自主性和创造性,即人的独立自主的思维品格,独立的自我判断与选择意识,独立的社会参与实践能力,独立的幸福生活追求能力等。成人教育的个性化功能就是通过丰富多彩的教育实践活动,引导广大成人在个性化的学习选择中,广泛性的学习参与中,多元化的互动交流中,提升自我的独立思考、独立选择、独立做事、独立生活等能力,成就成人的自主创新能力,实现成人的全面发展。

2. 成人教育的派生功能

教育的功能大体分为本体功能(育人功能)和社会功能(工具功能)。教育的主体功能体现在传递社会文化和信息,使个体得到培养和教化,使个体能够在社会中生存和发展。教育的社会功能是一种派生功能,可细分为政治功能、经济功能、文化功能、社会分层与变迁功能、生态功能等方面[④]。笔者从政治、经济、文化、社会、生态等视角对成人教育功能进行分析。

---

① 高志敏.论社会化与继续社会化——兼析继续社会化与成人教育[J].成人教育学刊,2004:71-79.

② 胡适.人生有何意义[M].北京:民主与建设出版社,2015:50-57.

③ 叶忠海.现代成人教育学原理[M].北京:中国人民大学出版社,2015:89.

④ 周洪娟.关于成人教育的功能的探究[J].继续教育研究,2004(6):19-21.

（1）成人教育的政治功能。"政治"包涵两层含义："政"指的是政府，"治"指的是治理。政治是牵动社会全体成员的利益并支配其行为的社会力量。教育具有政治功能，主要体现在3个方面：①教育为政治制度培养所需要的人才；②教育通过影响社会舆论、道德风尚为社会政治经济制度服务；③教育可以促进民主化进程等①。因此，成人教育作为教育系统的一个子系统，也具有鲜明的政治功能，成人教育的政治功能也包括3个层面：首先，为国家、地方培育优秀的社会治理人才。成人教育可以通过教育培训，为地方政府培养高素质的政府工作人员、基层社会治理人才，提高基层组织的社会治理能力与水平，增强基层党组织的战斗力与堡垒作用。其次，传播政治意识，倡导主流政治价值观。成人教育具有重要的政治舆论功能，通过各级各类成人教育、社区民众教育，向社会公众传播主流的政治观念、意识形态、法律规范，让民众知晓并认同国家主流的核心价值观念与战略方针政策，打造民主、自由、法制社会。再次，培育现代公民，促进民主化进程。一个国家普及教育的程度越高，人们的知识越丰富，就越能增强人民的权利意识，认识民主的价值，推崇民主的政策，推动政治的改革和进步。成人教育在培育具有较高民主意识、权力意识、法制意识、治理意识、道德意识的合格公民方面具有重要的引领作用，成人教育可以通过开展丰富多彩的继续教育、社区教育，提升公民的参与社会事务、社会治理的意识和能力，营造人人遵纪守法，人人乐于参与治理的良好氛围，促进社会的民主化进程。

（2）成人教育的经济功能。教育具有生产力属性，教育的经济功能是指教育对社会经济发展所发挥的作用。具体来说，教育的经济功能主要有3个层面：教育再生产劳动力；教育为经济发展创造、传播科学文化知识；教育通过自身的运营，直接推动经济增长。因此，成人教育作为教育系统的重要组成部分，与经济社会发展联系紧密，也具有重要的经济功能。成人教育的经济功能包括4个方面：①成人教育的生产性功能②。成人教育通过教育培训，将潜在劳动力转化为现实的劳动力，为社会经济发展培养充足"人力"。

---

① 百度百科. 教育[EQ/OL]. https://baike.baidu.com/item/%E6%95%99%E8%82%B2%E5%8A%9F%E8%83%BD/6024049? fr=aladdin.

② 倪守建. 试论成人教育在构建和谐社会中的功能地位与作用[J]. 河北大学成人教育学院学报，2005(4)：17-19.

②成人教育增量人力资本的功能。人力资本是蕴含于人自身的各种生产知识与技能的存量总和。知识经济时代,企业间的竞争、知识创造与增值,最终都要依靠人力资本来实现,人力资本已成为企业的关键性资源①。成人教育可以通过"职业培训、技术攻关、人才成长"等方式,培育企业高技能人才,增量企业的人力资本,助力企业持续发展。③成人教育对接服务经济发展的功能。成人教育发挥平台思维,整合政府、行业、企事业单位、培训机构、社会团体等多方资源,搭建咨询服务、资源对接、项目合作平台,为企业转型升级、乡村产业振兴、"一带一路"发展提供服务。④成人教育助力成人就业,增加他们的经济收入。成人教育可以通过继续教育,提升成人的职业竞争力,以实现充分就业,防止结构性失业,提高成人的经济收入水平。

(3)成人教育的文化功能。文化的本质含义是自然的人化,是人和社会的存在方式,反映着历史在发展过程中人类的物质和精神力量所达到的程度、方式和成果②。教育的文化功能体现在文化的传递功能、文化的选择功能、文化的更新与创造功能、文化的交流与融合功能等四方面。因此,成人教育作为教育的重要子系统,也具有鲜明的文化功能。成人教育的文化功能体现在3个方面:一是成人教育的文化传递功能。成人教育可以通过各类成人文化技术教育、社区教育,使社会价值观念、社会规范、知识技能、政治法律等文化要素得以横向与纵向传承与传播。二是成人教育的文化选择功能。随着社会的文化变迁,成人教育将社会主流先进的价值观念、社会规范、政治理念、风俗习惯、知识技能,筛选出来并教育传承,实现以文化人,化育天下,同时摒弃落后、糟粕的文化。三是成人教育的文化创新功能。随着时代变迁和社会革新,成人教育将积极顺应新时代发展的潮流,通过紧密连接实践,通过教育与科研,产生新的思想、观念和科学文化成果,实现文化的创新和发展。

(4)成人教育的社会功能。社会功能是指在整个社会系统中各个组成部分所具有的一定的能力、功效和作用。法国孔德、英国斯宾塞最先提出这一概念,以此作为社会和生物有机体之间的类比,认为社会是一个各部分之

---

① 任宇,孙思. 基于培训视角的企业人力资本存量研究[J]. 工业技术经济,2012(2):116-123.
② 叶忠海. 现代成人教育原理[M]. 北京:中国人民大学出版社,2015:52.

间相互联系、依赖的有机整体,彼此间根据不同的需求,执行不同的社会功能[1]。成人教育的社会功能主要有两方面:一是成人教育的社会资本功能。成人教育可以通过公民教育或教育培训生产社会资本,使成人学会普遍性的规范和互惠原则,形成相互信任和依赖,建立合作与互助的社会网络,建立自己可调动的社会资源。[2]另一是成人教育的社会流动功能。促进社会合理流动乃是成人教育的一个重要功能。经由接受成人教育而实现个体或群体受教育水平的提高,可以增加其向上流动的可能性。成人教育应以农村劳动力转移培训和失业人员培训为重点,同时寻求各级各类成人教育的统筹推进和衔接沟通,以有效实现社会群众的合力流动[3]。

(5)成人教育的生态功能。生态功能是对生态环境起稳定调节作用的功能。成人教育的生态功能主要体现在不但可以丰富人们的生态知识,提高他们的环保意识,使他们树立人与自然和谐发展的理念,而且可以促进他们的环保行动,优化生态环境[4]。成人教育的生态功能主要有 3 个层面:其一,丰富成人的生态知识。成人教育通过开展各类环保教育,向人们传授生态环保的知识和方法,为公民参与生态环保行动提供有效指导。其二,提高成人的环保意识。成人教育通过生态道德教育,增加人们的环保意识,积极制止生态破坏等违法行为。其三,促进成人的环保行动。建立完善的环保教育的参与机制,开展丰富多彩的社区环保宣传实践活动,动员社区居民积极参与环保行动,共同维护生态环境[5]。

第三节　成人教育服务乡村振兴的战略定位

乡村振兴战略为新时代农村经济社会发展描绘了新蓝图、指明了新方

---

① 邓伟志. 社会学辞典[M]. 上海:上海辞书出版社,2009:75.
② 郑淮. 社会资本:成人教育的基本功能和价值取向[J]. 华南师范大学学报(社会科学版),2009
　(4):31-35.
③ 何爱霞. 成人教育促进社会合理流动的功能及路径[J]. 教育学术学刊,2012(1):72-75.
④ 蔡宝来. 现代教育学理论和实践[M]. 上海:上海教育出版社,2011:133.
⑤ 刘奉越,孙文杰. 新型城镇化视域下成人教育的功能及其实现[J]. 职教论坛,2015(12):43-47.

向,也给我国成人教育发展提出了新要求、新使命和新挑战。未来,成人教育要精准对接乡村的"五大振兴与二十字方针"全要素要求,为乡村振兴提供全方位、多功能、宽领域、广覆盖的教育服务,这既是成人教育发挥实现人的全面发展和促进社会进步的应然教育功能,也是实现自身转型发展,服务乡村振兴战略的重要意义和价值所在。

一、对接产业振兴,成人教育是培育现代化"三农"人才的主战场

产业振兴的核心就是两个"实现",即通过农业供给侧结构性改革,促进现代农业高质量发展,实现农业产业兴旺;通过促进农业产业链的延伸,实现乡村"三产"融合发展。要实现农业产业兴旺与乡村"三产"融合发展,关键在于人。马克思指出:"教育会生产劳动力"、教育可以成为"生产财富的手段,成为致富的手段"[①]。在乡村产业振兴的背景下,成人教育将成为培育现代化"三农"人才的主战场。长期的农村成人教育实践证明,成人教育具有重要的经济功能,能够有效地为乡村产业振兴培育充足的"人力",增量人力资本存量、服务产业转型升级,具体有 3 点:一是促进农业产业发展,培育现代化新型职业农民大军。农村成人教育将通过开展农产品种植、水产、畜牧养殖、农村电商等丰富多彩的技能培训,培养现代化的爱农业、有文化、懂技术、善经营的新型职业农民大军,促进农业供给侧结构性改革,助力农业现代产业发展。二是繁荣农村经济发展,打造多元化的农村专业人才队伍。农村成人教育将通过"村校企政社"等多方合作,统筹优质资源,打造职业培训平台,根据农村经济发展需求,精准培育农技推广、农村职业经理人、农村供应链、农村电商、全域旅游等紧缺型的农村专业人才,为乡村由第一产业向第二、三产业延伸提供人才支撑。三是推动"三产"融合发展,培育规模化新型农业经营主体。农村成人教育将依托"农科教"结合项目,对接农村新经济、新业态对人才的新要求,整合中高端资源,开展乡村民宿经营管理、乡村体验游设计开发、农村网络运营等系列培训,助力民宿业主、新型农场主、农村网红电商等新型农业经营主体的培育与壮大。

---

① 许溪溪.乡村振兴战略下农村成人教育发展探析[J].河北大学成人教育学院学报,2019(1):
62-68.

二、对接文化振兴，成人教育是传承与发展乡风文明的主阵地

习近平指出："要推动乡村文化振兴，加强农村思想道德建设和公共文化建设，以社会主义核心价值观为引领，深入挖掘优秀传统农耕文化蕴含的思想观念、人文精神、道德规范，培育挖掘乡土文化人才，弘扬主旋律和社会正气，培育文明乡风、良好家风、淳朴民风，改善农民精神风貌，提高乡村社会文明程度，焕发乡村文明新气象。"[1] 乡村文化振兴的核心表征就是乡风文明，其核心就是传承优秀的文化，提升农民的文化素质，培育乡村的文明风气，提升乡村的社会文明程度。这与成人教育的文化功能高度契合，成人教育具有文化传递、文化选择、文化创新等文化功能，将在乡村文化振兴建设中发挥不可替代的价值作用，成人教育将成为传承与发展乡风文明的主阵地。一是传承发展乡村文化，挖掘农村特色文化价值内涵。农村成人教育可依托县（区）、街道（乡镇）、社区（村）、家庭学习点等四级成人（社区）教育机构，通过研究优秀本土文化、开发课程资源、搭建展示平台、建设风俗礼仪和组织"文化走亲"活动，配合乡村文化部门深度挖掘地方文化价值内涵，传递优秀文化价值观。二是繁荣乡村社区教育，提升农民的道德素质与文化修养。农村成人（社区）教育机构可依托村文化大礼堂、农民大课堂、农家书屋、村民学校、老年大学、党员学习室等载体，对农村居民开展公民道德教育、青少年校外教育、文体休闲教育、科普宣传与健康养生教育、代际家庭教育、老年教育等，提升农民的道德素质与文化修养。三是完善乡村文化供给，充实农民品质化精神文化生活。农村成人（社区）教育机构可充分整合多方的文化资源，开展乡村文艺演出、送电影下乡、乡村图书节、农民体验式游学等丰富多彩的文化活动，充实农民的精神文化生活，让农民远离赌博等不文明的生活方式，提高农民的精神生活品位。

三、对接生态振兴，成人教育是绿色育人与综合整治的主推器

生态振兴的核心表征是生态宜居，生态宜居的本质内涵是生态和谐与

---

[1] 人民网. 习近平要求乡村实现"五个振兴"[EQ/OL]. [2018 - 07 - 16]http://politics. people. com. cn/n1/2018/0716/c1001-30149097. html.

安居乐业，具体来说，就是保护生态环境，实现人与环境的生态和谐，建设乡村绿色、优美的宜居环境。乡村生态振兴的本质意蕴与发展要求与成人教育的生态功能有着高度的契合度。成人教育的生态功能主要是丰富成人的生态知识、提高成人的环保意识、促进成人的环保行动。因此，成人教育尤其是农村成人教育将对乡村生态振兴推进起到重要的教育促进作用，成人教育将成为绿色育人与综合整治的主推器。一是强化生活环保教育，提升农民的环保意识与实践能力。农村成人教育将发挥三级成人教育办学网络及多元群众性学习载体，组织开展垃圾分类、生活污水排放、秸秆焚烧处理、化肥农药科学使用、农膜污染处理等方面的环保知识讲座，通过环保行动动员、环保技术指导、环保典型宣传等环保专题教育实践活动，有效提升农民的环保意识、环保常识、环保实践能力。二是推进科技环保行动，改变传统农业粗放型的生产方式。农村成人教育依托农科教结合项目，通过与区域农技站、农科所、农业大学、农业科技公司合作，开展新产品引进、新技术推广为主题的农民培训活动，通过农作物生态种植、循环水水产养殖等技术革新，实现农业生产方式由传统粗放型向环保集约型转型升级，有效解决农业生产带来的环境污染整治问题。

四、对接组织振兴，成人教育是繁荣与发展治理水平的主渠道

人是事物发展的决定性因素，乡村振兴也是如此。组织强，则乡村强，组织弱，则乡村弱，乡村组织振兴直接决定着乡村振兴战略的顺利推进与预期成效。所谓组织振兴，就是有健全的基层党组织、村委管理组织、群众自治组织，合作性经济组织等，拥有高素质的基层乡村治理人才及工作队伍，形成群众依法参与乡村治理工作的民主氛围，形成德治、法治、自治"三治合一"的乡村治理模式。成人教育具有培育优秀社会治理人才、传播政治意识，倡导主流政治价值观，培育现代公民，促进民主化等政治功能，将对乡村组织振兴的推进实施，发挥重要的人才支撑与智力支持作用，成人教育是繁荣乡村与发展治理水平的主渠道。一是强化党的组织建设，培育引领型的基层党支部书记。基层党组织是乡村振兴建设推进的"主心骨""战斗堡垒"，乡村党支部书记是基层党组织的"引路人""掌舵者"，事关乡村振兴全局工作成败的关键。农村成人教育依托县、乡镇、村三级基层党校，实施"乡

村班长工程",对村支部书记、村委会主任、优秀党员等进行综合素质培训,培育有思路、有能力、有情怀、有担当、有作为的引领型的村党支部书记,提升基层党组织的战斗堡垒作用。二是加强现代新乡贤培育,孵化高素质基层乡村治理人才。农村成人教育在县、乡镇、村三级政府支持下,整合多方资源,重点培育返乡经商人士、电商新农人、大学生、农民工、乡村"能人"、乡村致富带头人等新乡贤队伍,辐射、引领、带动、打造一支高素质的基层乡村治理人才。三是完善乡村法制教育,提升农民的法治观念与自治素养。农村成人教育可通过开展民主法治类专题宣传教育,普及农民的法治观念、法律常识,提升居民参与社区治理的意识与能力,逐渐形成多主体参与治理的浓厚氛围。四是培育群众型共同体,推动"三治合一"的治理体系建设。农村成人(社区)教育可组织开展丰富多彩的社区闲暇教育,积极培育扶持多元化的农民学习共同体建设,引导共同体自觉参与社区教育治理,以社区教育治理引领社区治理健全,最终形成德治、法治、自治"三治合一"的乡村治理体系。

五、对接农民富裕,成人教育是打赢农村脱贫攻坚战的主力军

农民富裕是乡村振兴的民生目标,农民富裕的本质核心就是让农民拥有持续稳定的收入来源,经济富裕、衣食无忧、生活幸福、身心健康又有基本的生活保障。实现农民高质量就业,服务青年创新创业,拓宽农民多元增收渠道成为实现农民富裕的根本路径,成人教育作为农民终身学习、扶持农民就业创业、增加农民社会资本,促进农民社会合理流动的重要载体,将在农民富裕提升过程中发挥重要的作用,成人教育将是打赢农村脱贫攻坚战的主力军。一是完善就业服务体系,助力农村劳动力转移脱贫致富。农村与城镇成校开展联合办学,整合优质资源,搭建公共就业服务培训平台,开展农村劳动力转移、农业转移人口市民化、扶贫产业就业等相关培训,提升农民就业核心技能,助力农民顺利就业,提高其工资性收入。二是繁荣创新创业教育,提升农民持续性经营收入能力。针对农村大学生、农村种植户、返乡农民工等农村经济中的"积极分子",农村成人教育可整合政府、企业、行业、高校等多方资源,搭建农民众创平台,开展农特产品种养殖业、农村电商运营、农产品特色加工、乡村农家乐等农民创业培训与孵化,培育农村新型

经营主体,提高农民家庭经营性收入水平。三是服务乡村特色产业,拓展农民多元化致富增收渠道。农村成人教育要充分发挥有效服务乡村特色产业发展的功能,通过整合资源,搭建宣传推广、咨询服务、资源对接、项目合作等平台,为智能制造、大健康养生、休闲渔业等地方特色产业发展提供精神动力与智力支持,助力拓展农民致富增收的渠道。

第四节　成人教育服务乡村振兴的着力点
——以宁波市为例

一、指导思想

深入贯彻党的十九大精神,以习近平新时代中国特色社会主义思想为指导,落实《中共中央国务院关于实施乡村振兴战略的意见》《国家乡村振兴战略规划(2018—2022年)》《宁波市"十三五"教育事业发展规划》《关于"十三五"期间实施终身教育提升工程的意见》等文件精神,以全面服务乡村振兴为落脚点,以提升人民群众的获得感和增强区域经济服务力为目标,以全面推进宁波市乡镇成人学校的内涵建设为抓手,充分发挥好乡镇成人学校在农业人才支撑、农民脱贫致富、美丽乡村建设、农村文化繁荣、农村经济提振、乡村社区治理中的突出作用。开创民生福祉与地方产业经济发展的双赢格局。

二、总体目标

依托各级政府政策、资源、经费等的强大支撑,通过宁波市教育局的政策倾斜、机制创新、项目引领、业务指导,到2020年,全市乡镇成人学校的整体基础能力、内涵发展实力上了一个台阶,打造了一批基础夯实、团队卓越、机制创新、特色引领、服务到位、成效显著的新时代乡镇成人学校,有力辐射和强势推动乡村振兴战略,实现农村生态之美、农业产业之兴、农民生活之富。在全国率先打造成人教育服务乡村振兴的"宁波样板",形成全市成人教育服务乡村振兴战略的16135体系,即围绕服务乡村振兴1个目标不动摇、实施 6 大工程夯基础、推进 13 个行动项目强落地、完善 5 个内涵建设有突破。

三、重点任务

1. 乡村振兴农村人才支撑工程

实施乡村振兴战略,农村人才支撑是关键。乡镇成人学校作为区域科技推广与技能培训的重要载体,要精准对接区域乡村振兴对人才发展的需求,因地制宜组织广大农民接受继续教育培训,培育一支强大的乡村振兴人才队伍。

项目 1:新型职业农民培训

加快建立新型职业农民培训制度,启动新型农业经营主体带头人轮训,实施现代青年农场主、农村青年创业致富"领头雁"培训计划。建立多主体协同参与新型职业农民培训的运行机制,立足区域农业产业特色,创新"成人学校基地示范—成人教育培训—农户示范推广"的培训模式,实现培训与经营的联动发展,促进生态高效农业、精品农业、特色农业的发展,夯实农业生产动能。

项目 2:甬派乡村之星培训

加快农村实用人才培训,推进"甬派乡村之星"培育。根据区域乡村新经济、新业态、新形势对技能人才的需求,大规模开展乡村技能培训计划,重点开展电商新农人、乡村民宿、农业职业经理人、全域旅游、农技推广员、农村物流等培训,着力打造服务乡村振兴、数量充足的农村实用人才队伍。

2. 乡村振兴农民脱贫致富工程

实施乡村振兴,农民生活富裕是根本。乡镇成人学校要在政府精准扶贫攻坚战中发挥重要的作用。依托全市四级成人教育培训网络,开展农村创业扶助、农村劳动力转移等系列培训,提升农民的职业技能,增强农民的致富本领,引领农民就业创业,实现农民脱贫致富。

项目 3:农村创业扶助培训

整合高校、职业院校、创业孵化中心、农村科技园、农民合作社等资源,打造农村成人教育众创空间。利用线下孵化载体与线上网络平台,面向返乡农民、贫困农民、失地农民,开展农村青年创业扶助培训,帮助农民解决技能、技术、渠道、资金、销售等问题,扶持农民创业,帮助农民脱贫致富。

项目4:农村劳动力转移培训

乡镇成人学校依托各类公共职业培训平台、职业技能鉴定站、企业培训中心等载体,积极开辟校内外实训基地。针对辖区失业待岗人员,开展精准的农村劳动力转移培训,并提供就业政策法规咨询、信息发布、职业指导和职业介绍等一条龙就业服务,确保农民能就业、就好业、稳收入。

3. 乡村振兴美丽乡村建设工程

绿水青山就是金山银山。推进乡村绿色发展,实现人与自然的和谐发展是乡村振兴的前提。乡镇成人学校要积极配合乡镇党委关于美丽乡村建设的工作部署,通过方案策划、教育培训、宣传推广,提升农民的环保素质,带动区域绿色经济的发展,助力区域美丽乡村建设。

项目5:全域旅游经济发展服务

遵循科学引领、素质提升、绿色发展的原则,以项目为载体,以培训为抓手,以活动为纽带,以能力为目标,对接服务全域经济发展,开展特色标准化服务、乡村导游技术、旅游主题活动策划、特色农家厨艺技艺、大型活动承办管理、安全与服务能力等旅游类培训,提升农民的素质,助力区域旅游经济的发展。

项目6:乡村环境保护治理宣传

依托乡镇成人学校、农村大礼堂、农村讲习所、社区文化馆,广泛地开展乡村环境保护治理宣传教育活动,通过教育培训、活动宣传、社团引领,提升农民的环保意识,引导农民进行垃圾分类、绿色施肥、节水护水,让农民参与美丽乡村的建设。

4. 乡村振兴农村文化繁荣工程

实施乡村振兴,乡风文明、文化繁荣是保障。乡镇成人学校要充分发挥其对优秀的传统文化传承、公共文化宣传普及、公民道德教育、群众闲暇活动组织等文化建设中的突出作用,提升农民的精神风貌,传承农村的优秀文化,推动乡村社会文明。

项目7:农村思想道德建设

依托乡风馆、农村文化大讲堂、农民大课堂等载体,开展社会主义核心价值观与公民道德规范养成教育,推进"新农村·新生活·新农民"培训,引导农民树立科学文明的生活方式,培育农民的社会公德、家庭美德、个人品德、职业道德,营造诚实守信、责任担当的良好社会氛围。

项目8:甬派优秀文化传承

以特色示范成人学校建设、社区教育实验项目、社区教育品牌项目申报为契机,各乡镇成校要精心挖掘培育彰显地方特色的地域文化、农耕文化、红色文化、历史文化等项目,组织开展"乡村记忆民宿文化、乡村传统工艺、历史文化精髓"等传承教育活动,打造一批非遗工作室、优秀文化展览馆,传承甬派优秀的文化。

项目9:乡村文化生活提质

依托四级社区教育办学网络,精准对接农民对高品质文化生活的诉求,强化文化礼堂、乡风家风馆、农家书屋、文体广场等阵地的建设,培育农村文化社团,开展家庭教育、文体休闲、科普宣传、健康养生等多元化的社区教育活动,丰富社区农民的文化生活,提升乡村文化的生活品质,提高群众的生活质量。

5. 乡村振兴区域经济提振工程

产业振兴是乡村振兴的物质基础。乡镇成人学校要精准地把握企业转型发展、产业经济升级中对人才、技术的需求,承担起区域产业经济发展服务的重任,通过农科教项目协同创新、小微企业众扶等方式,服务于乡镇区域经济发展。

项目10:现代"农科教"项目协同创新

立足区域农业产业特色,建立由农场、农技推广站、农村合作社、农业研究院、农产品产业协会等组建的农科教示范基地。通过新品种引进、新技术推广、新经验普及,帮助农户解决难题,提升当地农民种植、养殖的技术水平,促进农户增收和农业产业转型升级。

项目11:小微企业转型跟踪扶助

依托乡镇(街道)党委力量,整合多方资源,打造小微企业众扶平台,开展助力小微企业发展的公益性项目。通过人才培训、技术服务、项目合作等方式帮助小微企业解决人才与技术的难题,促进辖区小微企业持续发展,营造社会各界全力扶持小微企业创业创新的社会氛围。

6. 乡村社区治理工程

实施乡村振兴,治理有效是基础。乡镇成人学校要积极探索多元主体参与、目标共识达成、资源网络共享、协同治理机制健全的社区教育多元协商治理结构。努力培育社区居民的社区治理意识、社区参与能力,通过社区教育治理体系的构建,推进党委领导、政府负责、社会协同、公众参与、法治保障的现代乡村社会治理体制建设。

项目12:乡村社区教育治理体系建设

通过政策制定、制度创新、机制保障、活动推进,建立由政府、教育机构、社会组织、企事业单位、社区和居民等多方参与的乡镇社区教育治理结构。发挥多主体参与办学的优势,实现决策主体多元化、办学主体多元化、管理主体多元化,调动各方的积极性、主动性,激发各类主体的参与意识。

项目13:乡村老年教育振兴

落实国务院老年教育发展规划,完善各乡镇老年大学、社区老年教学点、老年家庭学习点、老年学养社团、老年在线学习平台等载体建设,创新社会力量参与办学、养教结合等老年教育办学模式,开展丰富多彩的老年教育活动,让每一位农村老人都能实现在家门口上学,人人乐于参与,学后开心有为的美好愿望。

四、内涵建设

1. 确立科学精准的乡镇成校办学定位

在新时代、新经济、新常态的背景下,经济社会发展对乡镇成人教育提出了新需求、新要求、新挑战。乡镇成人学校应不断地创新思路,遵循"五个服务"的办学方向,即服务农村经济发展、服务农民脱贫致富、服务百姓生活提升、服务乡风文明和谐、服务美丽乡村建设。乡镇成人学校要根据实际,及时找准自身的办学定位,重点抓好新型职业农民培训、农科教协同创新、乡村文化繁荣、农村劳动力转移培训、区域经济发展提升等,走出农村成人教育的新路子,开创服务乡村振兴的新格局。

2. 健全多元协同的乡镇成人教育培训平台

依托市现代服务业公共职业培训服务平台,发挥乡镇成人学校资源统筹优势,鼓励乡镇成人学校整合政府、高校、职业院校、企事业单位、培训机构、行业协会等资源，打造区域性乡镇成人职业培训平台。根据本地区乡村振兴战略的具体部署与工作要求，深挖痛点难点，开发系列培训课程与服务项目，以职业培训孵化农业人才，以"技术攻关＋诊断辅导"助力产业发展。为农业发展、农民致富、小微企业发展提供人才支撑与跟踪服务。

3. 打造活力四射的乡镇成人学校教师团队

贯彻落实《中共中央国务院关于全面深化新时代教师队伍建设改革的意见》启动我市成人学校教师卓越工程，通过职称评定改革、骨干（名师）教师培育、绩效补贴激励等方式，打造更具活力、魅力、潜力的乡镇成人学校卓越的教师团队，有效地支撑成人教育服务乡村振兴战略的发展。

建立准入制度，不断地注入新鲜血液。结合当前浙江省教育厅办公室关于中小学教师"县管校聘"管理改革试点推进工作的文件要求，逐步建立成人学校教师准入制度，严把新进人员的学历关、能力关、素质关，加大对乡镇成人学校教师岗位准入式培训，打造一支梯队合理、能力较强、团队协作的教师队伍。

完善编制管理，优化职评与晋升机制。各县市区教育局应出台相关政策，将原中小学调入乡镇成人学校工作的教师编制统一纳入成人学校系列进行管理，不断完善成人学校独立的职称评审与岗位晋升制度，合理分配名额，为乡镇成人学校教师职称参评与正常岗位晋升扫清各种障碍，以调动乡镇成人学校教师工作的积极性。

改革职称制度，打通专业发展的上升通道。根据浙江省职称制度改革文件要求，浙江省将在11个职称系列全部设置"正高级"职称，打通职称发展的"断头路"。增设成人学校教师研究员系列的正高级职称，打通成人学校教师专业发展的上升通道。

打造名师团队，打破生涯发展的天花板。建立市级成人教育（终身教育）骨干教师、科研名师等评选与培养制度，通过外出考察、师带徒、业务培训、科研孵化、学历提升等途径，打造一支觉悟高、能力强、素质好、业务精的成人教育骨干教师与科研名师团队，相关补贴可参考中小学骨干教师和名师标准并落实到位，以充分调动广大成人学校教师干事创业的进取心。

建立奖励机制，激发"增量"工作积极性。继续完善乡镇成人学校绩效工资管理机制，各县市区参照浙江省农村教师任教津贴制度，面向广大的农村成人学校教师给予一定的农村教师补贴。对于乡镇成人学校教师承担的额外增量工作,各县市区(乡镇)政府可考虑对农村成人学校教师给予一定的绩效工资补贴,以进一步激发乡镇成人学校教师服务乡村振兴工作的积极性与创新性。

4. 推进"互联网＋"乡村终身学习体验基地建设

贯彻落实《教育部关于印发教育信息化2.0行动计划的通知》文件精神,推进我市"互联网＋"乡村终身学习服务体系建设,满足群众多元化、个性化、碎片化的学习需求。

推动乡村终身教育数字化学习平台建设。各地要在市智慧教育的框架下,在市级终身教育公共服务平台的基础上,建立县级、乡镇级平台分中心,推动平台使用管理权限下移,加强与社会数字化平台对接,打造乡镇成人学校终身学习地图和终端学习平台,为辖区居民参与智慧学习提供便利。

推动乡镇成人学校在线课程海量资源共享。依托乡村终身教育数字化学习平台,推动区际、校际、行际、部际之间的优质数字化资源库共建共享,最大限度地优化资源配置。推动互联网企业与乡镇成人学校根据市场需求开发数字化教学资源库,提供网络化教育服务,满足市民个性化定制与碎片化学习的需求。

推动乡村终身学习体验基地建设。各乡镇成人学校要进一步挖掘科技、文化和教育资源,引入市场化运作机制,引进物联网技术与智慧教育云平台,打造乡村终身学习体验基地。乡镇成人学校联合社会机构共同开展个性化、品质化、特色化的市民主题游学活动,传承优秀乡风文化,充实百姓精神生活。

5. 引入第三方的乡镇成人学校发展性评估

将乡镇成人学校办学纳入县市(区)政府工作考核指标,各县市区教育局根据地方特色发展的差异,制定本区域乡镇成人学校发展性评估指标。评估工作每年举行一次,由区县教育行政部门汇总后报市教育局终身教育和民办教育处,由市教育局委托市教育评估院、教育咨询评估公司等第三方机构,组织专家开展乡镇成人学校发展性评估考核,评估考核结果与乡镇成校各类项目申报、学校评优、教师绩效奖励等直接挂钩,从而确保乡镇成人学校的办学质量与服务社会绩效。

五、保障措施

1. 加强组织领导，完善协同机制

市教育局将成立由主管成人职业的副局长任组长，市终身教育与民办教育处处长任副组长，市教育局相关处室、市教科所、市职成教教研室等领导参加的乡镇成人学校建设工作领导小组（以下简称"工作小组"），工作小组下设办公室在市成人学校，由市成人学校具体协调、指导、落实各项工作的开展。

各县市区教育局应参照市教育局，成立相关组织机构，将乡镇成人学校建设与服务乡村振兴工作纳入地方教育发展整体规划，主动联系有关部门，认真做好相关规划、政策制定，并根据实际，提出乡镇成人学校建设的具体指导性方案和举措。将相关工作落实到位。

2. 加大经费投入，改善办学条件

各县市区、乡镇党委政府应仔细参照本指导意见，结合当地实际，加大对本地区乡镇成人学校建设的财政投入，将乡镇成校办学经费列入政府财政预算，由乡镇（街道）政府按辖区常住人口人均 3 元/年以上的标准安排成人教育专项工作经费，列入经常性财政开支，以不断改善乡镇成人学校的办学条件，保障乡镇成人学校内涵建设与服务乡村振兴战略的有力推进。乡镇政府应牵头引领乡镇成人学校不断拓宽经费的投入渠道，建立健全政府、市场、社会组织和学员等多主体分担和筹措乡镇成校办学经费的多元投入机制。

3. 推进制度建设，促进规范建设

各县市区教育局要结合实际，制定《服务乡村振兴战略，乡镇成人学校建设的规范办学指引》，做好场地标准、教学规范、课程标准、财务制度等各项标准体系的设计，指导乡镇成人学校规范化办学与内涵式发展，并将乡镇成人学校内涵建设纳入县市区对乡镇的目标考核。制定本区域特色的乡镇成人学校发展性评估体系，引入市场机制，加强对引入的第三方机构的事前审核、事中监管和事后评估，做好一年一度的乡镇成人学校发展性评估工作，引领乡镇成校规范化、可持续发展。

4. 加大研究宣传，动员多方参与

依托市教科所、联合国教科文组织农村社区终身学习研究所、甬派教育科研基地等科研力量，开展"服务乡村振兴战略，促进乡镇成人学校内涵建设"的理论研究、政策研究和应用研究。各县市区教育局要加大宣传力度，出台政策动员乡镇政府、教育机构、社会组织、辖区企事业单位、社区和居民社团等多方参与乡镇成人教育办学，建立完善的乡镇成人教育治理体系，营造乡镇成人教育服务乡村振兴战略的良好氛围。

第三章

新时代成人教育的使命定位与改革路向

随着我国社会转型期与经济"新常态"的到来，原先的成人扫盲、文化补习、学历补偿教育已逐渐饱和，成人教育亟待转型。党的十九大报告提出："办好继续教育，加快建设学习型社会，大力提高国民素质；完善职业教育和培训体系，深化产教融合、校企合作。"随着中国特色社会主义进入了新时代，成人教育走在十字路口迫切需要重新定位与发展重构。

在新时代背景下，宁波市作为全国成人教育、社区教育的先行者、引领者、示范者，敢于创新理念、敢于转型突破、敢于团队建设、敢于产教融合、敢于提升品质，努力打造全国成人教育的"宁波样板"，为社区居民素质提升、为地方经济产业发展、为城市文化传承贡献力量。

第一节 新时代成人教育的历史使命

"有为才会有位，有位更要有为"，面对新时代、新形势、新要求，宁波市成人教育紧紧围绕"乡村振兴、中国制造 2025 试点示范创建、宁波名城名都建设"等重大战略对人才的迫切需求，牢牢把握市民对美好生活的向往和成人教育服务不平衡不充分的矛盾，真正担负起四大历史使命，发挥成人学校服务区域经济社会发展的突出作用。

一、服务乡村振兴战略

2018 年 2 月，中央一号文件《国务院关于实施乡村振兴战略的意见》出台,标志着我国全面部署推进乡村振兴工作进入新阶段。乡村振兴的本质和落脚点就是让农村美、农业强、农民富。打造农村生态之美、农业产业之兴、农民生活之富,成为新时期成人教育首要的工作方向。

具体来说,全市各级各类成人学校要紧紧围绕国家乡村振兴战略的总体部署,充分整合资源,依托农科教结合、教育助农、社区教育品牌、特色示范成人学校等项目载体,开展新型职业农民、甬派乡村之星、农村电商转型、农村精准扶贫、农村创业扶助、乡村全域旅游、农村劳动力转移等系列培训,助力区域乡村振兴发展,实现农村生态之美、农业产业之兴、农民生活之富。在全国率先打造成人教育服务乡村振兴战略的"宁波样板"。

二、服务区域经济发展

2018年5月,国务院出台了《关于推进终身职业技能培训制度的意见》(国发〔2018〕11号),提出:大力发展职业技能培训,全面提升劳动者就业创业能力,缓解技能人才短缺的结构性矛盾,提高就业质量,推进经济迈上新台阶。经济发展靠人才支撑,人才培养靠教育有为。

乡镇成人学校要精准把握企业转型发展、产业经济升级中对复合型人才的迫切诉求,致力于打造"资源集聚、精准供给"的公共培训服务平台,引入和整合国内外中高端培训机构资源,开展丰富多彩的企业职工培训、职业经理人培训、企业管理者培训、企业技术跟踪服务,培养"中高端、紧缺型、复合型"的专业人才,真正担负起成人教育服务宁波地方产业经济发展的时代使命。

三、服务全民终身学习

十九大提出:"要办好继续教育、网络教育,加快建设学习型社会,努力提高国民素质,促进全民终身学习。"成人教育作为构建终身教育体系的重要载体,要在建设学习型社会,引领全民终身学习的过程中发挥重要作用。

成人学校要充分依托市、区(县)、街道(镇)、社区、家庭学习点等五级成人教育办学网络,打造具有地方特色的终身学习体验中心,开展丰富多彩的社区教育活动,营造人人皆学、处处可学、时时能学、按需选学的终身学习格局,服务全民终身学习。

四、服务社区文化繁荣

十九大报告中提出:"要坚定文化自信,推动社会主义文化繁荣兴盛。"习总书记说过:"没有高度的文化自信,没有文化的繁荣兴盛,就没有中华民族伟大复兴。要坚持中国特色社会主义文化发展道路,激发全民族文化创新创造活力,建设社会主义文化强国。"

乡镇成人学校要充分发挥其在优秀传统文化传承、公共文化宣传普及、公民道德教育、群众闲暇活动组织、移风易俗行动推广等文化建设中的突出作用,让成人教育成为区域文化宣传、教育传承的主阵地。

第二节　新阶段成人教育的发展定位

在新时代、新经济、新常态的背景下,经济社会发展对成人教育提出了新要求、新挑战。成人学校应不断地创新思路,遵循"四个服务"的使命方向,各成人学校要根据实际,及时找准自己的办学定位,重点抓好新型职业农民培训、农村老年教育、乡村文化传承、农村劳动力转移培训、企业技能人才培训等,走出成人教育的新路子,开创服务乡村振兴的新格局。

一、区域经济发展的服务者

成人学校首先应该将自己定位在服务地方经济发展的角色上,充分整合辖区政府、行业、企业、社会等多方优质资源,建立企业培训与服务中心,坚持训产合一的办学理念,通过"调研诊断企业—人才精准培训—资源项目对接—助力企业发展—服务产业促进",实现产业人才需求与培训方案、企业(岗位)痛点难点与培训内容,行业企业要素与培训资源,生产管理过程与培训过程,企业人才经验与培训方式,人才成长企业增效与培训评价之间的深度融合,形成培训源自企业,培训服务企业、行业支撑培训,产业评价培训的"训产合一"的良好局面。通过品质培训,为企业培育复合型人才,提供技术性跟踪服务,助力企业转型发展。

案例 1：现代服务业公共职业培训平台助力企业转型发展

宁波市成人学校依托现代服务业公共职业培训平台(简称"平台"),建立企业转型发展与服务联盟(简称"企服联"),通过实施"金融惠农、农村电商提振、互联网＋企业转型、中国制造 2025 企业家大讲堂、阿里巴巴跨境电商孵化、企业高科技产品路演、新三板与高端财富论坛、甬台文创设计产业论坛"等工程,职业培训孵化企业英才,以"产经论坛＋诊断辅导"助力产业发展。通过定期召开全市企业培训采购对接会,精准满足企业发展的需求,促进地方紧缺型外贸、文创、物流、电商、金融等 T 型人才的培育,为地方经济发展累计培育了现代金融、跨境电商、农村创客、供应链管理、文化创意等中高端 T 型人才 4.8 万人次。带动了 5 000 余家企业转型,引领区域现代服务业的产业升级发展。

案例 2：蛟川"锐蓝众扶"精准服务小微企业发展

镇海区蛟川成人学校坚持运用"平台思维",深挖辖区小微企业生存发展的痛点和难点,在镇海团区委、蛟川街道党工委的支持下,集聚市人社局、市企业家协会、市金融业联合会、市现代服务业平台等多方资源,打造"锐蓝众扶"平台,广泛招募志愿者,组建锐蓝导师团,精准对接辖区小微企业发展需求,开展技术跟踪帮扶、技能人才培训、金融助企服务。依托锐蓝众扶平台,蛟川成人学校通过订单式培训、菜单式培训、跟踪式技术帮扶、志愿者提升、技师带徒、小额贷款服务等方式,帮助小微企业及时解决了技术难题,培育了得力的技术骨干精英,有效缓解了企业融资难、融资贵的难题,构建了小微企业创新发展的良好生态,营造了企业众扶的社会氛围,促进了辖区小微企业健康持续发展。

二、社区教育资源的集聚者

成人学校作为区域性终身教育的重要平台,应是辖区社区教育资源的集聚者。社区教育是跨界很大的社会教育形态。其涉及的人群复杂多样,需要发挥市、区(县)、街道(乡镇)三级社区教育委员会的政府统筹力量。各级各类成人学校统筹城乡各类学习机构的市民学习资源,使各级各类基础教育学校、社区市民学校、家庭学习点、体育中心、青少年宫、博物馆、图书馆以及社会培训机构、企业职工学校、政府结构、事业单位等学习资源全面向社会开放。成人学校要充分整合政府机构、行业协会、高校、职业院校、龙头企业、培训机构等多方资源，建立社区教育专家资源库及导师团，搭建校外技能培训基地、打造特色社区教育数字化课程资源库，为满足辖区居民个性化、品质化、特色化、碎片化的社区教育奠基基础。

案例1：镇海区"社区学习圈"

镇海社区学院精准匹配居民的学习需求，整合辖区各类优质教育资源，打造形成家庭"活动式"、社区"主题式"、街道"体验式"、平台"网络型"四大类课程资源库，涵盖上百门学习课程，建立了一支由政府、高校、行业企业、培训机构、社会组织组成的社区教育导师团，编撰了"文化自信、特色品质、成效显著、典型辐射"的校本教材47本，培育形成各类学习圈500多个，开展的各类教育和培训活动达到3 000多期，参与者达到14万余人次，"社区学习圈"真正成为人人可学、处处皆学、时时能学、按需选学的精神乐土。

案例2：宁海县大佳何成人学校借力开展水产养殖培训

宁海大佳何成人学校通过高效整合资源打造平台，有效地解决了培训资源短缺的棘手问题。学校整合宁波市海洋与渔业研究院、宁波大学海洋学院、宁波市渔业技术推广站等资源，组建水产养殖"服务综合体"。"服务综合体"一方面解决了养殖技术培训、推广、示范过程中的技术支持、人员支持和经费支持等问题；另一方面联合开发了产业项目，通过项目引领、项目承包、项目参与、项目指导等方式，形成相互协同工作推进机制。政策、服务、技术和经营四方资源的有效衔接，使农科教项目推广实现了区域联动、资源整合和跨区推广，实现了培训与产业联动发展。

三、个体终身学习的引领者

世界成人教育学之父马尔科姆·诺尔斯提出："成人教育就是帮助成人学习者在加速变化的世界里更加成功生活的一门科学和艺术。"成人教育就是引领广大成人通过终身学习，更好地提升自身素质，更好地解决问题，更好地扮演复杂的社会角色，更好地生活与发展。

各级各类成人学校应该成为市民个体终身学习的引领者。成人学校应根据辖区不同层次、不同类型、不同年龄的成人学习者的多元学习需求，在精准需求调研的基础上，根据成人学习的经验，开发了家庭"活动式"、社区

"主题式"、街道"体验式"、平台"网络型"等丰富多彩的学习课程,通过订单式培训、菜单式培训、上门式帮扶、带徒式指导、体验式学习,重点开展社区矫正、社区市民素质提升、新型职业农民、老年教育、残疾人就业等教育培训活动,引领广大成人终身学习,提升居民的整体素质和生活品质。

案例1：余姚市黄家埠成人学校

余姚市黄家埠镇成人学校多方整合资源,建立老年教育志愿者团队,加强引领扶持,广泛建立类型各异、形式多样的农村"自养型"学习社团,构建黄家埠镇老年教育宣讲团,打造并巩固了老年教育骨干志愿队伍,形成人人愿意参与、处处能够学习、时时方便活动的农村老年终身学习圈。坚持以需求为导向,开发社团村民讲堂式课程、社团文体体验式课程、社团自主研讨式课程,组织开展老年书法、民乐、气排球、剪纸、戏曲、舞龙、舞蹈等丰富多元的社团学习活动,有效地实现了辖区农村老人老有所乐、老有所为、老有所学。

案例2：镇海区庄市成人学校：社区矫正教育

庄市成人学校自2014年10月挂牌成立街道社区矫正教育基地,并开展社区矫正培训至今,经过3年的实践与探索,在课程设置、教育方式、体验感悟等方面逐步形成了"知行合一"的特色实践范式：开展调研,深入基层摸清情况找准问题；立足需求,开设司法、心理、素质拓展等多元社区矫正课程；注重过程,学校会同街道司法所采取多种"知行合一"的教育方式。庄市成人学校的"知行合一"的社区矫正教育取得了显著的成效：社区服刑人员的学习意识与法制观念得到明显的提高,实现了全部社区服刑人员的行为矫正目标,建立了完善的街道社区矫正课程与培训体系,形成了社区矫正全心全意为人民的社会氛围。

四、优秀传统文化的传承者

成人学校要充分发挥博物馆、公共图书馆、文化馆(站)等保障公民基本文化权益、提高公民鉴赏能力的重要作用。重点推动以社会主义核心价值观为主题的农村思想道德教育,以农村传统优秀文化为载体的文化传承活动,以社区闲暇活动为纽带的社区公共文化建设,以乡风文明为特色的移风易俗教育行动。成人学校通过文化大讲堂宣讲、终身学习基地体验活动、大型文化活动参演等方式，以传承地方的优秀传统文化，繁荣兴盛农村文化，焕发乡风文明新气象，为打造宁波市为"东方文明之都"奠定基础。

案例1：江北区慈城成人学校"慈孝文化"传承

建设学校、社区、家庭一体化的"慈孝文化"教育网络，实现"慈孝文化"教育的全方位覆盖，充分发挥学校的主渠道作用，进一步加强青少年的"慈孝文化"教育。弘扬和培育"慈孝文化"，将其纳入国民教育的全过程。完善社区、学校、社会三级联动的教育机制，建立健全学生、教师、家长三层分级的教育网络，抓好立孝德、学孝义、行孝道、促孝绩4个环节，进一步提高和培养未成年人尊老、敬老、爱老、助老的道德意识和行为习惯。江北区还以慈城和江北社区学院、市民大课堂、农村文化活动中心、职工之家等平台为载体，开展"慈孝文化"教育进社区、进企业、进家庭、进单位的"四进"活动。将"慈孝文化"教育拓展到社区、农村、企业等基层单位，针对各类不同的群体，开展形式多样的教育活动，提高教育的影响力和覆盖面，使慈孝文化得到广泛的传承和发展。

案例2：慈溪市观海卫成人学校："卫城文化"

观海卫成人学校通过查询文献资料、实地考察遗迹、访谈当地百姓、请教专家学者等方式，尽可能全面、真实地搜集相关资料，整理成册，形成社区教育的校本特色教材，提炼挖掘出"卫城文化"的内涵特质——爱国、智慧、勇敢、包容、进取，显现了别具一格的观海卫精神。在此基础上，观海卫成人学校搭建社区教育平台，挖掘"卫城文化"的积极因素，开设"卫城讲坛"系列讲座，专门组织了观海卫、龙山、掌起、附海等乡镇的社区教育工作者开展专题讲座，邀请莫非等本地区文史专家主讲了多场专题讲座。结合本地实际和历史渊薮的精彩演讲吸引了听众，加深了社区教育工作者对"卫城文化"精神实质的认识，深入了解了"卫城文化"的渊源和精神实质，把"卫城文化"的内涵有意识地贯穿于实践工作中，从而实现寓"卫城文化"于社区教育的目的。

成人学校开展了"古卫城遗迹摄影展""卫城文化"图片展、中小学生"卫城文化"知识竞赛和征文比赛等一系列的社区教育活动，传递地方文化的精髓，以影响社区居民的思想观念，提升居民的整体素质。

第三节　新形势下成人教育的改革路向

一、打造活力四射的成人学校教师队伍

建设一支素质高、活力强、业务精、梯度好、合作优的教师队伍是成人学校内涵发展的根基,是新时代成人教育健康、持续发展的保障。

根据《中共中央国务院关于全面深化新时代教师队伍建设改革的意见》文件精神,结合具体实际,开展"成人教育教师卓越工程"建设,通过教师职称评定改革、成人教育骨干(名师)教师培育、绩效外补贴激励、成人学校教师技能大赛等方式,不断提升成人教育教师的科研素质、专业水平、业务能力,打造更具活力、魅力、潜力的成人学校卓越教师团队,从而有效地支撑新时代全市成人教育事业的振兴发展。

1. 完善准入机制,加强转岗适应性培训

根据《浙江省教育厅关于中小学教师"县管校聘"管理改革试点推进工作》的要求,逐步完善成人学校教师准入机制,严把新进人员的学历关、能力关、素质关,开展乡镇成人学校教师岗位准入式培训,通过岗位培训、师带徒、科研素质提升、外出考察学习等方式,不断提升成人学校教师教育科研、培训管理、科技推广能力,为成人教育内涵发展奠定基础。

2. 完善编制管理,加强职评晋升统一管理

各县市区教育局应出台灵活的政策,将原中小学调入成人学校工作的教师编制统一纳入成人学校系列进行管理,不断完善成人学校独立的职称评审与岗位晋升制度,合理分配名额,为乡镇成人学校教师职称评审与正常岗位晋升扫清各种障碍,以调动乡镇成人学校教师工作的积极性。

3. 改革职评制度,打通专业发展的上升通道

2018年浙江省在职称制度改革文件中提出:"全省将在11个职称系列全部设置'正高级'职称,打通职称发展断头路。"省职称制度的改革将为成人教育教师扫清传统职称评审的障碍,打通专业发展的上升通道,破除制度性藩篱。随着职称制度改革的逐步推进,增设成人学校教师研究员系列的

正高级职称,打通成人学校教师专业发展的断头路,能够极大地激发成人学校教师干事创业与专业发展的积极性与主动性,为全市成人教育事业的内涵发展积蓄力量。

4. 培育名师队伍,打破生涯发展的"天花板"

为提升成人学校教师的职业成就感、职业幸福感、职业尊严感、职业获得感,逐步建立市级成人教育(终身教育)骨干教师、科研名师、培训管理技师等评选与培养制度,通过外出考察、师带徒、业务培训、科研孵化、学历提升、技能大赛等途径,精心培育一支成人教育骨干教师与科研名师团队,并给予一定的奖励补助,具体实施可参考中小学骨干教师/名师补贴的相关条例,以激发广大成人学校教师干事创业的进取心。通过培育核心骨干,带动一大批乡镇成人学校教师的职业素养提升,从而将成人教育打造成为颇具吸引力的教师生涯发展平台。

二、构建区域"互联网+"终身学习服务体系

根据《教育部关于印发教育信息化 2.0 行动计划的通知》《宁波市"十三五"教育事业发展规划》《关于"十三五"期间实施终身教育提升工程的意见》等文件精神,构建区域"互联网+"终身学习服务体系,打造市级终身教育数字化学习平台,成立终身教育资源开放联盟,通过校企合作、校校联合等形式,开发并打造极具成人教育特色的微课程资源库,推动在线课程海量资源共享,建立集公益体验、技能培训和主题活动于一体的区域终身学习体验基地,让市民在亲身体验、动手实践、主题活动参与中,满足人民群众多元化、个性化、碎片化的学习需求。

(1) 数字化学习平台建设。在宁波市智慧教育的框架下,在市级终身教育公共服务平台的基础上,建立县级、乡镇级平台分中心,推动平台使用管理权限下移,加强与社会数字化平台对接,打造乡镇成人学校终身学习地图和终端学习平台,为辖区居民参与智慧学习提供便利。

(2) 在线课程海量资源共享。依托终身教育数字化学习平台,推动区际、校际的优质数字化资源库共建共享,最大限度优化资源配置。推动互联网企业与成人学校根据市场需求开发微课教学资源库,提供网络化教育服务,满足市民个性化定制与碎片化学习的需求。

（3）终身学习体验基地构建。各成人学校要进一步挖掘科技、文化和教育资源，引入市场化运作机制，引进物联网技术与智慧教育云平台，打造市民终身学习的体验基地，联合社会机构共同开展个性化、品质化、特色化的市民主题游学活动，以传承优秀的乡风文化，充实百姓的精神生活。

三、引入第三方的成人学校发展性评估

将成人学校办学纳入县市（区）政府的工作考核指标，各县市区教育局根据地方发展的差异，制定本区域乡镇成人学校发展性评估指标，评估指标应涵盖组织、基地、团队、制度、培训等基础绩效指标，还包含学校自设增量指标，由学校根据自身的特色填写，以凸显学校特色创新与示范引领的效应。评估工作每年进行一次，由区县教育行政部门汇总后报市教育局终身教育和民办教育处，由市教育局委托市教育评估院、教育咨询评估公司等第三方机构，组织专家开展乡镇成人学校发展性评估考核，评估考核结果与成人学校各类项目申报、学校评优、教师绩效奖励等直接挂钩，从而确保乡镇成人学校的办学质量与服务社会绩效。

四、构建内涵发展的联盟协同机制

1. 组建成人教育协同发展联盟

组建公办、民办多主体的宁波市成人教育协同发展联盟，本着"优势互补、互惠互利、同创共建，内涵发展"的原则，协同开展课题研究、课程研发、项目孵化、成果鉴定、师资培训、专题调研等活动，推动我市成人教育内涵的发展，提升成人教育学校的整体办学水平，增强成人教育的吸引力，提高成人学校服务经济发展的新动能。

2. 培育成人教育科研骨干教师团队

成人教育内涵建设依赖于科研驱动，而宁波成人教育的根基在于全市125所乡镇成人学校的科研力量。因此，要充分发挥市级成人学校的科研优势，依托"联合国教科文组织农村社区终身学习研究所""甬派教育科研培育中心"等科研平台，整合集聚国内外高层次科研人才和各类高端资源，开展成人学校科研骨干教师培训、科研沙龙主题研讨、专家专项课题指导。通过课题引领、论文指导、项目申报、课程开发、成果鉴定等方式，孵化一支高水

平的乡镇成人教育科研团队,实现乡镇成人学校整体内涵式提升、品质化发展、品牌化铸造。

3. 开展多元协同内涵项目合作

打造一个"扎根乡镇成校、服务内涵项目、坚持理实一体、实现共研互进"的科研孵化平台。开展骨干教师培训,通过专家引领、课题研究、专题培训、项目锻炼,培育"科研 + 宣传"两个骨干教师团队,提升成人教育内涵发展的造血能力。

充分发挥"甬派教育科研培育中心"的引领辐射作用,为乡镇成人学校提供教师培训、成果孵化、示范推广等服务指导,构建具有宁波特色的教师培训、成果孵化、示范推广三大科研帮扶机制,助力教师科研能力提升,实现成人学校内涵发展。

通过专家引领、课题指导、项目孵化、示范推广,形成特色校本课程、课题项目立项、专刊宣传报道、科研成果获奖、学术论文发表等五类培育成果,使宁波成人教育协同创新联盟成为辐射引领我市成人教育事业健康发展的重要平台。

第四节　新征程下成人教育的保障机制

一、加强科研引领

成人学校要充分发挥科研服务领导决策、服务学校内涵发展、服务区域经济社会发展的"三个服务"功能。以科研为引擎、以项目为载体、以合作为纽带、以龙头为示范,使科研工作成为提升学校教师专业能力的重要平台,成为提升学校内涵发展与整体办学水平的重要载体,成为提高学校成人教育吸引力与服务经济发展新动能的重要抓手。

二、加强合作共赢

成人教育是开放教育、社会教育。成人学校要坚持多元开放的办学格局,坚持合作共赢的办学模式,依托各类平台,与辖区企业、协会、高校、兄弟院校、培训机构、科研院所开展深层次合作,整合各类优质资源,精准匹配各类群体对学习的需求,引入实战资深师资团队,开发高质量的培训课程,为服务地方经济社会发展贡献智慧。

三、加强团队建设

高效团队是学校干事创业的核心竞争力。成人学校要努力加强各部门的团队建设,通过教工会议、思想交流、拓展培训、部门合作、精细管理等方式,努力提升成人学校教师的归属感、团队的凝聚力、团队的合作意识、团队的士气,通过目标制定—分工落实—团队合作—技能互补—良性沟通—合适领导,打造成人学校优秀、卓越的团队,同心同德、攻坚克难,实现学校跨越式发展。

总之,新时代的成人教育必将有大作为,我们要全面推进成人学校的基础能力与内涵建设,打造彰显地方特色、纵横互联的终身教育体系和终身学习服务体系,切实提高成人教育的吸引力,充分发挥好成人学校在培育新型职业农民、推广新技术新产品、带领农民扶贫致富、促进乡风文明和谐、提升农民生活品质,服务乡村振兴中的突出作用。形成人人要学、时时可学、处处能学、按需选学的生动局面,开创民生福祉与地方产业经济发展的双赢格局。

第四章

农村成人教育的内涵发展

提升农村成人教育内涵发展,打造高质量的"品质成教",对于精准服务区域乡村振兴战略具有重要的价值和意义。我们认为:农村成人教育内涵式发展是一种不断追求自身内部要素"质"的正向变化,以全面提升自身软实力的质量化、精细化、创新化、特色化的教育发展模式。其包含文化自信能力、教育服务能力、资源整合能力、管理推进能力、科研引领能力等五个核心要素。依托内涵要素的提升,打造品质成教,应全面助推乡村人才、产业、文化、组织、生态等五大振兴,发挥新时代农村成人教育的使命担当。

第一节 农村成人教育内涵式发展:概念、缘起及路向

一、农村成人教育内涵式发展的概念

1. 含义

概念是反映事物的本质属性的思维形式,即人类理解和面对繁杂而无序的世界万物的思维框架。任何一个概念都有内涵和外延,这是概念的基本构成及特征。"内涵"是指概念所反应的特征和本质属性,"外延"是指所反应对象的具体范围和具体数量。内涵是指一个概念所反映的思维对象本质特有的属性的总和,外延是指一个概念所概括的思维对象的数量或范围[①]。例

[①] 刘社军. 通识逻辑学[M]. 武汉:武汉大学出版社,2010:22.

如,"国家"这一概念的内涵包括阶级社会中所特有的政治实体,是阶级矛盾不可调和的产物,是统治阶级统治、压迫被统治阶级的工具,是由军队、警察、监狱、法庭、立法机构和行政机构组成的暴力统治机器,等等。"国家"的外延就是指古今中外的一切国家。从内涵与外延的特征关系看,内涵是属于事物"质"的规定性,表征概念的本质属性;外延是属于事物"量"的规定性,反映概念本质属性的所有对象。内涵越丰富越大,其外延就越小越窄。内涵是对一切外延特征的概括,外延是内涵表述的具体化。

从教育发展的视角看,这里讨论的"内涵式发展"和"外延式发展",只是借用了关于概念的逻辑结构来说明学校教育发展的两种形式和路径,有关内涵式发展与外延式发展的概念界定,目前学界有多种阐述。

外延式发展强调的是数量增长、规模扩大、空间拓展,主要是为适应外部的需求而表现的外形扩张;内涵式发展强调的是结构优化、质量提高、实力增强,是一种相对的自然历史发展过程,发展更多的是出自内在的需求。内涵式发展主要通过内部的深入改革,激发活力,增强实力,提高竞争力,在量变引发质变的过程中,实现实质性的跨越式发展[①]。何爱霞认为:"外延式发展是以事物的外部因素作为动力和资源的发展模式,通常是指事物外部的延伸,如数量增长、规模扩大、空间拓展等。内涵式发展是以事物的内部因素作为动力和资源的,表现为事物内在属性的发展,如结构优化、质量提高、实力增强。"[②]吴斌认为:"外延式发展强调规模,重在模仿,是一种静态的、粗放型的数量发展模式。内涵式发展是重视效能,立足创新,要求在停止扩张规模的前提下,保持其内在品质的不断优化和自主提升,因而是一种上升式的、集约型的结构发展模式。"[③]张永认为:内涵发展应界定为一种事物质的方面的正向变化,而外延发展是一种事物量的方面的正向变化,前者

---

① 百度百科. 内涵式发展[EB/OL]. https://baike. baidu. com/item/％E5％86％85％E6％B6％B5％E5％BC％8F％E5％8F％91％E5％B1％95/7584050? fr＝aladdin.

② 何爱霞. 高等继续教育内涵式发展的时代意蕴与实现路径[J]. 终身教育研究,2018(5): 3－8.

③ 吴斌. 高等继续教育内涵式发展研究[J]. 高等继续教育学报,2016(4): 1－5.

属于"进退底日新",后者是"循环底日新"①。

综合相关学者的研究观点,笔者认为,所谓内涵式发展就是事物基于内部要素"质"的创新性、效能化、精细型的提升所产生的事物软实力的正向变化;外延式发展就是事物基于外部要素"量"的规模化、静态化、粗放型的提升所产生事物外形范围的正向变化。

2. 成人教育内涵发展

（1）成人教育内涵发展的概念界定。目前,学界关于成人教育内涵发展的概念界定还没有统一。学者们分别从高等继续教育、继续教育、社区教育等层面来研究成人教育的内涵发展。

何爱霞提出高等继续教育内涵式发展的概念,是以高等继续教育的内部要素作为动力和资源,通过转变教育理念、调整教育结构、深化教学改革、提升教师素养等方式,实现高等继续教育结构优化、治理提升、实力增强的一种发展模式②。吴斌认为继续教育内涵式发展就是以科学发展观为指导,以服务社会为宗旨,坚持依法办学,依据现有的办学条件和品牌,积极开发有利于教育发展的各类优势资源,寻求自身内在品质持续提升的科学发展模式③。孙萍认为高校继续教育内涵发展就是高校继续教育不断寻求内在属性持续提升的发展过程。从发展层次上看,内涵式发展是一个由表及里的发展过程。从经济学层面看,由过去盲目的经费投入转变为理性投入的绩效最大化。从教育学层面看,通过全面提升教育的教学质量,促进学生的全面发展。④ 郑金洲认为教育的内涵发展是相对于规模发展的质量发展,内涵发展强调的是质量发展,旨在提升"软实力"。内涵发展是相对于粗放发展的精细发展;内涵发展是相对同质发展的特色发展。内涵发展是相对于模仿发展的创新发展⑤。张永认为社区教育内涵发展就是社区教育这一事物"质"的方面的正向变化。这是一种"进退底日新",而非"循环底

---

① 张永. 社区教育内涵发展论[M]. 上海：上海教育出版社,2018：3.

② 何爱霞. 高等继续教育内涵式发展的时代意蕴与实现路径[J]. 终身教育研究,2018(5)：3 - 8.

③ 吴斌. 高等继续教育内涵式发展研究[J]. 高等继续教育学报,2016(4)：1 - 5.

④ 孙萍. 地方高校继续教育内涵式发展探析[J]. 继续教育研究,2015(10)：14 - 16.

⑤ 郑金洲. 学校内涵发展：意蕴与实施[J]. 教育科学研究,2007(10)：23 - 28.

日新"①。

根据已有的学者研究成果,笔者认为成人教育内涵式发展是一种不断追求成人教育内部要素"质"的正向变化,以全面提升成人教育软实力的质量化、精细化、创新化、特色化的教育发展模式。

(2) 成人教育内涵式发展的核心要素。成人教育(学校)内涵式发展的要素也就是内涵发展的核心内容。我国著名学者郑金洲提出了学校内涵发展的核心要素,他认为学校发展愿景是内涵发展的方向与核心价值,课堂、课程、教师、学生是学校内涵发展的核心要素,良性运行机制是学校内涵发展的根本保障,学校教育科研是学校内涵发展的动力,学校文化是学校内涵发展的生态环境。总结起来,学校内涵发展的核心要素包括五个维度,即发展愿景、课程教学、运作机制、教育科研、学校文化等。华东师范大学职成教研究所副研究员张永在《社区教育内涵发展论》②一书中提出,社区教育内涵发展核心内容包括三个方面:一是社区教育服务能力建设,体现为增强社区教育、满足社区发展需求与个体终身学习需要的能力建设,其中课程、师资、教育机构是服务能力建设的主要要素;二是社区教育推进能力建设,体现为增强社区教育领导力与社区参与能力的建设;三是社区教育整合能力建设,体现在增强社区合作与社区教育资源有效利用的能力建设。

基于对以上两位学者的研究成果的深度分析,笔者认为学校内涵式发展与教育内涵式发展是宏观与微观、个体与全局、个性与共性、整体与部分的关系,教育的内涵发展是学校内涵发展的核心和精髓,是学校内涵的微观和全局工作。而成人教育的内涵式发展的核心要素是成人教育的文化自信能力、成人教育的教育服务能力、成人教育的资源统筹能力、成人教育的管理运营能力和成人教育科研的引领能力。①成人教育的文化自信能力,体现在成人教育的办学理念、校园文化、发展规划、文化宣传等方面。②成人教育的教育服务能力,这是成人教育内涵发展的核心要义,主要体现在成人教育的课程开发、教学组织、师资建设、学习平台(载体)等方面的建设。

① 张永.社区教育内涵发展论[M].上海:上海教育出版社,2018:3.
② 张永.社区教育内涵发展论[M].上海:上海教育出版社,2018:3.

③成人教育的资源整合能力,资源是内涵发展的基础,可利用资源的数量和质量决定着内涵发展的整体水平,主要体现在成人教育与政府机构、行业企业、培训机构、社会团体、高校院所等的深度合作,整合政策、网络、师资、设施、场地、经费等资源的能力。④成人教育的管理推进能力,包括成人教育机构内部的横向管理与成人教育办学体系之间的纵向管理,主要体现在区域成人教育管理体制、成人教育课程教学管理、学生学习管理与质量评价等运行机制。⑤成人教育的科研引领能力,教育科研是成人教育内涵发展的动力,通过科研找准发展的定位,明确发展的路径,理顺发展的关系,探索发展的规律;体现在科研自觉与教师素质培育、发展规划与科研项目立项、行动研究与教学成果孵化。

3. 农村成人教育的内涵发展

(1) 农村成人教育内涵发展的界定。农村成人教育从属于成人教育的概念范畴,是成人教育的子系统,是成人教育服务乡村振兴的主体和中坚力量。根据本研究的需要,笔者将农村成人教育界定为面向农村、农民、农业的发展需求,以促进人的全面发展和促进区域经济发展为目标,以乡村广大成人群体为对象,以农村成人中等文化技术学校为办学主体,依据乡村产业振兴、人才振兴、文化振兴、组织振兴、生态振兴的诉求,开展的成人文化、知识、技术、素养等非正规、非正式教育活动的总和。依据成人教育内涵式发展的概念演绎逻辑,农村成人教育内涵式发展是指一种以农村成人教育的内部要素,如发展愿景、课程教学、运作机制、教育科研、资源统筹等为自身发展的动力与路径,通过服务能力、推进能力、整合能力的建设,不断提升农村成人教育内部要素"质"的正向变化,增强农村成人教育的软实力,实现农村成人教育向质量化、精细化、创新化、特色化精进的教育发展模式。

(2) 农村成人教育内涵发展的要素。依据成人教育内涵发展的要素,我们根据农村成人教育的特色实践,梳理并构建了农村成人教育内涵发展的要素及其建设指标。农村成人教育内涵式发展要素包括五个层面,即农村成人教育的文化自信能力、教育服务能力、资源整合能力、管理推进能力、科研引领能力等(见表 4 - 1)。

表 4 - 1 农村成人教育内涵发展要素一览表

序号	内涵要素	要素指标	内容要点
1	文化自信能力	1. 办学理念	对学校办学目标、工作思路、办学特色的整体定位
		2. 发展规划	一定时期内的重点项目、建设任务、推进步骤、保障措施
		3. 校园文化	校园景观、学校标识、教学设施、办学制度、办学理念、发展愿景、核心价值观(校风、学风等)等的总和
		4. 文化宣传	对学校特色办学、办学成果及经验的宣传报道与推广
2	教育服务能力	1. 课程开发	培训需求调查、培训项目开发、培训课程及实施方案设计(大纲)、培训资源建设(教材开发、学习平台)
		2. 教学实施	对教学设计、招生开班、教学组织、教学评价等能力的建设
		3. 师资建设	建立专兼职结合的专家讲师、教学管理者、志愿者团队
3	资源整合能力	1. 平台建设	广义上一切培训活动赖以开展的资源平台,平台集聚政府、学校、企事业单位、社会团体、培训机构等资源
		2. 资源整合开发	整合机构、网络、师资、设施、场地,开发教育资源(课程、教材、资源库、学习平台)的能力
4	管理推进能力	1. 办学管理体制	政府支持下的成教管理机构设置及职能定位
		2. 教育管理机制	各项工作推进的制度、运行机制及其相互关系(党建、经费、教学、后勤、科研、人事等管理机制)
		3. 学习团体建设	推进社区学习社团、家庭学习点、企业学习班组、学习志愿者等学习共同体建设
5	科研引领能力	1. 教师科研自觉	教师科研意识和科研能力较强,坚持科研工作化,工作科研化,从科研视角开展和推进工作
		2. 课题项目立项	制订发展规划,推进重大项目课题化,通过课题研究,实现科研立校、科研兴校、科研强校
		3. 教学成果孵化	探索改革路径,开展行动研究,提炼经验模式,孵化教学成果,辐射和引领区域成教持续发展

二、农村成人教育内涵式发展的逻辑缘起

1. 新时代对"继续教育"提出的新要求

继续教育(continuing education)曾经在党的十六大、十七大、十八大被反复强调。习近平同志在党的十九大报告《决胜全面建成小康社会,夺取新时代中国特色社会主义伟大胜利》(以下简称《报告》)中再次作出"办好继续教育"的重大决定。《报告》指出:"中国特色社会主义进入新时代,我国社会主要矛盾已经转化为人民日益增长的美好生活需要和不平衡不充分的发展之间的矛盾","办好继续教育,加快建设学习型社会,大力提高国民素质,完善职业培训体系"。新时代国家对继续教育提出了更高的要求,继续教育应发挥撬动国家潜在的生产力"五大独特优势",重视继续教育是发达国家的宝贵经验,也是新兴经济体国家跨越式地提升人力资本水平,得以摆脱中等收入陷阱的根本性举措之一[①]。

(1)继续教育要求担当支撑三大战略任务的使命。党的十九大报告明确了当前我国继续教育应承担的三大战略任务:一是"建设知识型、技能型、创新型劳动者大军"以及"大规模开展职业技能培训,注重解决结构性就业矛盾";二是"培养造就一大批具有国际水平的战略科技人才、科技领军人才、青年科技人才和高水平创新团队";三是"加快建设学习型社会",促进广大社会民众包括老龄人群全面提高文明程度、身心健康,实现社会的和谐。

(2)继续教育要求秉承新时代"五大发展理念"。《报告》提出"创新、协调、绿色、开放、共享"的发展理念。五大发展理念是引领新时代整个教育也包括继续教育事业的科学指针,特别对于指导继续教育转型升级具有很强的针对性。"创新":是我国继续教育攻坚克难和全面开创新局面的灵魂。"协调":是继续教育与经济建设社会发展的需求,继续教育与各类教育的发展相协调,其独特的功能才能够发挥到极致。"绿色":教育本身是"绿色"的,但是,低质量、低效益的继续教育则与绿色发展背道而驰。"开放":继续教育学习内容、学习资源、学习平台、学习机会、学习形式以及师资队伍的充

[①] 季明明. 办好继续教育十大要领[EB/OL]. [2018 – 03 – 08]http://edu.china.com.cn/2018-03/08/content_50683435.htm.

分开放,才能够真正实现其社会效益的最大化。"共享":要大力推动继续教育学习资源和服务机会的共享。

（3）继续教育要求坚持质量与效益为本的发展模式。《报告》提出,"大力提升发展质量和效益""必须坚持质量第一、效益优先",表明整个国家从着眼于发展速度转变为注重发展的质量和效益。这就要求继续教育应彻底转变过去重规模、重形式、低质量、低效益的传统诟病,继续教育应构建起以内部核心要素作为动力和资源的内涵式发展模式,坚持以促进人的全面发展和大力提高国民素质为目标,秉承创新、协调、绿色、开放、共享的发展理念,通过优化继续教育办学模式、课程教学、运行机制、教育科研、资源统筹等能力,实现其内部要素"质"的正向变化,增强继续教育软实力、针对性、实效性、吸引力。

2. 现阶段对"走出困境"做出的新回应

当前,我国成人教育尤其是农村成人教育在办学过程中依然面临着诸多困境,亟待转型升级与内涵提升。

（1）顶层思维能力之困,农村成人教育发展格局集体迷失。农村成人教育是一项伟大的系统工程,需要做好科学化的顶层设计,即从宏观综合的层面上分析成人教育改革面临的形势和任务,对农村成人教育发展改革进程做出全面部署。做好顶层设计先要进行顶层思维。顶层思维是抽象思维,是对事物发展规律的把握,因此顶层思维的表现形式是理论研究。没有理论上的突破,改革行动就容易原地打转①。对于农村成人教育的办学者来说,应具备一定的基于顶层思维的成人教育战略规划设计能力,即根据当前国家的重点战略、形势和任务,结合本地产业发展的布局特点,对接农村成人学习的需求,制定清晰的农村成人教育的办学定位、发展规划、特色战略、文化价值观、资源渠道等,为乡村成人教育学校未来发展奠定坚实的根基。然而在新时期,随着全国完成了扫盲工作的目标,农村成人教育工作重点没有及时从扫盲中转移出来,出现了乡村成人学校对农村成人教育认识不充分、价值定位模糊、发展规划缺失等现象。对"农村成人教育是否还有存在的必要? 农村成人教育的发展方向在哪里? 培养什么人,怎样培养人?"等

---

① 夏光. 顶层设计需要顶层思维[J]. 环境与可持续发展,2014(5):1.

系列根本问题认识不清,导致农村成人教育逐渐被边缘化,发展呈萎缩态势[①]。

(2)教育服务能力疲软,农村成教培养模式严重滞后。成人教育的教育服务能力,是成人教育内涵发展的核心要义,主要体现在成人教育的课程开发、教学组织、师资建设、学习平台(载体)等方面。成人教育是满足成人终身学习的需求、促进成人全面发展、培育高素质劳动者与技术技能人才,有效服务区域经济社会发展的核心关键。作为一种教育服务,决定农村成人教育的教育服务能力的关键要素是课程与师资,课程与师资的有效组织过程是人才培养的模式。然而当前,我国农村成人教育的课程与师资极度匮乏,人才培养模式严重滞后。以西部某县为例,该县已无专职的乡镇成人教育学校的教师,每当有培训任务时,只能临时从中小学、中等职业学校、农技站等机构聘请教师。师资严重缺乏,导致农村成人教育难以精准分类,难以开发出针对不同类群学习者的科学课程体系,造成农村成人教育没有形成适合区域经济社会发展的人才培养模式[②]。据调查,受训农民普遍反映培训时间短、培训方法不能接受、培训内容没效果等,65%的受训农民反映教育培训是课堂集中授课,40%的受训农民反映授课时只运用黑板、粉笔等传统的教学方式[③]。

(3)资源整合能力弱,农村成人教育质量与效益大打折扣。资源是"生产资料或生活资料的来源(包括自然资源和生活资源)"[④],通常泛指"一切对人们有用的事物"[⑤]。农村成人教育资源就是一切可供农村成人教育活动开发、利用的各种资源。"整合"就是"整理、组合",即通过某种方式把散乱、零散的东西聚合起来加以充分利用[⑥]。农村成人教育资源整合能力就是农村成人教育办学者通过一定的方式,将可供农村成人教育办学的各种社会资

① 孙世虹.乡村振兴背景下农村成人教育的现实困境及发展策略[J].中国成人教育,2018(18):154-157.
② 孙世虹.乡村振兴背景下农村成人教育的现实困境及发展策略[J].中国成人教育,2018(18):154-157.
③ 刘剑虹.新型农民教育培训的现状调查与理论思考[M].(第7版)北京:中国社会科学出版社,2018:101.
④ 中国社会科学院语言研究所词典编辑室.现代汉语词典[M].北京:商务印书馆,2016,1732.
⑤ 肖安宝.资源创造论[M].北京:光明日报出版社,2011:1.
⑥ 辞海编辑委员会.辞海[M].上海:上海辞书出版社,2002:2173.

源进行聚合、开发、利用的过程能力。当前我国农村成人学校的整体资源整合能力较弱,教育培训质量效益相对低下。由于成人教育长期处于边缘化地位,导致有利的教育经费、教育政策、教育师资、办学条件难以向农村成人学校倾斜,造成农村成人学校的社会资源极其短缺,培训办学资源严重不足,从而最终导致农村成人教育的有效供给率低下,农村教育培训的针对性、多元性、实效性、品质性大打折扣,难以满足当今乡村振兴背景下农民多元化终身学习和培训的需求。未来,健全区域成人教育办学机制,提升农村成人教育办学者的资源整合能力势在必行。

（4）教育推进能力之梏,农村成教辐射推广难以深入。张永在《社区教育内涵发展论》一书中提出,社区教育内涵发展应加强社区教育推进能力建设,体现为增强社区教育领导力与社区参与能力的建设,社区教育是由政府与社区居民共同从事的"双边项目",政府支持与公民参与是社区教育发展的两个必要条件①。根据张永对社区教育推进能力的内涵逻辑,我们认为农村成人教育推进能力建设,是指农村成人教育管理体制健全,教育管理机制完善、学习团体建设有力,成人教育领导力与公民参与能力的显著提升。然而,当前农村成人教育的整体教育推进能力仍然薄弱,面向一线农民的教育培训难以有效深入持续的推进。其根源在于长期以来我国从国家到地方的终身教育立法等相关法律法规不健全,导致我国农村成人教育资金保障和组织保障不明确、不统一,严重影响了农村成人教育的纵向发展②。农村成人学校由于缺乏办学经费及组织机制的保障,纵向政策推动力、横向管理领导力、农民学习团体建设力等薄弱和滞后,从而最终导致农村成人教育呈现孤立无援、各自为政、故步自封、难以深入的尴尬窘境。

3. 谋未来对"品质发展"迈出的新台阶

著名学者郑金洲认为内涵发展是一种追求质量的发展,它强调提升学校的办学质量,也就是提升学校的"软实力",把注意力集中在办学水平的不断提高上,使得规模与质量、效益达到有机的协调统一③。因此,在乡村振兴的大背景下,未来我国农村成人教育内涵发展的核心就是推进成人教育的

---

① 张永.社区教育内涵发展论[M].上海:上海教育出版社,2018:10-12.
② 喻琛.大农业背景下农村成人教育转型路径探析[J].中国成人教育,2017(3):152-154.
③ 郑金洲.学校内涵发展:意蕴与实施[J]教育科学研究,2007(7):23-28.

"品质发展",即实现农村成人教育的品牌化、质量化、绩效化发展。农村成人学校需要内涵提升,通过打造"品质成教",以积极回应广大农村、农业、农民因发展而对教育、人才、技术、科技、文化的迫切需求。

(1)未来人才振兴期盼"品质成教"。2019 年两会期间,习近平总书记就实施乡村振兴战略作出重要指示,明确提出要实现乡村产业、人才、文化、生态、组织"五个振兴",强调"要推动乡村人才振兴,把人力资本开发放在首要位置,强化乡村振兴人才支撑,加快培育新型农业经营主体……打造一支强大的乡村振兴人才队伍,在乡村形成人才、土地、资金、产业汇聚的良性循环"。未来,地方政府要重视和加强对乡镇成人学校的内涵发展,助推其打造区域"品质成教",各级各类农村成人学校要紧紧围绕解决乡村人才资源短缺问题,整合各类优质资源,开展各类品质化的乡村人才培训。重点培育当地产业发展急需的新型职业农民、基层农技推广和农村经营管理者、技能人才、社会事业人才、基层治理人才等人才队伍。

(2)未来产业振兴期盼"品质成教"。乡村振兴战略提出,乡村产业发展的目标方向是形态多样、结构功能互补的现代产业体系,乡村产业的发展必须要围绕产业融合的方向[1],即乡村产业振兴的核心就是实现农业产业现代化与乡村的第一、二、三产业融合发展。然而,当前我国农村产业发展严重滞后,仍是以家庭为单位的小规模农业经济,农业的生产能力弱、生产效率低,农业现代化任重而道远。此外,我国农村的第二产业、第三产业相比第一产业严重滞后,现代乡村产业体系尚未形成。基于此,乡镇成人学校作为农村新技术推广、新品种引进、新人才培育的重要载体,应紧密对接现代种养业、乡土特色产业、农产品加工流通业、休闲旅游业、新型服务业等产业融合发展对人才的需求,围绕育种、栽培、机械、设施、加工、保鲜等全产业链的技术要求,整合中高端资源,对接区域高校与职业院校,精准开展产业人才培训,为乡村产业融合发展与农业现代化发展提供人才支撑。

(3)未来文化振兴期盼"品质成教"。习近平总书记指出:"乡村振兴,既要塑形,也要铸魂。没有乡村文化的高度自信,没有乡村文化的繁荣发展,

---

[1] 程郁. 全面发力乡村产业振兴[EB/OL]. [2019 - 07 - 12] http://www. drc. gov. cn/xsyzcfx/20190712/4-4-2898918. htm.

就难以实现乡村振兴的伟大使命,要把乡村文化振兴贯穿于乡村振兴的各领域、全过程,为乡村振兴提供持续的精神动力。"①区域乡镇成人学校要不断地通过内涵提升,打造"品质成人教育",以各村文化礼堂为重要载体,以新型职业农民培养、青少年校外教育、老年人休闲生活教育为主要内容,积极开展职业技能培训、校外实践学习、闲暇教育、现代生活教育等学习活动,并以广大基层群众通俗易懂、喜闻乐见的形式开展社会主义核心价值观宣传教育,发扬和传承中华优秀传统文化,提升农村广大居民的综合素养,促进农村经济社会发展和精神文明建设②。

(4)未来生态振兴期盼"品质成教"。习近平总书记指出:"要推动乡村生态振兴,坚持绿色发展,加强农村突出环境问题综合治理,扎实实施农村人居环境整治三年行动计划,推进农村'厕所革命',完善农村生活设施,打造农民安居乐业的美丽家园,让良好生态成为乡村振兴支撑点。"③未来乡村生态振兴的推进,呼唤乡村"品质成人教育",即各级乡镇、村级政府,要充分发挥农村成人教育"公民绿色教育"的功能,广泛开展垃圾分类、农村生态环境保护、农业清洁生产、农村厕所革命等主题文化教育活动,提升农民的环保意识与参与能力,营造人人为环保、环保为人人的良好氛围。

(5)未来组织振兴期盼"品质成教"。习近平指出:"要推动乡村组织振兴,打造千千万万个坚强的农村基层党组织,培养千千万万名优秀的农村基层党组织书记,深化村民自治实践,发展农民合作经济组织,建立健全党委领导、政府负责、社会协同、公众参与、法治保障的现代乡村社会治理体制,确保乡村社会充满活力、安定有序。"④当前农村治理滞后的根源在于高素质治理人才的缺失,亟待建立一支涵盖基层党支部书记、村委会主任、乡村致富带头人、新乡贤、电商新农人、公益组织带头人等高素质乡村治理人才的

---

① 人民网.习近平要求乡村实现"五个振兴"[EQ/OL].[2018-07-16]http://politics.people.com.cn/n1/2018/0716/c1001-30149097.html.

② 浙江省教育厅.《推进社区教育进农村文化礼堂三年行动计划(2019—2021年)》的通知[EB/OL].http://jyt.zj.gov.cn/art/2019/4/17/art_1532983_33374978.html.

③ 乔金亮.乡村生态振兴从环境整治做起[EQ/OL].[2018-04-28]http://theory.people.com.cn/n1/2018/0428/c40531-29955763.html.

④ 人民网.习近平要求乡村实现"五个振兴"[EQ/OL].[2018-07-16]http://politics.people.com.cn/n1/2018/0716/c1001-30149097.html.

队伍。组织振兴期盼区域"品质成教"的支撑与助力,农村成人教育应深挖区域治理人才需求点,整合资源,开展不同层次类型的乡村治理人才培训,提升农民的综合素质,增强其乡村治理能力,培养基层治理人才,孵化乡村基层组织,提高乡村人力资本存量等方面功能,为乡村组织振兴贡献教育的智慧与力量。

三、农村成人教育内涵式发展的路向厘定

1. 提升农村成人教育的文化自信能力

习近平总书记指出:"文化自信,是更基础、更广泛、更深厚的自信。"文化自信的最大特质是具有极强的渗透性,思维力、先导力、潜移力、吸引力、影响力、竞争力、创造力、孵化力、和谐力、和合力、感染力,像空气一样无时不在、无处不在,能够以无形的意识、无形的观念,深深地影响着有形的存在、有形的现实,是激励我们攻坚克难、克敌制胜的精神动力和精神支撑①。对于农村成人教育来说,其文化自信是指在提升农村成人教育软实力过程中,引领农村成人教育内部要素

发展所表征的办学理念、发展规划、校园文化、文化宣传等,它是农村成人教育内涵发展的灵魂、引擎和根基,贯穿于农村成人教育内涵发展的始终。

(1)办学理念。办学理念是成人学校发展的灵魂核心,是成人学校对学校办学目标、工作思路、办学特色的整体定位。农村成人教育办学理念集中解决了3个核心问题,即"为谁办成人教育""办怎么样的成人教育"和"怎样办好成人教育"。

(2)发展规划。发展规划是指乡镇成人学校开展农村成人教育的整体发展规划,它是在一定办学理念与办学目标的指导下,由学校依据当下国家重大发展战略推进、区域经济社会发展的要求、成人全面发展的需求,制定学校未来成人教育重点项目推进的规划路线图,发展规划内容包含学校在一定时期内的重点项目、建设任务、推进步骤、保障措施等。

---

① 荣开明."文化自信"的独特作用和重大意义[EB/OL].[2018 - 09 - 14]http://theory.people.com.cn/n1/2018/0914/c40531-30292573.html.

（3）校园文化。校园文化是指在成人学校校园区域中，由学校管理者和广大师生员工在教育、教学、管理、服务等活动中创造形成的一切物质形态、精神财富及其创造形成过程[①]。校园文化包含物质文化、制度文化、精神文化等3个维度，内容涵盖校园景观、学校标识、教学设施、办学制度、办学理念、发展愿景、核心价值观（校风、学风）等。

（4）文化宣传。文化宣传是成人学校对学校的特色办学、办学成果及经验的宣传报道与推广，是成人学校增强自身品牌效益、彰显办学特色实力、扩大示范辐射影响力的重要抓手，是有效提升农村成人教育内涵软实力的重要渠道和媒介载体。

2. 增强农村成人教育的教育服务能力

成人教育内涵发展的核心要义，体现在增强成人教育的吸引力，满足成人终身学习实现自由、全面发展与地方经济社会发展需要的能力建设上。农村成人教育作为正规学校教育以外的一种社会教育服务，决定其教育服务能力的核心要素是课程、师资、教学中介。课程教学是成人教育服务的内容和品质，师资是成人教育服务的提供者，教学中介是成人学校组织成人教育实践活动的手段，是置于教育者和受教育者之间并把他们联系起来的一切中介的总和，如教材、教育技术手段以及教学组织形式等[②]。因此，笔者将农村成人教育的教育服务能力分为课程开发、教学实施、师资建设3个维度。

（1）课程开发。课程是知识的教育形态，而课程编制或开发是知识从原生形态向教育形态的转化过程。这一转化主要是通过选择和重组两个步骤实现的。"选择"是以教育价值和要求为标准，对人类文化中可用来实现教育目的的内容进行挑选。"重组"是按照受教育者接受和内化的可能性，教育活动的阶段性和连续性，各种教育内容之间的关联性和前后程序性，进行适合于教育活动的重新组建[③]。课程开发包括培训需求调查、培训项目开发、培训课程及实施方案设计（大纲）、培训资源建设（教材开发、学习平台）等四大环节。培训课程开发是指成人学校通过培训需求调查，分析梳理能力要求确定课程目标，依据目标进行课程项目设计，撰写培训项目实施方案

---

① 乐传永，高兴盛. 成人学校校园文化建设刍议[J]. 中国成人教育，1998(9)：14-15.
② 顾明远. 教育大辞典[M]. 上海教育出版社，1998.
③ 叶澜. 教育研究方法论[M]. 上海：上海教育出版社，1999：319.

（培训教学大纲），经专家论证，有针对性地开发培训资源（找教师、编教材、搭平台），为下一步课程实施奠基。

（2）教学实施。教育活动涉及两种转化，一种是知识的原生态向教育态转化，另一种是知识的教育态向生命态转化。前者是课程论讨论的核心问题即课程开发问题，后者是教学论讨论的核心问题，即教育的个体—互动问题。因此，这里的教学实施就是知识由教育态向生命态转化的过程，包括招生开班、教学设计、教学组织、教学评价等基本环节。农村成人教育的教学实施能力就是将先前开发的课程项目，转化为匹配目标群体的详细培训课程，并通过精准招生开班，根据学员的特点因材施教，组织开展教学实践活动，引导学员参与知识学习、案例谈论、角色扮演、技能实训、情境实战，通过反应、学习、行为、成果等4级教学评估，实现既定教学目标，提升学员的知识技能与工作绩效。

（3）师资建设。《教育部关于推进社区教育工作的若干意见》《教育部等九部门关于进一步推进社区教育发展的意见》中均提出各地教育行政部门要加强社区教育队伍的建设，建立一支以专职人员为骨干，兼职人员和志愿者为主体的适应社区教育需要的管理队伍和师资队伍。对于农村成人教育来说，要重点打造3支队伍，一支是打造以街道（乡镇）成人教育学校教师、各社区（村）市民学校社工人员、社教专干等为骨干力量的成人教育管理队伍，努力做好各种培训教学组织工作；另一支是整合建立以高校、企事业单位、职业学校、农技推广站、农业合作社等优秀人才为主体力量的兼职教师队伍，满足农村多元培训需求；还有一支是组建以志愿者服务团队、乡村退休"能人"、新乡贤、大学生村官等为基础力量的成人教育志愿者队伍，以发挥他们在联络群众、需求调研、管理服务等方面的纽带作用。

3. 提高农村成人教育的资源整合能力

研究教育内涵发展首先应从学校的办学资源入手，离开资源谈规模、质量、效益都可能成为空谈，属于主观唯心主义[1]。教育资源整合能力是农村成人教育内涵发展的重要根基和前提基础。所谓教育资源通常是指为了保证教育活动顺利进行而使用的物质、文化、人力、财力等影响教育活动开展

---

[1] 弓志刚，郭泽光.论高等学校的内涵发展与策略选择[J].中国高等教育，2010（21）：37－38.

的物质因素和非物质因素[①]。农村成人教育资源是指一切可供农村成人教育活动开发、利用的物质、人力、文化等各种物质和精神存在的总和。整合就是"整理、组合",也就是通过某种方式把散乱、零散的东西聚合起来加以充分利用。农村成人教育资源整合就是指成人教育办学者为开展农村成人教育活动将一切可利用人力、物质、文化等各种社会资源加以聚合、开发和利用的过程。我们依据农村成人教育内涵发展要素,将资源整合能力分为"平台建设""资源整合开发"两个维度,即通过搭建成人教育培训公共服务平台,实现教育资源跨地域、跨部门、跨行业、跨机构、跨领域、跨时间、跨级别的多元整合。通过建立健全成人教育资源整合机制,实现成人教育办学所需的物质资源、人力资源、文化资源充分整合开发,为农村成人教育活动开展奠定基础。

（1）打造乡村培训服务平台。"平台"一词具有多重含义,泛指载体、舞台、环境、条件等。一是指供人们舒展才能的舞台,二是指为操作方便而设置的工作台,三是指计算机硬件或软件的操作环境,四是指进行某项工作所需要的环境或条件。近年来,随着互联网经济、大数据的出现,"平台"的概念逐渐被泛化与延伸,"平台思维、平台战略、平台经济、平台组织"等新兴概念不断出现,这些概念的共同特性就是以客户价值为核心,深挖客户服务的痛点与难点,打造开放、共享、共赢的多方关联业务、多主体生态经营系统。在这个生态系统里,业务主体之间通过资源共享与协同配合,实现各自利益的价值增值。

为了提升乡村振兴背景下农村成人教育的内涵质量,乡镇成人教育学校应坚持平台思维,通过深挖乡村实用人才短缺的痛点,整合各类优质资源,打造开放、共享、共赢的多主体协同配合的乡村培训服务平台。乡村培训服务平台是由县市区、乡镇（街道）政府共同出资构建、乡镇成人学校牵头负责监管、行业企业参与、高端机构合作、市场方式运作的公共服务平台,主要面向区域内农村新型经营主体、农村基层管理机构、新型农民、中小企业等开展新型职业农民等紧缺型人才培训、企业诊断式培训、中高端资源对接、企业发展咨询服务、企业讲师团培训、农民创业团队孵化,培育区域紧缺的新

① 杨文. 社区教育资源开发与儿童成长社区构建[J]. 学前教育研究,2017(11)：58－60.

型职业农民与农村实用人才,服务乡村产业转型升级与地方产业经济发展。

乡村培训服务平台依托政府、院校、行业企业、科研机构、社会组织等资源集聚、项目引领、政策资金、网络体系的优势,在开展教育培训、助力乡村振兴中将发挥重要的辐射引领作用。由地方乡镇成人学校牵头的乡村培训服务平台应秉承开放、共享、共赢的理念,突出五大功能定位:一是舞台功能。打造纵横互联的乡村振兴培训服务体系,横向:跨行业、跨地域、跨机构的中高端资源集聚;纵向:各类培训机构、社区市民学校、区域老年大学、区域企业职工学校等入驻,为机构合作、资源整合、项目落地搭建平台。二是桥梁功能。建立培训供需匹配机制,组建农村成人教育培训调研团队,以项目为载体,实现培训需求方与培训主体的深度交流,培训机构与高端资源的无缝嫁接。为培训的需求与供给两端搭建了深度融合的纽带。三是孵化功能。充分发挥平台的政策、经费、资源的优势,开展辖区社区市民学校、企业职工学校、社区老年学校、社会培训机构等孵化,提升基层培训机构的综合实力,担当起乡村振兴紧缺人才培训的重任。四是监管功能。建立并实施绩效导向的培训评估,对入驻平台的培训机构进行监督管理,确保培训质量与效益。五是服务功能。发挥资源统筹优势,对接做好企业咨询、品牌营销、项目对接、贸易洽谈等服务工作,助力乡村产业转型升级。

(2)优化资源整合机制。"机制"一词最早源于希腊文,原是指机器的构造和工作原理。对"机制"的本义可以从以下两方面来解读:一是机器由哪些部分组成和为什么由这些部分组成;二是机器是怎样工作和为什么要这样工作。后来把"机制"的本义引申到不同的领域,就产生了不同的机制。"机制"在社会领域里泛指一个工作系统的组织或部分之间相互作用的过程和方式①。成人教育资源整合机制就是成人教育主体(成人教育办学者)为整合开发利用可用于成人教育的社会资源同其他社会资源主体(社会资源拥有者)之间相互关系、相互作用所形成的资源合作的过程与方式②。

① 农村成人教育资源分类。教育资源是保障教育活动顺利开展的一切可利用开发的各种物质和精神资源的总和,教育资源的划分标准很多,从教

---

① 中国社会科学院语言研究所词典编撰室.现代汉语词典[M](第7版).北京:商务印书馆,2016,600.

② 高卫东.社区教育资源整合机制简析[J].职教论坛,2016(3):58-63.

育资源的存在状态上看,成人教育资源可以分为物质资源和精神资源。其中,物质资源又称为有形资源,是开展教育活动所需要的人力资源、财力资源、物质资源等。从教育资源归属的角度看,成人教育资源可以划分为自有资源和社会资源,自有资源就是成人教育办学主体自身所拥有和可支配的各类资源,社会资源是非成人教育办学主体所拥有的,但可以被成人教育主体开发利用的各种资源。从教育资源开发利用的状态划分,成人教育资源可以分为显性教育资源和隐性教育资源。显性教育资源是已被成人教育主体整合开发利用的资源,隐性教育资源是可被成人教育主体开发利用但尚未被整合的各种教育资源。基于此,根据资源的存在形态,农村成人教育资源可分为农村成人教育的物质资源、人力资源、文化资源。

一是农村成人教育物质资源,是以有形的形式存在的,它是农村成人教育办学的物质基础,包括成人教育系统自身拥有的县(区)社区学院、乡镇(街道)社区教育中心、社区市(村)民学校三级办学基地网络、办学经费及相关教育设施设备。除此之外,还包括成人教育系统以外的社会资源,辖区图书馆、博物馆、青少年宫、村文化礼堂、企业学习中心、区域党校、社区家庭学习点、老年大学等教育基地。

二是农村成人教育人力资源,所谓人力资源就是组织所拥有的用以创造价值和提供服务的人力,即支撑农村成人教育顺利开展的劳动力资源,包括教师资源、教务管理者资源、志愿者服务资源等。其中,教师资源包括成人教育主体内部的专职教师和来自政府、企事业单位、院校、培训机构、社会团体等优秀兼职教师团队。教务管理者资源是成人教育办学主体的专职教育管理人员,是组织开展农村成人教育活动的基础。志愿者服务资源有民间组织(社会团体)、社区教育志愿者团体的专家学者、退休干部、社区志愿者、企事业界人士等。志愿者团队是宣传、推广、组织、管理、开展、参与成人教育活动的重要力量。

三是农村成人教育文化资源。文化资源泛指人们从事一切与文化活动有关的生产和生活内容的总称,是以精神状态为主要的存在形式[①]。农村成

[①] 百度百科. 文化资源[EB/OL]. https://baike. baidu. com/item/％E6％96％87％E5％8C％96％E8％B5％84％E6％BA％90/9015491? fr＝aladdin.

人教育文化资源就是支撑农村成人教育文化活动开展的一切可开发、利用的文化元素及相关资源。主要包括乡村优秀传统文化、非遗传承技艺与文化、革命红色文化、特色产业文化、文化礼堂教育文化及其他社会机构开展的各种教育文化活动等。

②完善农村成教资源整合机制。由于成人教育主体与社会资源主体的动力来源与合作方式不同,成人教育资源整合机制分为3种典型机制,即行政整合机制、利益整合机制、志愿整合机制①。行政整合机制是成人教育主体利用政府的行政权力,运用行政手段整合各类教育资源的过程和方式。利益整合机制是成人教育主体与社会资源主体通过自愿合作、互利共赢的方式整合资源的过程。志愿整合机制是指以社会组织、民间团体的志愿者服务活动为组织形式的成人教育资源整合模式。

一是完善行政管理体制,提升农村成人教育资源行政整合机制。当前农村成人教育要完善三大行政管理体制,以进一步优化农村成人教育资源的行政整合机制,提升农村成人教育依靠行政权力整合资源的能力。首先,进一步健全市、县(区)、乡镇(街道)三级社区教育委员会体制,社区教育委员会下设办公室在区(县)社区学院,由各级主要行政领导担任社区教育委员会成员,社区教育委员会通过政府发文、行政协调、项目推进等方式,将地方政府强大的资源整合力不断地向基层乡镇、农村延伸,为农村成人教育、社区教育开展奠定了物质、经费、人力、文化等资源基础。其次,充分发挥文化礼堂建设管理体制优势。2013年,由浙江省委宣传部牵头,把农村文化礼堂建设工作列入省委省政府为民十件实事项目之一。按照省委部署,各县(市、区)委、乡镇街道党委及村两委(党支部委员会、村民委员会)都建立了文化礼堂建设领导小组,乡镇成人学校依托各级文化礼堂建设领导小组的政府推力,整合各方优质资源,以村文化礼堂为载体,推进成人教育进文化礼堂开展农村成人教育活动,助力乡村振兴。再次,组建市、县(区)、乡镇(街道)三级成人教育服务乡村振兴领导小组,领导小组成员由各级教育行政主管部门领导担任,全面部署推进区域成人教育服务乡村振兴工作。各乡镇成校应充分发挥各级成人教育服务乡村振兴领导小组的行政推力,为

---

① 高卫东.社区教育资源整合机制简析[J].职教论坛,2016(3):58-63.

整合各方优质资源,提升学校内涵发展奠定基础。

二是发挥平台整合优势,强化农村成人教育资源的利益整合机制。打造由政府牵头组建的开放、共享、共赢的多主体协同配合的区域公共培训服务平台。依托培训平台,为乡镇成人学校与行业企业、培训机构、事业单位、科研院校、社会团体等彼此利益诉求表达与合作办学交流提供助推机制。公共培训平台建立培训项目供需匹配机制,打造农村成人教育培训服务数字平台,线上及时发布人才培训需求规格,组织重大培训项目招标,培训机构进行项目开发与参与投标,公共培训平台牵线搭桥,精准配置高端资源,形成精准匹配的乡村振兴人才培训项目。本着互惠互利的原则,成人教育主体与社会资源主体双方达成意向,签订合作协议,明确合作双方在农村成人教育培训中的责任和利益,形成互利共赢的合作机制和资源整合机制,以彻底摆脱过去农村成人教育办学资源单一匮乏的窘境。

三是培育社会民间组织,增强农村成人教育资源的志愿整合机制。志愿者活动或服务已成为我国开展农村成人教育(社区教育)的重要组织形式,丰富的社会民间组织资源将为农村成人教育提供充足的优秀师资队伍、志愿服务团体、课程资源库,助力成人教育课程开发和活动开展。一方面,各乡镇成校要充分挖掘、鼓励、支持有"一技之长"的辖区社区能人牵头组建各类社区民间社团,成校通过经费支持、骨干培训、业务指导、服务管理、资源对接等方式,规范社区民间组织高效运营,引领民间组织参与农村终身学习活动;另一方面,各乡镇成人学校在区域社区教育委员会、文化礼堂建设领导小组、成人教育服务乡村振兴领导小组等部门支持下,统筹整合辖区内活动类民间组织,如摄影协会、合唱队等;服务类民间组织,如社区义工组织、志愿者协会等;权益类民间组织,如老年人协会、妇女协会等;行业类民间组织,如农业技术协会、水蜜桃桃农协会等。乡镇成人学校通过内部挖掘培育、外部系统整合,整合农村成人教育开展活动所需的社会民间组织资源,增强农村成教资源的志愿整合机制,实现成人教育的内涵提升。

4. 优化农村成人教育的管理推进能力

成人教育管理推进能力,是指成人教育培训项目顺利落地,各项教育教学工作管理有序,公民参与能力推进务实有效,使农村成人教育真正成为服务乡村振兴,助力农民终身学习,实现生活幸福美满的建设能力。成人教育的管理推进能力,包括两个层面:一是成人教育机构内部的横向管理与成人教育办学体系之间的纵向管理,主要体现在区域成人教育管理体制、成人教育课程教学管理、学生学习管理与质量评价等运行机制;二是成人学员参与能力的建设,主要表现在各类成人学习团体与学习载体建设等。

(1)组建成教服务乡村振兴的管理体制。成人教育服务乡村振兴工作是一项系统的工程,必须构建起市、区(县)、街道(乡镇)三级行政层面的教育管理推进体制,统筹规划、行政支持、引领驱动、全面落实好全市成人教育服务乡村振兴推进工作。

我国著名学者孙绵涛在其研究中提出了教育体制的理论,他认为体制就是机构和规范的统一,教育体制就是教育机构和教育规范的结合体或统一体。教育机构是指教育实施机构和教育管理机构。教育规范是指建立并维持教育机构正常运转的规章制度。教育机构是教育体制的载体,教育规范是教育体制的核心,教育规范一般反映了整个社会和国家占统治地位的阶级的意志和教育规律,所以教育机构是以教育规范而存在的,这时的教育规范是针对教育机构而制定的。教育管理机构和一定的教育规范相结合就形成了教育管理体制。孙绵涛教授认为教育管理体制包括教育行政体制和学校内部管理体制。通过以上体制理论分析,笔者认为成人教育管理体制是指成人教育管理机构与成人教育规范(规章制度、运行机制)的统一体。成人教育服务乡村振兴管理体制包括成人教育行政体制和乡镇成校(社区学院)内部管理体制[1]。

① 构建成人教育服务乡村振兴的行政体制:一是组织机构。建立由市级教育局党工委书记任组长,分管职业教育与成人教育的副局长任副组长,终身教育处、职教处、计财处、政策法规处等教育局职能处室负责人、各县市区教育局分管职成教的副局长等任组员的"成人教育服务乡村振兴领导小组"(简称"领导小组")。领导小组下设成人教育服务乡村振兴领导办公室(以下简称"办公室"),办公室设在市级(区级)成人教育学校(社区学院),市级成人学校根据局党委重大决定及领导小组具体部署开展具体工作,落实推进全市教育服务乡村振兴建设工作。各县市区教育局应参照市教育局,

---

① 汤海明. 当前我国社区教育管理体制构建初探[J]. 职教论坛,2009(5):32-35.

成立相关组织机构,形成市、区(县)、街道(乡镇)三级成人教育服务乡村振兴领导组织机构,将成人教育服务乡村振兴工作纳入地方教育发展整体规划,主动联系有关部门,认真做好相关规划、政策制定,并根据实际,提出具体指导性方案和举措,将相关工作落实到位。

二是职能规范。成人教育服务乡村振兴领导小组的主要职能规范有以下5点:第一,先行调研,统筹规划。成人教育服务乡村振兴办公室责成市级成人教育学校,整合资源,组建成人教育服务乡村振兴调研小组,奔赴全市各乡镇深度调研,掌握成人教育服务乡村振兴的落脚点与着力面,并在此基础上,配合办公室制订成人教育服务乡村振兴推进规划及实施方案。第二,制定文件,推进计划。根据教育服务乡村振兴的整体部署及建设规划,办公室负责起草相关文件,全面部署推进各县市区教育服务乡村振兴工作的落实。第三,监管项目,落实建设。与宁波市教育事业"十三五"规划、宁波市终身教育促进工程相衔接,办公室配合领导小组启动面向全市的教育服务乡村振兴建设项目,并将教育助农、高标准成校、成人教育特色品牌等项目进行统一归口规范监管,确保各项目高效推进,在全市打造一批有影响力、示范性、推广价值的成人教育服务乡村振兴的品牌项目。第四,整合资源,协同连接。根据各县市区成人教育服务乡村振兴建设的具体要求,办公室整合区域公共职业培训平台、高校、行业协会、龙头企业等资源,连接各乡镇成人学校,通过资源对接、项目引领,增强教育服务区域乡村振兴的智慧性、能动性。第五,专家引领,内涵发展。根据市级教育事业发展规划要求,领导小组办公室依托省市级教育科研指导部门,组建科研专家导师团,开展乡镇成校服务乡村振兴的内涵建设工程,通过专家引领、科研孵化、项目推进等方式,全力扶持各乡镇成校提升服务本区域乡村振兴的内涵实力。

② 优化乡镇成人学校的内部管理体制建设。在市、区(县)、街道(乡镇)、社区(村)四级成人教育管理网络及成人教育服务乡村振兴领导小组的指导下,在各级乡镇(街道)政府的大力支持下,各乡镇成人学校应坚持平台思维,通过系统调研,深度剖析本地区产业发展与人才培育的衔接点与痛点、难点,以成人教育服务区域产业振兴、人才振兴、文化振兴、生态振兴、组织振兴为目标,乡镇成校应建立"四部一会"的学校内部管理体制。

一是乡镇成校校务委员会。乡镇成人学校作为当地乡镇新品种培育、新技术推广、农民文化素质教育、乡村专业技能孵化的主阵地,在推进区域乡村振兴过程中发挥了巨大的作用。作为县级教育行政部门在乡镇的派出机构,乡镇成人学校应加强与乡镇党委政府的沟通联系,精准对接乡镇政府核心工作,开展教育培训、技术推广与文化宣传等服务活动,助力区域乡村振兴的全面推进。基于此,乡镇成人学校应实施校务委员会领导下的校长负责制,在乡镇党委政府的领导下,组建由学校主要领导、镇政府农办、工办、文化站等部门、优秀企业代表负责人以及成人教育专家组成的校务委员会。乡镇成人学校校务委员会的主要职能是定期召开校务研讨会,进一步明确学校办学目标和宗旨,制订学校年度发展规划,统筹年度教育培训项目,研究具体的管理机制,人员配备和管理、场所、经费管理等。研究制订保证项目顺利完成的各项政策及措施,负责建设经费的筹措与配置,争取政府部门的政策支持,确保乡镇成人学校精准服务于乡村振兴推进的总体工作方向。

二是乡镇成人学校平台事业部。乡镇成人学校运用平台思维,在校务委员会领导下,通过整合各类优质资源,组建开放、共享、共赢的多主体协同配合的乡村培训服务平台,成立乡镇成人学校平台事业部。根据辖区乡村振兴与学校的主要工作,平台设有新型农民培训中心、企业职工培训中心、青少年校外教育中心、成人党团学习中心、成人学历提升中心、社区文化宣教中心。各个平台分中心由系列合作单位、培训机构等组成,负责分管不同的教育培训与乡村文化教育宣传活动任务。乡镇成人学校平台事业部的主要职能就是对外连接各级各类中高端教育资源,组织行业企业专家开展培训需求调研,整合优质资源,开发系列乡村振兴教育培训项目,做好资源对接、方案策划、项目统筹、考核监管等工作。

三是乡镇成人学校培训管理部。乡镇成人学校培训管理部主要职能是负责平台事业部具体培训项目的筹备、落地、组织、实施工作,包括训前的招生宣传、学员报名、场地安排、教师聘请、教材开发等,训中的设备调试、学员签到、活动组织,训后的考核评价、跟踪指导、档案制作等。

四是乡镇成人学校智慧学习部。乡镇成人学校引进互联网公司、信息技术公司,通过政府购买服务等方式,开展校企信息化建设,组建乡镇成人学校智慧学习部。该部门的主要职能是打造乡镇终身教育与社区教育信息资源库,开发成人教育、社区教育"微慕课"资源库,建立乡镇全民学习网络自主学习平台,形成强大的信息化学习终端服务体系。建设成人教育培训微信公众号,打造"农民学习地图",把社区市民学校等各个教育网络都纳入"学习地图",并实现基于位置的各个教学点的在线导航、课程推荐和在线报名功能,农民可以在智能手机上实现一键选课、一键报名,从而满足乡镇居民人人皆学、处处可学、时时能学的学习需求。

五是乡镇成人学校教育科研部。邀请市县级教育科研部门专家、高校教授进学校担任乡镇成人学校科研导师团,让教育科研成为促进成人教育内涵发展的重要引擎。乡镇成校教育科研部的主要职能:第一,提升学校教师的科研素质,促进教师由"业务型"向"专家型"转变,形成以骨干教师为核心的教师群体;第二,围绕学校重点工作,深入开展国家、省市级课题研究,以研究引领工作,以工作促进研究,形成良性循环;第三,深入推进农村成教内涵项目孵化,培育一批具有较高水准,能够彰显区域成人教育特色的成人教育科研成果;第四,打造成人教育"科研工作坊",面向社区村民学校,培育一支"理实一体化"的成人学校科研骨干团队;第五,通过课题指导、专家讲座、项目孵化、宣传推广,营造学校整体科研氛围,形成人人争相参与、时时课题推进、处处成果辈出的良好科研局面。

(2)完善乡镇成校成人教育推进机制:

① 让培训更扎根基层:建立多元化联动机制,包括如下:

一是校村联动机制。校村联动即构建村级联络员机制,形成"成人学校联村教师—村级联络员—村组长—村民"组织网络,成立村级联络员,联络员由各村中层以上年轻干部党员构成。各村联络员作为志愿者,定期协助乡镇成人学校开展上情下达、下情上传,落实培训宣传发动、组织实施;交流培训方式方法,及时了解村民对培训学习的需求,及时改进培训内容和方式,增补培训学习点。建立成人学校教师分片教育点负责制,形成"校长—教师党员—教育点"的管理网络,成人学校教师定期下村与村联络员联系,及时对接资源项目,指导和掌握各村培训教育情况,记录备案,发现问题组织研讨,提高各教育点培训成效。

二是校企联动机制。乡镇成人学校与辖区龙头企业与行业协会、农村合作社、农村经济服务中心等建立定期联络机制。乡镇成人学校定期深入企业开展培训需求调研,与企业一起研讨制订并推进企业外来人员招聘及培训、企业个性化内训、企业技术跟踪服务、企业文化建设等工作计划,实现企业培训精准性、落地性、实效性。

三是校校联动机制。乡镇成人学校与企业职工学校、辖区社区市民学校建立联动办学机制。成人学校教师定期深入企业职工学校、社区市民学校,调研挖掘企业职工、社区居民的多元学习需求,对接项目,整合资源,联合办班、监督检查,使农村成人教育能更精准地对接企业、社区的教育培训需求,更好地服务企业发展与农村社区文化振兴。

四是校团联动机制。乡镇成人学校与辖区各类爱心公益社团、社会志愿者组织建立联动机制,成人学校充分发挥志愿者的优势,与志愿者组织联合开展党员与志愿者牵手进社区敬老帮困、公益环保、捐资助学等活动,发挥党员全心全意服务群众的先锋模范带头作用,在全社会营造良好的帮困扶弱、自觉环保的社会氛围,集聚社会的正能量。

② 让培训更加接地气:建立乡土化培训机制。农村成人教育突出一个"农"字,凸显"乡土"特色,作为农村成人教育主体的新型职业农民培训,无论是在培训内容、培训组班、培训方法,还是在培训过程上均应精准匹配农民这一群体的培训需求及学习风格,以切实提升培训绩效,真正实现让培训为农民脱贫致富贡献智慧力量。

一是培训内容定位"核心环节 + 关键技能"。针对培训课程,乡镇成人学校开发真正用得上、有效果、有收益的课程内容。邀请农技站、示范农户做专家,抓住培训课程的核心环节,梳理相关的关键技能,开展精准性的技能培训,让农民真正学有所成、学以致用。

二是培训开班实施"分层进阶 + 入户送教"。分层进阶就是根据培训对象不同的经验与知识层次,设立高级研修班、中级进修班和初级入门班,并根据相应的培训要求,安排不同层次的讲课内容,使全体学员认识到自己的技术差距,确立追赶目标,也方便学员在课堂上进行经验交流与技术交流。分层分班的管理使培训内容更有现实的针对性。入户送教就是根据农民农事忙、家事多,不愿出门的特点,采取送课下村,入户送教的培训模式,有效地解决了农与学矛盾突出的问题。

三是培训方法突出"技术示范 + 经验交流"。根据农民实用技术培训特点,乡镇成人学校创新培训方法,邀请专家深入现场做技术示范,尽量减少农民在实际操作过程中走弯路,直接把书本知识转化为实践技能。同时,在培训过程中,注重学员之间的技术实践和交流,带领高级研修班的学员,到农技研究所提供的基地参观学习,让学员亲身感受自己存在的差距,让他们在与当地农民的经验交流中得到启发,提高培训的实效性。

四是在培训过程中强调"能人引领＋跟踪指导"。培训是一个系统工程,不仅包括知识学习、示范观摩、技能实操,而且包括后续的技术指导、咨询服务,目的就是要帮助农民快速致富。因此,乡镇成人学校建立技术导师制,培训结束后,由导师引领开展具体业务咨询指导,帮助农民训后将所学知识迅速转化成生产力,让培训成果真正转化为农民的财富。

③ 让培训更务实有效:建立绩效化评估机制。为了进一步提升农村成人教育培训的实效性,各乡镇成人学校应构建"方案—执行—反馈—成果"的四级培训评估机制,根据项目性质特点,开展多层次、灵活的培训质量评估,实现了方案科学可行、机构落实到位、学员整体满意、学习与业绩双赢的良好局面。

一是方案评估。乡镇成人学校组织行业专家开展培训项目专家论证会,培训项目的培训方案进行前瞻性、精准性、科学性、可行性、绩效性的严格把关、鉴定打分,确保每一个培训项目精准对接和科学务实。

二是执行评估。乡镇成人学校对培训机构招生规范、师资资质、课时量、学员到课率、实训环节、管理服务、台账材料、承诺履行等进行考核,确保培训项目执行落实到位。

三是反馈评估。首先,满意度评价。每期培训结束后,组织学员参与培训整体满意度评价,调查方式包括问卷调查、集中座谈、抽样访谈等方式,对培训的讲师水平、课程内容、授课方式、实用价值、组织管理、服务周到进行满意度打分。对于满意度评价不合格的培训项目,乡镇成人学校将集中组织专家进行论证修改完善。其次,学员学习考核。培训后由培训中心组织学员现场考核,评估学员的学习成果,考核方式包括拓展演练、专业测试、平台实战、案例研讨等。通过对学员的考核,乡镇成人学校对培训项目进行查漏补缺,及时发现问题并进行修改完善。

四是成果评估。实施"116"培训跟进评估,乡镇成人学校建立学员档案,在培训的最后 1 天,组织学员知识技能现场考核,评估学员的学习成果。培训结束后 1 个月内,组织学员进行行动计划沙龙分享,评估学员的行动转化。培训结束后 6 个月内,实施企业绩效追踪调查,评估学员的业绩状况。对于业务成交量欠佳的学员(公司),乡镇成人学校将通过专家热线、现场指导、定制培训等形式,对相关企业(学员)给予重点跟踪帮扶,在第一时间帮助企业解决难题,提升企业的业绩。

(3) 加强农村成人学习共同体的建设。学习共同体"首先是一种联合生活的方式,是一种共同交流经验的方式"①,使成人在学习过程中不再是"孤独的知识探求者",而是由"个体时代走向共同体时代"。学习共同体的本质是一种特殊的关系共同体,体现在多元的"教""学"关系、平等的对话关系和黏合的情感关系层面上②。作为成人在学习过程中形成的组织,学习共同体对于深化农村成人教育,引领农民终身学习,助力乡村全面振兴具有不可或缺的意义,主要表现在它是成人终身学习的主要载体、丰富学习方式的重要手段、提升学习效率的有效途径和获取发展资源的重要平台③。乡镇成人学校应充分发挥积极的引领、推进、保障作用,打造更接地气的类型各异的农村成人学习共同体,为农民终身学习服务。

① 培育家庭志趣型"学习共同体"。组建社区家庭学习点,培育家庭志趣型"学习圈",以家庭为依托,市(村)民为平台,扶持和引导相同志向和趣味的社区居民,自发组成学习群体,自主确定学习目标、学习内容、学习方式、学习时间、学习资源,彼此共同学习、合作学习、交流经验、知识共享,在丰富多彩的自我导向学习活动中,提升综合素养与生活品质,有效解决工作与生活中的难题,提高邻里之间的人际和谐指数。家庭志趣型"学习共同体",涵盖心理调适、养生保健、文化娱乐、家庭园艺、传统手工等。

② 打造社区品牌型"学习共同体"。社区市(村)民学校,充分整合辖区内特色、优质的教育资源,大力推进社区教育特色品牌的创建工作。坚持以社区为单位,以居民楼群为基地,深度挖掘具有本社区特色的社区教育活动,实施"一社一品"工程,重点打造社区"品牌型"学习共同体,如老乐汇、康

① 杜威. 民主主义与教育[M]. 王承绪译. 北京: 人民教育出版社,1990:92.
② 赵振杰. 论学习共同体中关系的特殊性及其管理路径[J]. 学术交流,2018(2):120-126.
③ 刘奉越,冯琳. 学习化社会视野下成人学习共同体构建研究[J]. 职教论坛,2016(12):47-52.

居生活、科普读书、孝道文化等主题,形成一批特色化、品质化、品牌化的社区学习共同体,深入开展公民文化素养教育、新市民职业教育、青少年校外教育等丰富多彩的学习活动。

③ 拓展街道文化型"学习共同体"。乡镇成人学校应按照"挖掘资源、营造特色、龙头带动、形成网络"的原则,根据辖区得天独厚的文化优势和优质资源,依托"历史纪念馆、文化公园、博物馆、纪念馆、图书馆"等文化基地,打造鲜明的乡镇"文化型"学习共同体。通过参观体验、主题教育、专题讲座、沙龙活动、成果巡展、技能实操等方式,组织开展各种文化宣传主题教育活动,有效地传承地方优秀传统文化,提升居民的文化自信与文化自觉。

④ 引领学院聚焦型"学习共同体"。以乡镇成人学校为龙头,各社区市民学校为载体,以构建全面幸福和谐的小康社会为目标,聚焦社会弱势群体的生活与工作的迫切实际需求,开展"村转居"新市民的城市融入、新生代农民工的社区融合、社区青少年矫正、农村大龄青年就业创业、养老院老年人闲暇拓展、外来人员子女"四点钟课堂"等系列社区学习活动,提升整个辖区居民的生活质量与社会和谐指数。

⑤ 打造线上智慧型"学习共同体"。以"区域数字化学习中心"为基础平台,创办面向全体市民的终身学习数字化教育公共服务平台,形成向全区市民提供远程网络课程和各类学习资源的数字化"学习共同体"。依托平台开设"市民学习、业务培训、学历教育、考试中心、学习论坛"等栏目,组织开展各类智慧网络的学习圈活动,形成线上与线下(online to offline,O2O)一体对接的终身学习新局面。

⑥ 提振农村成人教育的科研引领能力。教育科学是教育发展的第一生产力,教育改革要以教育科研为先导,教育科学研究要自觉地为教育决策与教育实践服务,通过不断地研究新情况,解决新问题,促进教育改革不断深化[①]。教育科研作为教育发展的核心竞争力,是有个性的科学,教育科研具有理念引领、思路厘定、科学规划、推进改革实践、促进教师发展和提升学校内涵发展的重要功能。农村成人教育作为教育系统的重要子系统,应加强教育科研,提振农村成人教育的科研引领能力,促进农村成人教育内涵发

---

① 阎立钦. 推进教育改革和发展必须加强教育科研[J]. 教育研究,2000(4):3-4.

展,更好地为乡村全面振兴、农民终身学习、农村学习型社会的构建提供服务。

所谓农村成人教育科研引领能力就是农村成人学校将教育科研作为成人教育内涵发展的动力,通过教育科研找准农村成人教育发展的定位,制订农村成人教育发展的规划,明确农村成人教育发展的路径,理顺农村成人教育发展的关系,推进农村成人教育改革实践,探索农村成人教育发展的规律,实现农村成人教育内涵式发展。农村成人教育内涵式发展主要体现在3个方面:一是教师有科研自觉,成人教育教师的科研意识与科研能力较强,坚持科研工作化,工作科研化,从科研视角开展和推进工作。二是学校有课题项目立项。乡镇成人学校坚持科研引领,制订发展规划,推进重大项目课题化,通过课题研究,实现科研立校、科研兴校、科研强校。三是教育实践有孵化成果。乡镇成人学校探索改革路径,开展行动研究,提炼经验模式,孵化教学成果,辐射和引领区域成人教育持续发展。

(4) 构建"服务扁平"的科研组织架构。乡镇学校应构建"科研工作坊",架构起"领导小组—科研秘书—科研兴趣小组—科研导师团"的科研管理网络(见图4-1)。

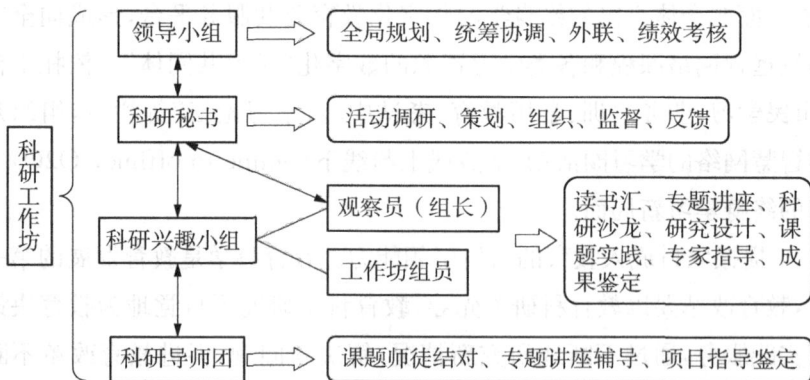

图 4-1 科研工作坊组织架构

(5) 培养教师主体内驱的科研意识。首先,基于教师的成长即"价值驱动"激活科研心智,开设"科研名师讲堂",通过真实鲜活的典型案例,让教师认同科研的本真价值。其次,基于自我的意愿即"本真解读"激发科研兴趣。通过开展科研讲座、"论文会诊周"等活动,提升教师的科研能力,激发教师对科研的兴趣。再次,基于主体的能动即"自觉自为"激励科研实践。营造开放民主的科研氛围,教师全程参与科研管理,激发教师自觉参与科研的能动性。

(6)打造五位一体的科研孵化模式:

一是"自我内化"的学习积累模式。开展以"专题讲座 + 读书汇"为载体的教师自我学习活动,通过听讲、阅读、反思、研讨、实践,助力教师内化科研知识。

二是"头脑风暴"式的沙龙研讨模式。沙龙研讨会以问题为导向,沿着"确定主题—研讨交流—专家点拨—问题解决—整体提升"的活动逻辑,帮助教师厘清思路、开阔视野、突破瓶颈、收获经验、提升能力。

三是"同伴互助"的研究策划模式。在科研导师的指导、论证下,通过前期调研、系统摸排,文献研究、框架梳理,科研小组共同研究拟定详细、科学、可行的研究方案。

四是"师徒结对"式的课题探究模式。邀请专门的科研导师对科研小组进行跟踪指导,科学引领教师完成立项课题的研究任务,培养教师的科研实践、数据处理、文字表达等能力。

五是"专家领衔"的实践评估模式。开展专家现场指导与成果鉴定工作,通过现场观摩、思路点拨、实践指导、方法引领、成果鉴定等方式,在反馈与引领中提升教师的科研能力。

(7)构建务实高效的科研运行机制:一是科研导师制。每个科研小组配备一个科研导师,采取灵活预约与集中组织相结合,个别咨询与现场指导相互补的方式,围绕"课题申报立项—开题报告论证—中期检查指导—结题评审推广",开展科研"师徒结对"常态化跟踪指导。

二是项目推进制。在科研工作坊的管理下,在科研导师的指导下,通过制订研究方案—设计建设项目—分工落实项目—工作例会研讨—项目过程管理,科研小组高质量完成预定的课题项目。

三是成果辐射制。通过校内成果汇报、校际交流共享、专家鉴定推广、媒体宣传辐射,建立多元化的成果推广机制,使科研成果真正服务于教育教学,促进教师专业发展。

四是考核奖惩制。实施"过程性考核 + 终结性评价"相结合、"组内互评＋自评＋导师评价"相结合的科研考评机制,考核工作在科研领导小组的组织下由科研秘书具体执行,小组组长、科研导师协助开展。

第二节　教育科研引领乡镇成校内涵发展的实践路径

一、研究背景

2017年3月,宁波市教育局、宁波市财政局联合发布《关于在"十三五"期间实施终身教育提升工程的意见》(甬教计〔2017〕48号)文件,指出:"十三五"期间,要加快我市成人学校内涵发展能力提升,要提高终身教育工作者的专业化水平,提升教师市场调研、项目设计、项目执行、项目评价的能力,促进成人学校服务地方经济社会发展的综合实力。

为精准服务指导乡镇成人学校内涵发展,2017年,宁波市成人教育学校"进百校　看变化　展风采"系列活动再出发,走访了北仑戚家山成人学校、海曙高桥成人学校、北仑白峰成人学校和北仑柴桥成人学校、东钱湖成人学校、鄞州潘火成人学校、宁海前童成人学校、余姚低塘成人学校、慈溪龙山成人学校、慈溪掌起成人学校、江北社区学院等10所乡镇成人学校和社区学院。通过对各校校长的采访,基本了解了这些学校的办学概况、培训特色等,通过走访调研发现,当前乡镇成人学校内涵发展面临诸多瓶颈,如教师人数少、科研能力普遍薄弱、科研意识淡薄,缺少课题前瞻指导、缺少成果提炼孵化、缺少整体的宣传推广等。

宁波市成人教育学校作为全市成人教育的龙头单位,依托学校组建的联合国教科文组织农村社区终身学习研究所、甬派科研培训中心等科研基地,打造宁波市成人教育科研工作坊。2016年11月3日,该校联合10所乡镇成人学校共同组建"宁波市成教协同发展联盟",并签订《成教内涵发展项目合作协议书》,共同开展课题研究、课程研发、项目孵化、成果鉴定、师资培训、专题调研等活动,旨在依托宁波市成人教育学校的整体科研优势,提升乡镇成人学校的内涵发展,增强我市成人教育的吸引力,提高其服务经济发展的新动能。

为充分发挥自身的示范引领作用,对接乡镇成人学校内涵发展瓶颈,该校探索实施"科研引领＋成果孵化＋示范推广"的科研服务模式,对乡镇成人学校进行科研指导、典型成果提炼孵化、先进经验示范推广,帮助乡镇成人学校提升内涵的发展能力,提升乡镇成人学校服务乡村振兴的质量效益。

基于此,建立教育科研服务机制对于构建服务型的成人教育科研服务体系,全面推进我市乡镇成人学校的内涵建设,打造彰显地方特色、纵横互联的乡镇终身教育体系和终身学习服务体系,切实提升乡镇成人教育的吸引力,充分发挥好乡镇成人学校在培育新型职业农民、推广新技术新产品、带领农民扶贫致富、促进乡风文明和谐、提升农民生活品质,服务乡村振兴中的突出作用等方面具有重要的理论价值和实践意义。

二、研究设计

1. 研究目标

(1)打造一个平台。通过科研骨干教师培训、科研沙龙主题研讨、专家课题专项指导,形成一个扎根乡镇成人学校、服务内涵项目、坚持理论与实践一体、实现共研互进的科研工作坊内涵项目孵化平台。

(2)培育两个团队。通过专家引领、课题研究、专题培训、项目锻炼,培育"科研＋宣传"两个骨干教师团队,提升成人教育内涵发展的造血能力。

(3)建设三大项目。通过两年的实验,完成"课题指导立项、精品成果提炼、示范宣传推广"等三大项目,指导乡镇成人学校取得一批标志性的科研成果,提炼形成一批乡镇成校内涵建设项目成果,完成一批乡镇成人学校成果宣传推广报道。

2. 实验思路

(1)科研引领。深入乡镇成人学校,亲临田间地头开展田野调查,通过长期蹲点、跟踪观察、访谈聆听、亲临体验,获取第一手资料。

(2)成果孵化。在蹲点调查的基础上,广泛收集典型案例与实践做法,认真梳理材料,帮助乡镇成人学校提炼和包装实践成果,形成一套可资借鉴的"教育助农"的实践模式,为乡镇成人学校申报各类科研项目提供服务和落地指导。

(3)示范推广。在成果提炼的基础上,组织开展"教育助农"的先进经验推广会,邀请各乡镇成人学校校长集中考察学习,并将相关的经验模式,通过《宁波成教信息》《宁波成教科研》期刊予以集中报道,推广经验、形成品牌效应。

通过为乡镇成人学校提供科研引领、成果孵化、示范推广等服务指导工作,帮助他们提升内涵的发展能力,提升乡镇成人学校服务乡村振兴的质量效益。

3. 实验方法

(1)文献研究法。通过阅读大量的文献材料,梳理国内外有关乡镇成人学校建设以及成人教育服务"三农"的理论与实践框架,为本课题的研究提供理论支撑。

(2)行动研究法。本课题坚持在行动中研究,在研究中实践,在实践中检验和完善理论成果,在研究中提升实践。通过课题研究,对科研工作坊"科研引领+成果孵化+示范推广"的服务乡镇成人学校发展模式的构建、运行机制的理论框架设计,然后根据实际情况开展实践探索,在实践中检验和修正理论框架,得出具有推广和应用价值的课题研究的实践路径与实施策略。

(3)田野调查法。通过长期蹲点,以"局内人"的身份,跟踪观察、访谈、聆听、亲临现场体验,与农户、乡镇成人学校老师、农技专家深度交流,获取第一手研究资料。

(4)个案研究法。选取"大佳何跑道式养鱼、观海卫双季葡萄种植、大堰'一路上'休闲旅游、东钱湖农家乐营销"为个案,通过深度调研、科研引领、成果提炼孵化、示范推广等途径,建构科研工作坊引领服务乡镇成人学校发展模式的路径与机制。

三、科研工作坊助力成校内涵发展的路径

1. 组建科研工作坊,成立成教科研联盟

(1)成立甬派科研办公室。宁波市成人教育学校组建"甬派成教科研培育中心"(简称"中心"),中心下设办公室,办公室在学校成人教育发展研究中心,并配备专人负责。中心建立"一体两翼"的运行体制,上联联合国教科文组织农村终身学习研究所,发挥中国成人教育协会、联合国驻华代表处等

资源优势；下建成人教育科研工作坊，落实科研引领、成果孵化、示范推广。中心建立了具有成人教育特色的视觉识别系统，旨在打造品牌、突出亮点、辐射全市。图4-2为宁波市教育局甬派教育中心授牌仪式。

图4-2　宁波市教育局甬派教育科研培育中心授牌仪式

（2）组建成教科研联合体。宁波市成人教育学校联合10所乡镇成人学校共同组建"宁波市成人教育协同发展联盟"，并签订《成教内涵发展项目合作协议书》，依托甬派科研培育中心，定期组织开展活动，协助乡镇成人学校开展课题研究、项目孵化、教师培训、成果推广等活动，推动我市成人教育内涵发展，提升乡镇成人学校的整体办学水平，增强我市成人教育的吸引力，提高服务经济发展的新动能。

（3）建立成教科研工作坊。依托甬派科研培育中心，搭建"宁波市成教科研工作坊"，组建宁波市科研骨干教师钉钉、QQ工作群，定期沟通交流，组织开展了市成人教育科研骨干教师培训、镇海社区教育实验项目申报论证会、课题项目校际诊断式辅导、蛟川"锐蓝众扶"成果推广会等，通过专题培训、科研引领、成果孵化、示范推广，全面提升了一线教师的科研能力，有效地助推了乡镇成校的内涵建设。

（4）组建科研工作团。中心成立科研工作团，由学校成人教育发展研究中心、成人教育服务指导中心的6位在编专职教师具体负责各项甬派科研培育中心科研工作坊建设与指导工作，确保中心工作有人、有落实、有绩效，确保中心工作能出成果出好成果,确保中心工作有示范能推广促发展。

2. 建立常态工作制,开展多维科研培育

(1)科研引领——指导乡镇成校之科研方向。深入成校,蹲点调查。中心开展"进百校·看变化·展风采"系列调研活动(见图4-3),共走访了20余所乡镇成人学校,通过对各校校长的采访,基本了解了各学校的办学概况、培训特色、发展困惑、科研诉求等,为科研孵化提供依据。

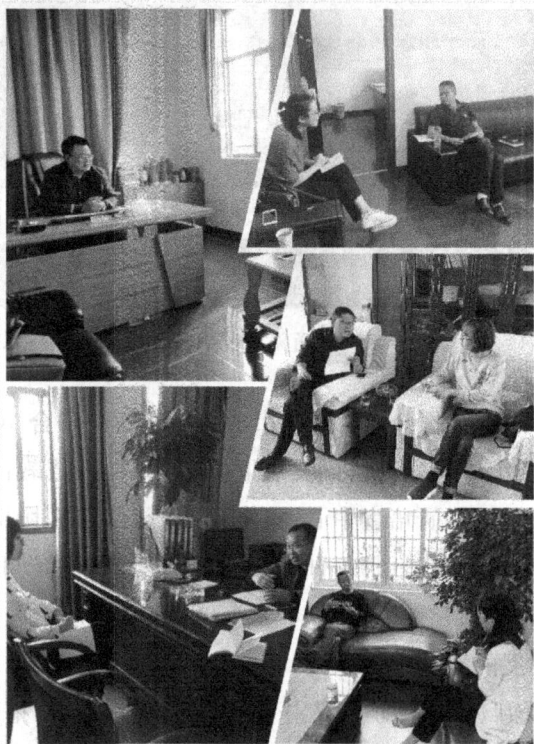

图4-3 调研乡镇成人学校

挖掘特色,寻找亮点。在调查的基础上,收集乡镇成人学校在教育助农惠农方面的典型案例、先进经验做法,帮助他们深挖彰显"地方特色、个性多元、异彩纷呈"的教育服务培训成果,形成独一无二的特色亮点。

科研落地,项目指导。在特色亮点挖掘的基础上,唤醒乡镇成人学校教师的科研意识,引领并指导他们申报各类科研项目。如"教育助农"项目、社区教育实验项目、成人教育专项课题、省市教科规划课题等(见图4-4、

图 4-5）。在科研工作坊的科研指导下，2017 年，宁海县大佳何成人学校成功立项 2017 年度社区教育重点试验项目、教育助农项目；余姚朗霞成人学校成功立项 2017 年市教科规划课题，市成人教育专项课题、市重点实验项目；镇海庄市成人学校立项 2017 年度社区教育重点实验项目。

图 4-4　镇海实验项目申报指导

图 4-5　指导朗霞成校课题申报

（2）成果孵化—提炼经验模式之成功范式：

① 开展科研骨干教师培训。为加强宁波市成人学校教科研队伍建设，

提升教科研骨干教师的科研水平,中心依托科研工作坊组织开展了两次"宁波成人学校教科研骨干教师培训",共有95位成人教育科研骨干教师参加了培训,培训切合乡镇成人学校的实际情况,非常接地气,有课题指导、有经验推广、有专家讲座,深受成人学校老师的欢迎,提升了乡镇成人学校教师的科研能力(见图4-6、图4-7)。

图 4-6　2017年宁波市成人教育科研骨干教师培训

图 4-7　2018宁波市成人教育教科研骨干教师培训

② 协助科研成果孵化提炼。中心与各乡镇成校协同开展成人教育科研成果的孵化与提炼工作,通过思路研讨、框架设计、成果修改、论文指导、成

果点评等形式,帮助乡镇成人学校提炼形成一套可借鉴的理论与实践框架,从而更好地指导和促进乡镇成人学校内涵发展。

一是新型职业农民培训成果提炼。科研工作坊精心筛选独具特色亮点的优秀新型职业农民培训项目,认真梳理材料,提炼典型案例与实践做法,包装实践成果,形成一套可资借鉴的新型职业农民培训的实践模式。

二是"双新"优秀典型成果提炼。科研工作坊精心挑选在农产品"新品种引进、新技术推广"上做得比较优秀的项目,帮助乡镇成人学校进行模式提炼、成果孵化,形成可借鉴的实践框架。

三是农村"营销提振"成果提炼。科研工作坊精心挑选区域农产品营销、农家乐经营、乡村旅游等优秀典型项目,认真梳理材料,提炼农产品特色营销与服务管理的实践模式,帮助乡镇成人学校形成自己的办学成果。

(3) 示范推广——塑造先进典型之品牌效应:

① "双新"推广会。科研工作坊在典型模式提炼的基础上,召开农产品"新品种引进、新技术推广"会,组织宁波成人教育协同发展联盟成员学校,深入田间地头实地走访、蹲点、考察、交流、学习、推广,并通过《宁波成教信息》《宁波成教科研》期刊进行集中报道,推广经验、形成品牌效应。如 2017年 5 月,学校带领宁海前童成人学校、慈溪掌起成人学校、镇海骆驼成人学校等 10 个成人教育内涵建设联合体学校(以下简称"联合体学校"),组织开展观海卫双季葡萄种植推广会(见图 4-8)。观海卫双季葡萄是当地的一项特色品牌,一年两熟葡萄的试验成功,改变了宁波地区冬季无新鲜葡萄的历史。

科研工作坊组织联合体成员学校参观了慈溪观海卫美绿香葡萄农场,邀请农场主赵聪才介绍了双季葡萄种植的技术与方法。双季葡萄需要通过技术处理,把冬芽的休眠期去掉,让本应在第二年结果的冬芽在当年"梅开二度"。除了掌握修剪等关键技术,第二季葡萄需控制好大棚温度和营养供给。葡萄完全成熟时,呈现枣红色。与头季葡萄先膨大后转色不同的是第二季葡萄则是先转色后膨大,个头还会大一点,且第二季葡萄生长期间雨水少、温差大,品质会更好。参加此次推广会的各位乡镇成人学校校长纷纷表示受益匪浅,要将观海卫的双季葡萄种植技术引入所属乡镇的果蔬农场,为种植户们做好新品种引进、新技术推广等教育服务工作,帮助农民快速致富。

图 4-8 观海卫双季葡萄成果现场推广会

② 农村营销推广会。在典型模式提炼的基础上,科研工作坊组织各乡镇成人学校校长实地考察,进行成人学校、农户、市场多方调研,召开经验推广会,学习交流先进的营销策略;召开农村特色服务业营销沙龙,组织各相关成人学校校长、经营农户进行主题研讨、"头脑风暴",通过主题沙龙、模式提炼、经验推广、宣传报道,为宁波农村特色服务业开辟新的营销渠道贡献力量。

2018 年 5 月,宁波市成人教育学校组织成人教育联合体 10 个乡镇成人学校校长及部分乡村旅游业主,开展了奉化大堰"一路上"休闲旅游推广会。奉化大堰成人学校校长王启平介绍了大堰"一路上"教育助农服务模式的路径与机制。根据全域旅游经济发展需要,由政府与成人学校设计培训项目,促进观光农业、旅游业发展,主要开展服务礼仪、餐饮、客房、茶艺、电子商务等课程的培训,旨在提升农民旅游项目开发、乡村旅游服务、民宿经营管理等方面的能力。大堰成人学校开发了"采、观、品、游、购"一体化的农业观光旅游项目,27 家农家客栈加盟"一路上"品牌,实施"统一管理、统一培训、统一标价、统一营销、统一考核"的"五统一"管理机制,以观光农业促进山区生态、特色农业、休闲旅游经济的发展。

此次休闲旅游推广会,不仅让联合体成人学校校长在休闲旅游项目与课程开发、培训模式创新、乡村旅游品牌营销等方面收获颇丰。同时,许多乡镇乡村旅游业主也学会很多实用的经营之道,许多项目达成了合作意向,广泛推广奉化大堰"一路上"休闲旅游模式,引领更多的农户、农场主、农村民宿业主经营致富。

四、取得成效及推广价值

1. 形成了一套行之有效的科研服务模式

在一年多的科研工作坊建设与服务乡镇成人学校内涵发展的过程中,学校依托宁波市教科所、联合国教科文组织农村社区(CLC)终身学习研究所、甬派科研培育中心等资源优势,形成了一套行之有效的科研服务乡镇成人学校的"12345"模式。

1个平台。通过科研骨干教师培训、科研沙龙主题研讨、专家课题专项指导,形成一个扎根乡镇成人学校、服务内涵项目、坚持理论与实践一体、实现共研互进的科研工作坊科研孵化平台。

2个团队。开展骨干教师培训,通过专家引领、课题研究、专题培训、项目锻炼,培育"科研＋宣传"2个骨干教师团队,为提升成人教育内涵发展提供造血能力。

3个机制。通过为乡镇成校提供"教师培训、成果孵化、示范推广"等服务指导工作,构建具有宁波特色的教师培训、成果孵化、示范推广三大科研帮扶机制,助力教师科研能力提升和成校内涵发展。

4个项目。充分发挥"甬派教育科研培育中心"的引领辐射作用,整合国内成人教育领域高端专家智库,重点推进水产养殖、农产品种植、乡村休闲旅游、农村电子商务等四大教育助农内涵项目孵化,形成一批宁波特色的高质量成人教育科研成果,引领带动全市成人教育事业的持续发展。

5类成果。通过专家引领、课题指导、项目孵化、示范推广,形成省市课题立项、专刊宣传报道、科研成果获奖、重点项目获批、学校方案策划等5类培育成果,使宁波市成人教育科研工作坊成为辐射、引领我市成人教育事业健康发展的科研平台。

2. 提升了乡镇成人学校科研意识与科研实力

宁波市成人教育学校通过科研引领、成果孵化、示范推广,逐渐唤醒了乡镇成人学校的科研意识,指导乡镇成人学校挖掘特色申报各类科研项目,宁波市成人教育学校指导的课题、论文在乡镇成人学校论文评比以及实验项目、专项课题申报成功率均达到 100%。

2017 年,部门协助乡镇成人学校开展教科研工作,指导乡镇成校完成浙江省教科规划课题结题报告 1 项、荣获宁波市职成教教学成果一等奖 1 项,中国成人教育协会第十一届全国成人继续教育优秀科研成果一等奖 2 项,成功立项浙江省教科规划课题 1 项、宁波市规划课题 1 项、宁波市成教专项课题 2 项、宁波市社区教育重点实验项目 1 项、宁波市成教科研论文获奖 4 项。2018 年,共指导乡镇成人学校立项各类课题项目 11 项,获各类成果奖 15 项,指导论文获奖 2 篇,拟定规划方案 3 项。

通过科研引领、专项指导、成果孵化,各乡镇成人学校教师的科研能力得到显著提升,成人学校广大一线教师逐渐掌握了项目申报、课题研究、论文撰写、规划设计、成果提炼、新闻报道等核心能力,更好地承担起本校的培训规划设计、特色课程开发、农科教项目培育、科研成果提炼等工作,切实提升了乡镇成人学校的内涵发展实力。

通过团队驻扎、蹲点调查,挖掘特色、寻找亮点,科研落地、项目指导,模式提炼、成果孵化,典型宣传、示范推广,科研工作坊与乡镇成人学校深度合作,培育了一批乡镇成人学校服务农业发展的成果。如大佳何成人学校的水产养殖、大堰成人学校"一路上"休闲旅游、观海卫双季葡萄种植、朗霞成人学校农村养老护理员培训、宁海茶院成人学校全域旅游培训、镇海社区学院农民体验式游学等。在服务区域经济社会发展中发挥了积极的引领和辐射作用。

3. 赢得了市教育局及广大同仁的高度认可

自成功立项宁波市首届"甬派教育科研培育中心"科研项目以来,宁波市成人教育学校积极打造成人教育科研工作坊,在走访乡镇成人学校的基础上,开展乡镇成人学校科研指导项目,取得了重要的科研成果,得到了宁波市教科所、宁波市教育局等相关领导的高度肯定,并在宁波市直属学校(职成教组)、全大市做经验汇报。

2018 年 6 月 21 日,出色完成由宁波市教科所尹晓军书记带队的专家团的阶段性验收考察工作,考察综合得分在 10 所教科研基地中排名第一。2018 年 10 月 24 日,宁波市成人教育学校牵头召开宁波市直属学校甬派科研推广会(见图 4-9),得到市教科所张立新副所长、13 位直属院校教科室主任的高度评价。2018 年 11 月 20 日,宁波市成人教育学校代表首届甬派科研培育中心,在余姚东风小学召开甬派科研培育中心建设的经验研讨会(见图 4-10),得到市教育局副局长胡赤弟、市教科所所长沈海驯的高度评价,市教科所甬派科研基地项目负责人李丽博士更是对该校的经验成果表示震撼,称赞宁波市成人教育学校真正将甬派科研培育中心打造成了全市成人教育科研孵化的平台。

图 4-9　宁波市直属学校甬派科研培训中心现场推广会

图 4-10　宁波市甬派教育科研经验研讨会

五、研究反思

通过近两年的课题实践,宁波市成人教育学校的实验项目虽取得一定成果,但是在研究过程中也暴露出一些问题。

(1)乡镇成人学校的一线教师科研整体能力较弱,存在对外部指导过于依赖,而内生性的科研素养尚未真正形成的问题。

(2)由于力量有限、时间急迫,科研辐射的范围还比较小,尚未形成在科研引领下乡镇成人学校内涵发展的长效机制。

(3)教师的科研团队建设尚有不足。目前,科研工作坊工作仅停留在就项目谈项目,重视项目本身的思路点拨、技术指导、成果孵化,却忽视了一线教师的科研底层能力的指导与培育,成人教育教科研骨干教师需要有一个从新手到熟手,再到好手,最后到高手的循序渐进的成长过程。

未来,我们将依托联合国教科文组织农村社区终身学习研究所、甬派教育科研培育中心的资源优势,完善科研工作坊运行机制,面向更多的乡镇成人学校,开展成人教育科研指导与孵化。邀请专家开展成人教育科研专题培训,内容涉及实验项目和课题申报、论文与新闻撰写、结题报告撰写、培训项目策划等;培训采取以项目为载体,以任务为驱动,以成果为引领,坚持理论与实践一体,实施“导师制”,开展科研“一对一”全程孵化,并制订严格的考核机制,在课题实践、论文撰写、项目申报中,提升骨干教师的科研实践能力。

第三节　公共职业培训平台擘画成教内涵发展蓝图的实践
——SITP 平台创新与 TDAR 培训模式探索

2013 年,宁波市创建宁波市现代服务业公共职业培训平台(Ningbo Public Vocational Training Platform For Modern Service Industry,SITP),委托宁波市成人教育学校建设、管理与运行。以 SITP 为基础,宁波市卓有成效地和阿里巴巴等企业展开跨界合作,经由系统的培训体系为行业输送了大批高职业能力人才,形成了“TDAR”的立体结构模式,成就了富有特色的宁波经验。TDAR 中"T"代表纵横互联、资源整合的立体结构,"D"代表供需匹配、量身定制的精准培训,"A"代表三步进阶帮扶的项目化组织,"R"代表培训质量监控的四级绩效评估。

SITP 采用"中心＋机构＋项目"的组织架构,面向宁波市现代服务业重点发展行业的人才培养。SITP 坚持"产教融合"原则,探索实施"训产协同"模式;坚持立足人才需求,推进成人职业教育供给侧改革;坚持着眼高端人才培训,发展高职业能力人才的培养,把平台打造成为"资源集约、服务集成、功能完善、体系完备"的创新型、智慧型公共服务平台。TDAR 模式依托行业企业、多方资源、乡镇成人学校和培训机构,实现纵横互联、跨界合作;依托需求调研、精准匹配和立体推送,实现培训信息与资源的 O2O 供需匹配;依托项目引领、经费补助和专业辅导,实现"三步进阶式"机构帮扶体系;依托方案—执行—反馈—成果评估,实现四级绩效评估模式。

宁波经验充分满足企业在职人员发展、转换和提升职业技能的需要;满足近年来乡镇企业转型升级呼唤人力资源效率与质量提升的需要。宁波经验成为拓宽成人职业教育发展路径的重要举措,在类似的成人职业教育领域具有可复制、可应用的价值。

一、背景与政策

1. 问题与挑战：转型升级下的高职业能力人才需要

据调查,1999—2018 年,宁波市三大产业结构发生了重要的变化,第三产业对宁波地区经济增长的贡献大幅度上升。产业重心的偏移对现代服务业转型升级提出了更高的要求。现代服务业不仅是产业规模的发展,而且推动了生产性服务业向专业化和价值链高端延伸,生活性服务业向精细和高品质转变。

随着现代服务业新一轮的转型升级,对人才需求的标准也随之提升。区别于传统的低能力、低技能的人才需求,企业对人才提出了新的要求即高职业能力。高职业能力人才不仅具有协同能力,能够驾驭"产学研"战略合作的复合型人才,而且自身具有一定的创新创业能力。高职业能力人才应从传统的"应用型"人才过渡到"创造型"人才。

高职业能力人才的需求引发成人职业教育培训的变革。党的十九大报告指出："完善职业教育和培训体系,深化产教融合、校企合作,大规模开展职业技能培训,注重解决结构性就业矛盾,鼓励创业带动就业。"这强调了成人职业教育应更关注职业人才"质"的问题,使培训尽快与高职业能力人才需求匹配。

当前,我国成人职业教育领域仍存在诸多亟待解决的问题,突出表现为:一是行业培养模式老化。传统成人职业教育"学历化""普教化"的培养模式无法满足现代化企业对人才的需要,在乡镇企业转型升级的影响下亟须更新换代。二是"增量培训"相当紧缺。由于传统培训机构受资源短板局限,行业企业紧缺的"高、缺、新"增量培训项目难寻,高职业能力人才培育任务难以完成。三是供给与需求对接不够。由于培训市场资源分散、供需脱节、信息不畅,导致企业培训需求与培训机构招生对接困难,职业培训供给侧失衡。四是评估监管不力。由于社会培训机构评估监管机制的欠缺,培训质量参差不齐,学员的满意度低,培训实效性差,应用推广价值小。

2. 政策推动:宁波市 SITP 平台的孕育

2008 年,国务院颁布《关于加快发展服务业若干政策措施的实施意见》,就大力推动"十一五"期间服务业加强规划和产业政策引导、深化服务领域改革、提高对外开放水平、大力培育领军企业和知名品牌等方面给出了建设性意见。同年,宁波市人民政府发布了《浙江省宁波市人民政府关于深化服务型教育体系建设加快培养高素质应用型人才的若干意见》(甬政发〔2008〕86 号)(以下简称《意见》),积极响应国家政策号召。

根据《意见》精神,2009 年,宁波市教育局又出台了《关于筹建宁波市公共职业技能培训基地的通知》(甬教高〔2009〕103 号)(以下简称《通知》)。《通知》要求,公共职业培训基地应坚持"政府主导、学校管理、开放合作、多元办学、市场运作"的运行模式,秉承公益性、先进性、开放性、服务性的实施原则,努力培育中高端复合型跨界人才,为宁波市"5+5"重点优势产业、新兴产业、"6+4"支柱产业、主导产业提供人才支撑。为切实推进 SITP 建设工作,宁波市教育局、财政局又于 2009 年联合发布了《关于印发宁波市公共职业培训平台建设实施方案的通知》(甬教高〔2011〕330 号),制定了《宁波市公共职业培训平台建设实施方案》(以下简称《方案》)。随着宁波市政府配套政策的出台、教育局与财政局实施方案的落地和宁波市教育局教育现代化三年行动计划（2013—2015 年）的推进，SITP 做好了各项筹建准备工作。

二、成人职业教育系统与企业跨界合作的 SITP 平台

SITP 在一定程度上借鉴吸收了德国"包豪斯"的教育理念，即成人职业教育实行理论与实践"双轨制"教学。在"包豪斯"的教育理念中，专业设置、课程设置、培养目标、教学方式和考试方式都围绕职业需要进行，"工学交替、产学结合"，缩短成人职业教育与企业用人之间的距离，兼顾针对性与实用性。

同样，基于宁波市政府主导的 SITP 以满足需求、解决问题、培育高职业能力人才、促进产业为导向，以培育社会和企业急需的高职业能力人才为己任，以培训机构无人能做、无人愿做，难以依靠市场机制来调节完成的"增量性"培训为主体，搭建了跨地域、跨行业、跨机构的集公益性与服务性于一体的现代服务业公共职业培训平台。

1. 产教融合，创新协同发展

"包豪斯"理念中最为突出的是强调理论与实践相结合，实现"工学交替、产学结合"。SITP 作为产学研用一体化的平台，同时承担着整合资源、服务产业发展和地方产业经济发展的重要职能。

SITP 联合地方政府、行业协会、高校、科研院所等 12 个区域性产学研服务联盟，通过开展产经论坛、企业家沙龙、1 对 1 辅导、贸易洽谈等教育培训方式，带动产业转型升级。平台帮助 75 家传统企业成功地实现了电商转型，48 家企业在"新三板"挂牌上市，助力近千家外贸企业营收增长，带动了外贸、金融、电商、文创、物流等地方产业经济发展。其中，阿里巴巴跨境电商宁波市人才培训孵化中心的培训课程体系越来越完善，为外贸企业提供从店铺装修、后台运营、通关外汇等一站式指导服务，通过产教融合，有力地促进了宁波市电商企业的业务发展，推动宁波跨境电商生态不断优化。SITP 破解了产教融合中"企业冷"、浅层次、自发式、松散型、低水平状态的困境，打开了平台与企业创新协同发展的新局面。

2. 跨界合作，优化资源整合

随着信息技术的发展，传统行业的需求结构也经历着变革，学科之间的交叉融合也越来越多，对不同领域的合作以及资源整合的需求不断上升。

SITP基于"包豪斯"的成人职业教育理念,在教学方面与当前强调跨界合作、资源整合的职业需要精准匹配。当前的职业需求不是单一的,而是多样性和深层次并重的。

SITP联合政府机构、行业协会、高校、职业院校、龙头企业、培训机构等多方资源,根据当代职业需要,精准地组建了包括阿里巴巴跨境电商宁波人才培训中心在内的八大跨界人才培训中心,实现横向150余家高端资源引领,跨界人才培训中心统筹。

其中,"SITP企业家俱乐部"由SITP与宁波股权交易中心(简称"甬股交")联合打造,以解决宁波企业家的痛点和难点为目标,为企业家提供金融、财务、资本市场等专业的培训服务,促进平台资源整合、投融资撮合与金融创新,共同服务宁波市实体经济,大大改变了传统金融培训项目"精准度不高、监督度不力、实效性不强"的窘境。SITP直接面向产业和市场,更加接近职业需求,同时作为各种创新资源和要素的聚集平台,能够快速实现各种领域的交叉和融合,具有其他单一主体不可比拟的优势。

◉ 框注 1

SITP举行期货培训研讨会

随着我国经济发展的不断深入,期货市场对整个国民经济和制造业企业发展的影响越来越大,遗憾的是,绝大多数宁波市制造业企业对期货并不了解,这方面人才严重不足,而社会上开展期货实用知识技能的培训机构几乎没有。

服务业培训平台积极调动平台旗下的现代物流与大宗商品交易培训中心和现代金融培训中心的各种资源,联合宁波市金融研究院、宁波大红鹰学院大宗商品学院以及新湖期货公司等开展期货培训,助力宁波企业利用期货市场提升核心竞争力,为宁波市企业强身健体、快速发展保驾护航。

---

3. 高端培训,培育紧缺人才

当前粗放型的低端技能培训已经无法满足当今社会的需要,高职业能力人才已成为企业用人的趋势所向。SITP以"包豪斯"理念为指引,致力于打造高端培训,缩短与企业用人之间的距离,汇聚和培养行业领域紧缺的高端人才。

在具体实施过程中,SITP汇聚了各主体、各类别的人才,并通过日常的人才培训、对接交流、参观调研等方式实现高职业能力人才的培养。SITP着眼高端培训,引进包括阿里巴巴跨境电商宁波培训基地、全国中小企业联盟长三角南翼服务中心等七大高端项目。为保证平台培训的先进性,坚持引进高端证书、具有指导意义的行业、先进技术企业以及著名高校参与高端产业,包括北京大学经济学院的"互联网+"、清华大学继续教育学院的企业规划、中国社会科学院研究生院的博物馆管理等。

针对宁波市评估师高职业能力人才紧缺的现状,SITP与上海伟业人力资源开发有限公司合作开展"企业培训和评估师"国际认证培训,SITP根据双方协商制定的标准和要求负责招生和教务管理,上海伟业人力资源开发有限公司负责设计培训方案,聘请培训讲师,监控督导培训过程和培训考核等。

框注2

开展"企业培训和评估师"国际认证培训

宁波市成人教育学校与获得澳大利亚教育培训服务中心机构授权的上海伟业人力资源开发有限公司为提升企业转型升级的人才核心竞争力,合作举办了"培训与评估师"(岗位能力与培训质量评估)国际资格证书项目培训。此次培训项目隶属于澳大利亚国家AQF框架体系,内容是基于产业、企业、社区及行业协会的能力标准基础之上所开发的,在国际上具有公认的先进性。同时,培训形式采用当今国际流行的"任务导向"模式,又融入了上海伟业人力资源开发有限公司经过十多年自主研发和实践的在岗位状态中训练的技术,使项目独具特色。

SITP是行业领域高职业能力人才的汇聚和培养平台。一方面,汇集了大量的创新要素,有利于人才的聚集;另一方面,大量的创新要素汇聚,加速了人才的培养。

三、"T":纵横互联、资源整合的立体结构

TDAR 模式的"T"代表纵横互联、资源整合的立体结构：宁波市经验创新了成人职业教育系统与企业跨界合作平台体系，横向以高端资源引领，跨界人才培训中心统筹；纵向以乡镇成人学校为骨干延伸落地培训项目，实现成人职业教育的重大创新突破。

课题组成员从宁波市教育局相关负责人处了解到，SITP 坚持"跨界联合、资源整合、产教融合、训产结合"的方针，高端集聚、统筹对接、资源共享、精准落地。

针对中高端培训资源短缺问题，宁波市成人职业教育纵横互联跨界培训体系（见图 4-11），横向引进 150 家高端资源，形成平台"云"资源中心，并根据国家和宁波的重大战略及产业发展需要，联合政府机构、行业协会、高校、职业院校、龙头企业、培训机构等多方资源，打造现代金融、经济管理、电子商务、现代物流、文化创意、跨境电商（外贸）、企业家俱乐部、农业创业等八大培训中心。培训中心负责做好国内外高端培训资源的引进、对接与战略合作，大型培训工程及项目的组织、调研与策划，培训机构的牵线搭桥、孵化提升与监管评估，培训项目的招投标、专家论证与经费补助、验收审核。

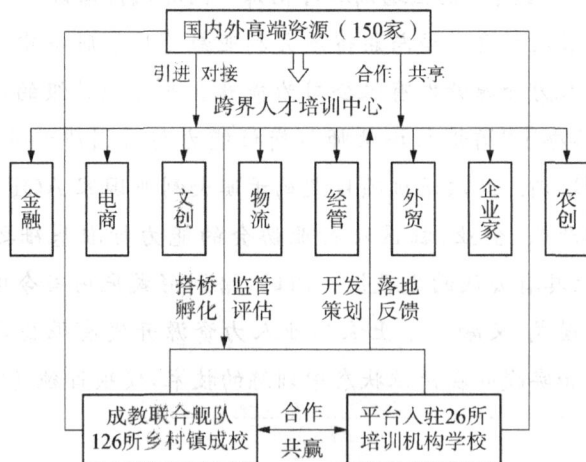

图 4-11 宁波市成人职业教育纵横互联跨界培训体系

针对增量培训项目真空且难以落地的问题，宁波市成人职业教育纵横

互联跨界培训体系,纵向构建以宁波市成教联合舰队(126所乡镇成人学校)为骨干、平台进驻机构为补充的人才培训网络。培训机构按要求负责做好培训项目开发、方案设计、资源对接、培训开班、评价反馈、跟踪指导等工作。

依托纵横互联、资源整合的立体培训体系,高职业能力人才培训资源少、项目缺、落地难等问题得以有效解决。

◉ **框注3**

服务业培训平台携手宁波市金融研究院培养高端金融人才

2014年11月29日上午,宁波市现代服务业公共职业培训平台金融研究院分部授牌仪式暨金融理财精英专业提升班开班仪式隆重举行。在开班仪式上,宁波市教育局王大明处长和宁波市政府金融工作办公室张鹤副处长表示,平台和研究院要加强合作,联合培养金融人才。与会领导还共同为宁波市金融研究院授牌。

服务业培训平台围绕产业发展的重点,大力建设金融培训中心,经过多年的努力和筹备,在宁波市金融研究院设立了分部。分部成立后,将积极探索,大胆创新,开展高端金融人才的培养工作,为宁波市金融业的快速发展提供最优的教育服务。

◉ **框注4**

平台联手阿里电商讲师集训举办宁波跨境电商讲师集训

近日,宁波现代服务业公共职业培训平台联手阿里巴巴宁波分公司举办了"名师'甬'现,由我绽放"宁波跨境电商讲师集训,培训采用理论与实操相结合的授课方式,内容涵盖项目管理、优秀跨境电商团队打造、课件制作和TTT培训技巧(视觉化工具培训)四部分。课程主要讲解电商的基本知识并着力提升他们的演讲能力、作为讲师的职业素养等方面,使学员在心理与知识层面完成角色的转变。指导学员掌握课程设计的思路及方式方法,形成体系化课程并浓缩于课件PPT中,使课程具备灵活性、实战性和系统性。

四、"D"：供需匹配、量身定制的精准培训

TDAR 模式中的"D"代表 demand：表示宁波经验建立培训信息与资源的 O2O 供需匹配机制（见图 4-12），实施量身定制精准培训，有效地解决了供需两端市场失灵的问题。

解决企业需求与培训供给错位始终是课题组研究的重点方向之一，这一问题在宁波经验中顺利地得到了解答。宁波市成人职业教育跨界培训模式通过建立 O2O 供需匹配机制，解决了需求信息与资源供给间市场失灵问题，坚持"需求调研、精准匹配、立体推送"的思路，与其他中小企业服务平台开展合作，协同建立企业、机构、项目之间精准的资源信息供需匹配机制。

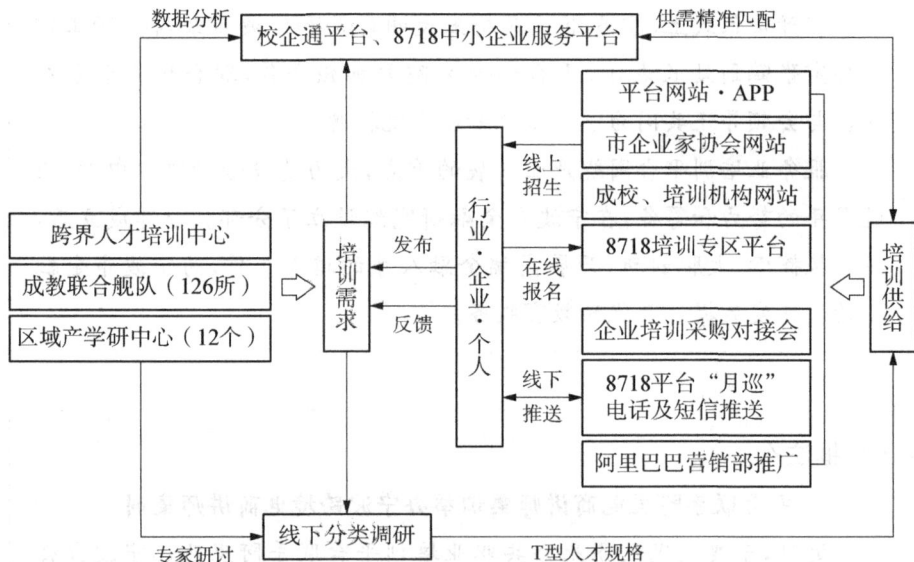

图 4-12　信息资源 O2O 供需匹配机制

需求调研是线上依托宁波"校企通"平台（全国首家校企合作信息对接平台）、宁波 8718 中小企业服务平台，汇总企业紧缺型培训需求信息。线下依托平台搭建的文化创意、物流与供应链、金融惠农、健康产业、印刷行业、创业农业、智能技术等 12 家产学研服务中心，在宁波市成人教育联合舰队学校的配合下，分类开展现代服务业人才需求调研，制订企业高职业能力人才培训规格。

　　精准匹配是根据人才需求,组织重大培训项目招标,培训机构开发项目并参与投标,人才培训中心牵线搭桥,精准配置高端资源,形成社会真正需要的高职业能力人才培训项目。宁波市成人职业教育跨界培训体系通过线上 App、网站,线下开展企业培训采购对接会、平台"月巡"电话,及时、精准地推送信息到企业,确保供需的高度匹配。

　　立体推送是线上依托平台网站、微信公众号,线下通过开展平台企业培训采购对接会、中小企业服务平台电话与短信推送,及时将培训信息精准推送,企业按需报名,平台对资格筛查,确保供需高度匹配。

⊙ 框注 5

"诊断式培训"广受好评

　　根据宁波现代金报发行有限公司培训追踪结果显示,2015 年平台为其量身定制的培训课程满意率达 90％以上。受训后学员们"表示收获很大,授课内容有启发性和实用性"。公司负责人提到"校企双方深度合作,开展实用有效的培训,缩短了培训成果转化时间,无形中降低了培训的运行成本;企业在平台的帮助下,不断提高自主发现、分析、解决问题的能力,建立和形成了崭新的职工培养理念"。

⊙ 框注 6

提升金融人才能力对接"中国制造2025"

　　宁波市现代服务业公共职业培训平台联合宁波市金融学会、宁波市滨海城市文化研究院、宁波市博士联谊会等多方机构,充分调研市场,了解当前金融业对接"中国制造2025"服务能力方面还有待进一步提高,因此,平台于 2017 年 8 月 12 日推出迎合"中国制造2025"时代需求的金融人才培训。通过 4 天的培训使学员们既从宏观上了解了智能经济新趋势及我市智能制造的现状,又从专业上逐步掌握了智能产业转型的金融路径以及金融人力资源如何突破等问题。

五、"A"：三步进阶帮扶的项目化组织

TDAR 模式中的"A"代表 assistant，表示宁波经验构建项目引领、经费补助、专家辅导的"三步进阶式"机构帮扶体系（见图 4-13），创新了成人职业教育的项目化组织形式。

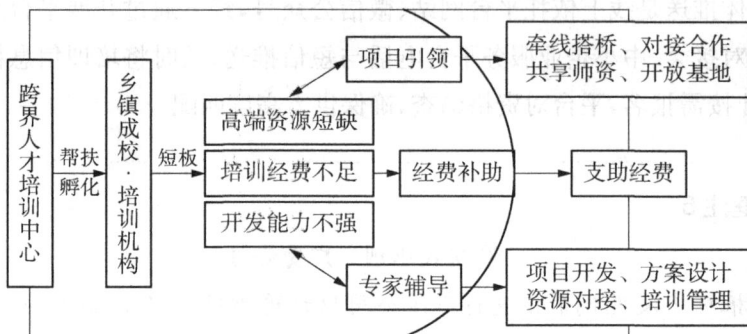

图 4-13 "三步进阶"培训机构帮扶体系

在传统成人职业教育中，培训机构往往存在着缺项目、缺资源、缺能力、缺经费等问题，而课题组经由在宁波的实地走访、体验，接触了面向培训机构的独特帮扶体系。宁波市成人职业教育跨界培训体系秉承"共建共享、内涵提升、示范辐射"的理念，以培训项目为载体，分类选取一批基础好、有干劲、潜力大的乡镇成人学校、平台入驻培训机构，作为重点培育孵化对象。通过项目引领、经费补贴、专家辅导的"三步进阶"帮扶，有效提升培训机构项目开发策划、统筹落地的能力。

项目引领：依托平台大工程辐射带动，平台通过项目招标、牵线搭桥、对接合作、共享师资、开放基地，让培训机构有"大项目"可以做。

经费补助：通过平台专家论证会、项目听证会，对承办企业急需、市场短缺的高职业能力人才培训项目的机构给予授课师资费、场地与设备使用费、考证费、资料费、师资培训费、证书引进手续费等补助，以帮助培训机构降低成本与风险。

专家辅导：通过培训讲师集训、项目开发与方案策划培训、培训路演与导师点评辅导、项目专家论证会、优秀培训案例沙龙会、金牌培训机构考察，提高基层培训机构项目开发、方案设计、资源对接、培训管理等综合跨界育

人的实力,让培训机构真正承担起高职业能力人才培育的重任。

● 框注 7

宁波市教育局与阿里巴巴签约

　　宁波市教育局与阿里巴巴签约,携手培养跨境电商人才,阿里巴巴负责落实电子商务及相关配套服务的技术,协助整合电子商务企业资源,为宁波培川孵化中心开展电子商务培训提供相关的指导,为实施项目提供培训资源对接、培训效果评估、相应人员和考试系统的技术服务支持等。本意向书签署后,双方将建立项目合作筹备联络机制,各自指派人员共同开展项目筹备的各项工作,落实各子项目实施方案和双方合作的具体事宜,加速推动阿里巴巴跨境电商宁波人才培训孵化中心的建设。

● 框注 8

"董秘培训"助力新三板企业升级

　　2016 年 10 月 22 日,由宁波市保税区财政局主办,宁波市现代服务公共职业培训平台宁波市金融研究院与宁波市股权交易中心共同承办的"保共新三板后备企业董秘高管研修班"顺利拉下帷幕。宁波市股权交易中心和保税区财政局的领导对此次培训承办方实行"强强联手、优势互补、合作共赢"的培训模式给予了充分肯定,并希望能进一步总结经验,完善课程设计,为企业提供理论与实战、系统培训与个性服务紧密结合的接地气的培训服务,帮助宁波企业更好更快地对接资本市场。

六、"R":培训质量监控的四级绩效评估

　　TDAR 模式中的"R"代表 reaction,表示宁波经验实行培训质量监控的"方案—执行—反馈—成果"四级绩效评估,实现了学员成长与企业增效的"双赢"局面。

　　课题组多次接触跨界人才培训中心及第三方培训机构后,概括总结出

了四级绩效培训评估体系(见图4-14)。针对培训机构办学不规范、质量不达标、成效体现难、学员投诉多等问题,宁波市成人职业教育跨界培训体系秉承"科学引领、规范务实、学员成长、绩效提升"理念,构建"方案—执行—反馈—成果"评估模式,通过开展多层次培训质量评估,实现了方案科学可行、机构落实到位、学员整体满意的良好局面。

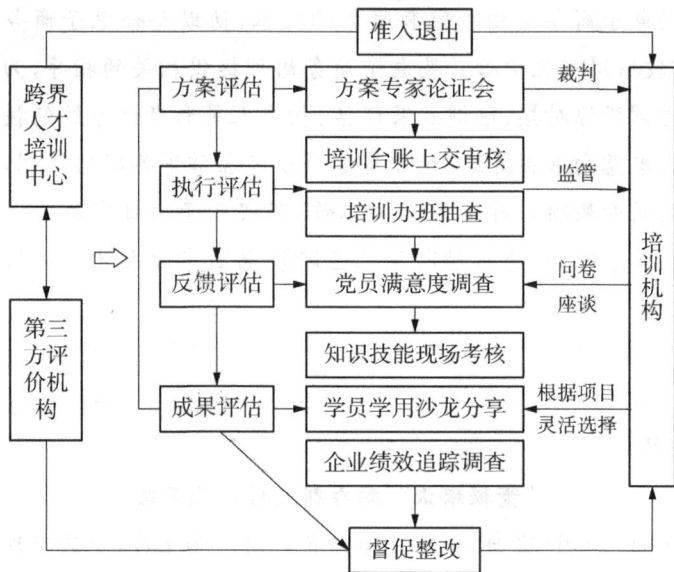

图4-14 四级培训评估体系

方案评估:通过开展培训项目专家论证会,从培训项目的前瞻性、精准性、科学性、可行性、绩效性等方面,对参与投标项目的培训方案进行严格把关,以确保每个项目的科学务实。

执行评估:对培训机构的招生规范、师资资质、课时量、学员到课率、实训环节、管理服务、台账材料、承诺履行等进行考核,确保培训项目能够落实到位。

反馈评估:委托第三方评价机构,通过问卷、座谈、电话访谈形式对培训学员进行培训项目满意度的调查打分,调查分数与项目补助经费直接挂钩。

成果评估:实施培训的跟进评估,建立学员企业档案。在培训的最后1天,组织学员开展知识技能现场考核,评估学习成果。培训结束后1个月内,开展学员行动计划分享沙龙,评估学员接受培训后的行动转化。培训结束6个月内,实施企业绩效追踪调查,评估学员的业绩状况。

实施四级绩效评估,由第三方评价机构出具培训评估总结报告,建立平台培训机构退出机制,由SITP督促培训机构按期整改完善,对整改不力,成效不佳的机构实施强制"退出"处理。

● 框注 9

中德物流高级研修班学员成果评估

2012年,SITP主办了"2012年赴德高级物流人才及师资培训班"。所有培训学员在国际一流港口汉堡港深入学习了3周时间,深受欧洲先进的管理经验和流畅的物流链触动。培训结束后,SITP对所有学员实施了培训后的跟进评估。作为宁波市口岸协会国际联运分会选送的优秀企业家代表,贺舟舰联合该培训班的同期学员一起筹建了大赢家物流技术有限公司,并于2014年正式牵头组建了国际物流供应商联盟(SAIL)。

● 框注 10

宁波市电子商务运营高级研修班培训反馈评估

2014年4月11日下午,由SITP联合阿里巴巴、浙江凡想科技公司和宁波市8718公共服务平台共同举办的"电商驱动 跨界创新"论坛在海逸大酒店隆重举行。培训结束后,SITP委托第三方评价机构通过问卷调查、电话访谈等形式对参与培训的学员进行对该次论坛培训的满意度调查。结果表明,学员普遍对此次论坛培训的内容感到满意,认为形式十分新颖,导师都是实战精英,讲解生动到位。

七、成效与反思

1. 基于平台和模式创新的宁波经验

借鉴德国"包豪斯""经世济民、实验创造、多元共生、实践致用"的理念和经验；立足 SITP"高端集聚、统筹对接、资源共享、精准落地"的平台创新；构建 TDAR"纵横互联、供需匹配、三步进阶、四级评估"的立体模式，宁波市教育局成功地在成人职业教育领域总结出具有高度推广价值的宁波经验。

SITP 以教育为经济社会服务为宗旨，坚持国家关于现代职业教育"产教融合"的原则，探索实施培训与产业互相促进、协同发展"训产协同"模式；坚持与现代化企业标准对接，立足人才需求，精准匹配资源，积极推进成人职业教育供给侧改革，为培训供需双方提供各类公共服务；坚持高端人才培训，努力满足产业发展对高职业能力人才培训的需求，推动成人职业教育转化为生产力，促进成教行业更好的发展，并最终成为"资源集约、服务集成、功能完善、体系完备"的创新型、智慧型公共服务平台。

TDAR 模式则联系成人职业教育系统与企业，实现了纵横互联、跨界合作，横向让 150 余家高端资源引领，八大跨界人才培训中心统筹；纵向以 126 所乡镇成校为骨干延伸落地培训项目，解决了高端资源横向短缺纵向难接地气问题；TDAR 模式实现了培训信息与资源的 O2O"供需匹配"，解决需求信息与资源供给间市场失灵问题；实现了"项目引领、经费补助、专家辅导"的"三步进阶式"机构帮扶体系，解决培训机构跨界育人综合实力薄弱问题；实现了"方案—执行—反馈—成果"四级培训评估模式，解决培训过程缺乏监控质量参差不齐的问题。

T：SITP 创新了成人职业教育系统与企业跨界合作平台体系，横向让高端资源引领，跨界人才培训中心统筹；纵向以乡镇成人学校为骨干延伸落地培训项目，实现成人职业教育的重大创新突破。

Demand：建立培训信息与资源的 O2O"供需匹配"机制，实施量身定制、精准培训，有效地解决了供需两端的问题。

Assistant：构建项目引领、经费补助、专家辅导的"三步进阶式"机构帮扶体系，创新了成人职业教育的项目化组织形式。

Reaction：推进"方案—执行—反馈—成果"四级培训评估模式，实现学员成长与企业增效的"双赢"局面。

基于平台和模式创新,宁波市在成人职业教育教学理论方面也有了新的突破:

(1) 机制创新有了质的飞跃,传统培训市场的失灵问题得到解决。宁波市坚持"问题导向、内涵提升、精准服务、绩效为本"的指导思想,通过创新纵横互联跨界协同、信息资源供需匹配、"三步进阶"培训机构孵化、四级绩效培训评估的 TDAR 机制,构建职业培训的全产业链质量保障体系,彻底解决了传统高职业能力人才培训市场增量项目不足、供需匹配不准、公益性欠缺、培训机构混乱、质量效益忽视等失灵问题。

(2) 组织创新稳定落地,成人职业教育联合体提升了培训的纵深度。牵头联合 126 所乡镇成人学校组建宁波市成人职业教育联合舰队,根据各乡镇产业布局与特色乡镇创建的部署,发挥乡镇成人学校与辖区企业紧密联系的天然优势,分类打造工业小镇、农创小镇等 8 个乡镇成人学校联合体。成人教育联合体围绕企业培训,开展需求调研、项目合作、培训落地、经验推广、课题研究等工作,实现高职业能力人才培养向纵深发展。

(3) 服务创新广泛辐射,对接产业服务区域经济发展显实效。宁波市深化产教融合,促进教育链、人才链与产业链、创新链的有机衔接;通过建立企业转型发展与服务联盟,实施金融惠农、农村电商提振、互联网 + 企业转型、中国制造 2025 企业家大讲堂、阿里巴巴跨境电商孵化、企业高科技产品路演、新三板与高端财富论坛、甬台文创设计产业论坛等工程,定期召开全市企业培训采购对接会,精准满足企业的需求,引领区域现代服务业的产业升级发展。

宁波经验弥补了传统中高职院校在单学科人才培养、办学体制与政策牵绊、中高端培训资源短缺等方面的缺陷;摆脱了区域公共实训基地模式的资源整合不足、开放力度不大、布局过于集中的局限;冲破了传统培训市场规模较小、机构融合较难、疏于监管、质量参差不齐的藩篱。宁波经验在高端引领、资源整合、纵深发展、供需匹配、质量监管等方面改革有了新的突破,形成了政、企、行、校协同创新的立体培训生态模式。

5 年来,SITP 平台与 TDAR 模式引领辐射成效显著,并建成"培训生态圈":孵化基层培训机构 77 所,开发培训项目 115 项,促成高端项目合作 53 项,培育了 4.8 万地方产业紧缺的高职业能力人才,服务了 5 000 余家企业转型发展,帮助48家企业在新三板上市,带动了整个区域现代服务业产业升级。此套宁波经验吸引了337家国内外机构的来甬考察,并得到《人民日报》《中国教育报》《浙江教育报》《工人日报》等多家媒体的报道,在成人教育实践方面有重大的示范作用。

2. 宁波经验的推广建议与对策

当前,我国正在实施"中国制造2025"战略、城镇化战略,同时受到"互联网＋"与全球化的深远影响,成人职业教育需要关照的不仅是职前的学校职业教育,更需要将目光聚焦于众多在职人员的技能发展、转换和提升。近年来乡镇企业转型升级的发展趋势也呼唤着人力资源效率与质量的提升。因此,打造高职业能力人才,关注其技能性和创新性培养,成为成人职业教育的主要目标。成人职业教育发展依托地方政策与经济的支持,双方需互相接力,协同发展。

基于SITP平台和"TDAR"模式的成人职业教育跨界培训已经在宁波市多地实施应用,是满足上述需求、拓宽成人职业教育发展路径的重要举措。通过分析宁波市在成人职业教育领域的做法和经验,课题组对在国内其他地区广泛的升级成人教育办学水平、提升高职业能力人才输送数量与质量、解决中高端培训资源短缺、区域公共实训基地模式布局过于集中、传统培训市场机构融合较难且质量参差不齐等问题提出了如下几点建议:

(1)给予政策激励与组合式保障。虽然宁波各地区对"TDAR"成人职业教育培训模式理解和支持力度有一定差距,但是宁波成人学校通过政府层面不间断地出台一系列重要政策和配套举措包括资金、项目等的持续推进、鼓励,使得这种培训方式得到广泛的认可与青睐,这对于统一思想、达成共识并积极发展起了重要的基础性作用。"TDAR"成人职业教育培训形式在我国其他基础类似地区有极大的借鉴意义,但作为一个新模式与传统培训模式相差较大,因此地区政策和制度方面应有一以贯之的激励与认可,出台多层次的组合式保障,助力推广新模式的应用。

(2)构建区域性产学研服务联盟。很多地区虽然将"产教融合"作为成人职业教育发展的指导理念,但在具体落实上难以实现。独木难成林,普通的职业培训机构难以实现与企业协同发展,更多处于弱势,企业难以调动员工积极参与。因此,各地在发展成人职业教育可以借鉴宁波市各地区的产学研服务联盟,通过联盟的形式提升产学研的质量,丰富产学研形式,真正实现合作共赢,实现成人职业培训与企业发展齐头并进。

(3) 坚持架构分明的立体平台思维。成人职业教育培训不是单一和分散的,可以着眼于纵横互联与资源整合的"平台思维"的载体运营。地方成人教育培训中单一的培训机构囿于"单学科人才培养、办学体制与政策牵绊、中高端培训资源短缺"等困境;陷于市场规模较小、机构融合较难、疏于监管、质量参差不齐等藩篱。因此地方发展成人职业教育需要有"平台思维"和综合实力,有效整合中高端资源。在平台建设方面,坚持架构分明,可以借鉴横向和纵向的划分结构,横向引进资源,纵向精准落地。

(4) 针对人才缺口打造高端培训。培训应当具有针对性和实用性,在进行成人职业教育时,需要有更宏观和前沿的思维意识。不局限于单一的低端职业培训,把握人才需求发展的全局。人才培养既要立足于当下,也要着眼于未来。看到当今的人才缺口,呼吁的不仅是"量"上的低端人才培训,而是"质"上的高端人才培训。因此,在规划成人职业教育的时候,需要有一个清晰的人才培训定位。宁波经验定位于高职业能力人才,具有其前瞻性和科学性,可以使其他地区在调研地方人才缺口需求、提升培训层次方面有所启发。

(5) 围绕低端培训机构形成帮扶体系。从宁波市成人学校的实践可知,职业人才的外延非常广泛,实施方式极为丰富,它强调的不是单一领域的学习,而是关注全面高职业能力人才的培训需求。与职前学校职业教育相差迥异的是,成人学习需求具有极大的不一致性。由此,职业继续教育与培训在一般情况下很难做出一个整齐划一的方案,以满足不同规模、不同发展阶段、不同地区、不同行业企业的需求。

宁波市成人教育的经验为我们展示了个性化帮扶、终身化培训供给的经验,很好地解决了这一难题。这种全面的培训理念和创新的培训方式要求成人职业教育培训学校设定跨界育人的培养目标,通过培训讲师集训、项目开发与方案策划培训、培训路演与导师点评辅导、项目专家论证会、优秀培训案例沙龙会、金牌培训机构考察,提高基层培训机构项目开发、方案设计、资源对接、培训管理等综合跨界育人的实力,让培训机构和乡镇成人学校真正承担起高职业能力人才培育的重任。这一点在当前"互联网+"时代背景下具有极为重要的价值，也是整个职业教育领域未来的发展方向。

（6）基于评估反馈实现质量再提升。从本质上来看，真正能够激励个体参与职业继续教育与培训的动力在于其对学习结果的认定、积累与转换，即建立在职业教育体系范围内，关照学员终身生涯发展的评估反馈机制，这是保证成人职业教育体系质量和一致性的重要工具。这一点上，宁波经验给予我们丰富的启示。

总之，要想提升广大从业人员的技术水平，为乡镇企业的创新驱动发展和实现智能制造提供必要的人力资源保障，同时满足个体再就业与转岗的基本需求，解决成人的失业和不充分就业问题，就必须坚持发挥部分地区的辐射带头作用，结合行业企业需求和当地资源基础，逐步构建具有地方特色的成人职业教育培训体系，从而更好地服务于乡村振兴战略，促进国民经济高效发展，最终实现人才强国和中华民族伟大复兴的"中国梦"。

3. 启示与反思

在当前国家支持企业和社会力量兴办职业教育的大背景下，尽快落实解决高职业能力人才短缺"战略之举"的呼声日益强烈。放眼生活，传统教育已然难以跟上时代发展对高职业能力人才的需求，许多在职人员遇到了自身发展的瓶颈期。而在实际寻求职业继续教育，提升自我的过程中，自身诉求与所得到教育的不匹配、教学质量的参差不齐等问题使人难以获得适宜的教育培训。

通过对宁波市各地区的 SITP 平台在运行方式、层级架构等方面发展现状的深入调研，结合调研结果，项目组成员发现平台具有系统的一套运行模式。经过进一步的综合分析，项目组总结出适合于区域成人教育系统的 TDAR 培训模式，从宁波经验着眼成人职业教育培训的发展：职业发展不应仅停留于某一个领域，而应强调人才复合型技能和素质的培养。

第五章

成人教育服务乡村振兴的宁波实践

2018 年 2 月,中央一号文件《国务院关于实施乡村振兴战略的意见》出台,标志着我国全面部署推进乡村振兴工作进入新阶段。乡村振兴的本质和落脚点就是"让农村美、农业强、农民富。"打造农村生态之美、农业产业之兴、农民生活之富,成为新时期成人教育首要的发展方向。一直以来,宁波市各级各类成人教育学校紧紧围绕"推广一项技术、开发一个项目、形成一个产业、致富一方百姓"的发展思路,广泛开展各类农村实用技能培训,培育了大量的新型职业农民,促进了农村经济的发展,并形成了一套宝贵的经验与实施路径。随着"乡村振兴"战略的深入推进,宁波市各级各类成人教育学校紧紧围绕国家"乡村振兴"战略的总体部署及五年发展规划,充分整合优质资源,依托"农科教结合"、教育助农、社区教育品牌、特色示范成校等项目载体,开展了新型职业农民、甬派乡村之星、农村电商转型、农村精准扶贫、农村创业扶助、乡村全域旅游、农村劳动力转移等系列培训,助力区域"乡村振兴"发展。实现了农村生态之美、农业产业之兴、农民生活之富。在全国率先打造形成了一套科学有效的成人教育服务于"乡村振兴"战略的"宁波样板"。

第一节　宁波市成人教育服务乡村振兴纪实

一个地区的成人教育要直接推动乡村经济发展,就必须要有独到之处。改革开放 40 年,也是宁波市乡镇成人学校服务"三农"、振兴乡村的 40 年。

多年来,宁波市已经构建起了市、县(区)、镇(街道)、村(社区)四级成人教育网络,截至 2018 年,全市拥有各级各类成人学校 2 870 所,其中,市级成人学校 1 所,县级成人教育中心学校(社区学院)11 所,乡镇(街道)成人学校 113 所,省标准化成人学校比率 100%。形成了一个体系完整、布局合理、发展均衡的立体化、开放性、全方位的成人教育体系,并由此探索出一条别样的路子。

一、经验

1. 一所成校,一个品牌,一个产业

乡村振兴是当下国家发展农村的重要战略,作为乡镇成人学校,服务乡村经济振兴是工作的重中之重。在宁波市成人教育学校的引领与辐射带动下,各乡镇成人学校紧紧围绕"推广一项技术、开发一个项目、形成一个产业、致富一方百姓"的发展基调,做出了许多创造性成绩,培育了一批农村专业大户,帮助困难农户脱贫致富,实现农业增效,农民增收的目标。

镇海是海上丝绸之路的出发点之一,也是"宁波帮"商人的起源地,在这样一个海边小城,镇海区澥浦成人学校培育了知名家政服务品牌——"海田阿姨"。学校经过几年的实践,建立了自己的培训标准(形成了标准 60 项,其中国标 16 项、校标 44 项),通过合作培训,品牌输出,强化就业服务跟踪考核。原本无所事事的农村妇女,变成了就业市场的"抢手货",变成了能创造超亿元的产业人群,仅本区有"海田阿姨"家政服务人员 2 000 多人。每每说起这个家政品牌,作为宁波市名校长的吴戏贤老校长总是十分激动,这个项目经验已在省内外推广,包括四川巴中市在内的 40 多个地方的成人学校前来取经学习。"海田阿姨"作为浙江省委组织部《和村三十六法》之一,2012 年被中组部党员教育中心列为学习贯彻党的十八大精神的精品教材,在全国公开发行。

宁海县力洋镇也有一群这样的妇女,因家庭牵累或没有一技之长而只能留守在家,总人数占全镇女性劳动力总数的 70%,约有 7 000 人。力洋镇成人学校因地制宜,开展了"力洋缝纫"品牌培训,形成了"培训—就业—创业—再培训"模式,实现了留守妇女的充分就业。宁波迷梦家用纺织品有限公司总经理徐娟珍曾经对正在准备服装缝纫工考核的学员表示:"今天考试

后，明天全部来上班。"参加缝纫职业技能培训，通过考核结业的近3 000名留守妇女，已全部实现就业。形成学校的培训班办到哪里，企业的加工点就开到哪里，服装加工产业就延伸到哪里的局面。

奉化区的山区乡镇大堰镇，是个山清水秀的小乡镇，大堰镇成人学校把服务山村振兴的眼光放在农副产品与观光农业的品牌建设上，并成功地创建了"一路上"品牌。学校通过优良品种引进与技术改良的实验及观光农业产业的培育，开发了20多门课程；通过"倒逼、跟踪、基地和顶层设计"等培训形式，培育了一批现代科技型农民；通过实施"采、观、购、品、游"等农业观光服务，使农村产业从传统种植业向生态、有机、立体和无公害农业转型。形成"资源利用类、农副产品类、旅游服务类和文化传播类"四大类系列品牌，有可岚牌白茶、珺彦牌玫瑰酱、稷之源菜籽油、紫番薯、小京生、牛肉等近百种"一路上"大堰品牌，35家农家客栈统一注册"一路上"商标，高山果蔬产地、生态养生宝地、运动休闲基地基本形成，有"全国环境优美乡镇"和"最美乡愁小镇"之称。

2. 一系列培训工程，带动了一支"新型职业农民"队伍

宁波市教育局依托宁波市现代服务业公共职业培训平台，对接乡村振兴发展对技能人才的迫切需求，精准开展各类农民技能培训，助力农民致富、服务农业产业发展。

实施"优秀农民上高校计划"。农民是乡村振兴的主要力量，宁波市持续关注农民培训。早在2003年，宁波市每年选拔200名优秀农民上高校进行免费培训。到2019年，全市累计组织瓜菜高效生产技术、水产品养殖等农民高级研修班54期，开办花卉苗木等专业培训班13个，共选送2 098名优秀农民进高校。培训之后的"新型职业农民"成为带动周边农户致富、促进现代农业和农业产业化发展的带头人。

实施"百万农村劳动力素质培训工程"。宁波市各级各类成人学校积极参与农村劳动力转移、农村实用技术、农村预备劳动力、农民素质提升等培训，成为服务宁波市经济社会发展的重要力量。象山县推出了县级农产品经纪人、农村电工、农机修理工、农机操作手、农机驾驶等培训项目，3年来累计培训7 000多人。余姚市牟山镇成人学校开办"农民夜校"，通过菜单式课程、送教到村的方式，3年来培训了3 700多个新型职业农民，考证人数达到

2 200 多人，这些新型职业农民成了农家乐、水产养殖、果蔬种植的领头雁。慈溪市开展"三教合一"全时空农民培训模式，采用"院校＋公司＋基地（农户）"的方式运作，促进了"新型职业农民"的成长，浙江省等主要领导对成果做了批示，联合国教科文组织在印度尼西亚召开的"社区学习中心国际研讨会"上进行了交流。

实施成人"双证制"教育培训工程。20 世纪 90 年代，宁波市就广泛开展"双证制"成人高中学历教育。出台了一系列工作政策，明确了市、县（市）区有关成人"双证制"教育培训的经费渠道及招生、验印、考核等职责。大力开展外来务工人员、退役士兵等学文化、学技能的"双证书"培训。近 5 年，全市共累计完成 4 万名成人"双证制"教育培训。扩大了城乡劳动者接受职业教育和继续教育的覆盖面，延长了城乡人口平均受教育年限。

3. 一所成校，带动了一个特色小镇发展

宁波市成人教育学校联合乡镇成人学校共同组建"宁波市成人教育协同发展联盟"，依托甬派科研培育中心，推动乡镇成人学校内涵发展，增强农村成人教育提高服务经济发展的新动能，实现了成人学校带动特色小镇发展的新格局。

奉化区莼湖镇成人学校围绕特色小镇建设，主动调整培训结构，分类开设培训课程，转变培训学习方式，丰富培训教学形式；通过"调结构，转方式，促升级"，成功地在渔业养殖、休闲渔业和海湾休闲旅游等方面为渔民树立了示范、引领榜样；帮助部分传统渔民转型海洋休闲旅游服务人员，走出了一条可持续绿色海洋经济发展之路，成功地推进了海洋渔业小镇产业链提升。

宁海县前童镇是宁波市有名的古镇，成人学校为了带动旅游古镇发展，确立服务旅游古镇的民生、经济、文化等发展目标；加强服务旅游古镇的课程建设，开展了古镇解说员培训、古镇农家乐培训、特色行业培训（包括古镇三宝、三雕、五匠）、村民保护古镇文物培训和古镇旅游日等 5 项专题培训，几年来共培训了 6 500 人次，使古镇从"没啥好看"到"故事很多"；创新教育培训方式，使古镇从"有吃有住"到"好玩能学"；协助政府营造古镇的生态环境，使古镇从"缺乏规划"到"协同发展"。前童古镇真正走上了"青山绿水"式发展模式。目前，又强化"一民宿一特色"，在住、吃基础上，突出玩和学，

在生态、乡愁、人文上做足文章,使旅游经济不再是"过路经济",而是变成了"回头经济"。

4. 成人学校的"有心助农"与乡村文化振兴的"无意之作"

乡村振兴除了产业振兴外,也同样离不开文化振兴。宁波市各级各类成人学校重视文化建设,共有7 000多家社区民间学习组织,被授予"全国学习型家庭创建示范城市"。家庭学习点是文化传承的最小落脚点。慈溪市创建1 000多个家庭学习点,投入经费150万元。每年开展戏曲、健身、读书读报、致富经验交流等各类活动达4万余次,惠及群众近40万人次,该项目被评为"全国终身学习活动品牌"。

创建工作室是文化传承的重要推动力。现已有多所相关的工作室,如慈溪观海卫社区教育学院的"卫文化"研究所,慈溪匡堰成人学校的青瓷文化工作室、青瓷文化体验馆和青瓷研究所,镇海澥浦成人学校的农民画专业合作社及在郑氏十七房景区开设的农民画美术馆,慈溪古塘街道社区学院的"老虎鞋"制作工艺传承基地。慈溪坎墩成人学校成立的戏曲工作室,深入群众探索市场,采取"周末沙龙""主题演出""百场戏下农村"等常态化演出,经费以政府买单、街道补贴、群众邀约、公益回馈4种渠道为主。

编制课程教材是文化传承的重要载体。慈溪观海卫社区学院编印了与卫文化相关的教材18本,发放1.8万册。余姚社区学院编印了《余姚四先贤》一套4本,发行到中小学和社区,作为学生、市民的阅读课本。全市各类特色文化与非遗文化相关的教材超过100本,发行近3万余册,形成了300多门特色课程。

二、特点

在市级成人学校的引领带动下,宁波各乡镇成人学校通过项目引领、资源统筹、培训创新,实现了"农业兴、农村美、农民富"的乡村振兴目标。

1. 找对项目:示范带动教育培训的关键

乡镇成人学校把培训和生产紧密结合,许多成人学校在开发项目带动培训上都十分精准,使农科教结合项目成为当地农村经济发展的重要支柱。如江北区慈城镇成人学校根据当地毛竹林业资源的特点,利用当地毛竹资源,成立爱心竹编专业合作社,建立毛竹编织培训加工基地,聘请技术专家,组织编写教材 50 多种,拓展毛竹产品市场,初步形成毛竹制品产业链,使当地被征地农民、失业人员、低保人员有了就业增收门路,实现了翠竹编就农民幸福之路。

慈溪市龙山镇成人学校通过家庭农场项目培育,带动果蔬和獭兔养殖户的培训与教学。其中,优质獭兔饲养技术培训推广取得了明显的成效,该培训项目在示范农场基础上,同时向宁波大市 200 个农户推广,增收约 1 500 万元,成了全国各地的示范农场。

2. 用对方式:田间课堂切中农民培训脉搏

乡镇成人学校本着"农户需要什么,我们就培训什么"的宗旨,积极创新载体、开拓新路,开展多种形式的农民培训,并按照高产、优质、高效、生态、绿色的要求,推广新技术,传授新知识,提高培训的针对性、实效性。宁海县胡陈乡成人学校探索了适合农民实际的现场示范为主的田间课堂,邀请省内外农业技术专家和本地土专家对农民现场示范指导、讲解、操作和解答;还实施以分层培训为主的移动课堂、以交流研讨为主的网络课堂、以送教到户为主的 VIP 课堂,重点围绕水蜜桃种植的五大关键技术开展培训;学校根据全乡桃农的不同经验和知识层次,设立高级研修班、中级进修班、初级入门班等 3 个层次的班级,安排不同层次的讲课内容,开展多种形式的分段式培训、操作性培训、参与式培训。

宁海县一市镇成人学校、海曙区石碶街道成人学校等对特色农产品实施田间课堂、应季培训、示范引领等培训模式,吸引农户主动参与培训项目;通过田间课堂,对农民进行果蔬、水稻、水产等种植、养殖技术培训,并以全程跟踪、专家入户、团队自助等服务形式,提升农产品的品牌效应,提高农民的经济收入。

3. 找对能人:让农民看到培训前景

农村能人都是本乡农民中的精英,他们善于抓住机遇,学习刻苦,富于创造与实干,是科技示范户、科技致富能手。在农村,能人效应十分明显。宁波市的乡镇成人学校善于抓住能人的示范效应,利用"能人带动"模式开展培训,采取深入田头和课堂集中上课的形式,重视沟通、示范、教育、培训等农村活动,以利推广农业生产技术。如优良品种、栽培技术、肥料运筹、病虫害防治、经营与管理等技术和技能的应用,实实在在打造品牌为农民致富服务。宁海县胡陈乡成人学校就建有一支能人队伍。

奉化区各成人学校针对地方区域经济特点，以特色培训为纽带，提高融合对接能力，广泛开展各类教育培训。西部丘陵的溪口镇成人学校依托雷竹基地，大力开展雷竹夏秋季出笋技术研究与推广；南部平原的尚田镇成人学校依托气候和土壤的优势，大力实施"科教兴莓、草莓兴农"的战略；西北部城郊的萧王庙成人学校依托农家乐旅游，创新开展乡村旅游服务培训，在项目实施中，产业能人发挥了极大的作用，是成人学校一支兼职师资队伍的生力军。让农民身边的能人参与培训、指导、示范，促进了当地农业增产、农民增收、农村繁荣。

4. 加对内容：注重乡村的文化振兴

宁波市积极探索"文化＋"发展思路，由宁波市成人学校牵头联合行业、企业、高校组建了宁波市文化创意产学研发展联盟，引领"以文化促产业，以产业提文化"的发展路子。

注重文化传承与产业开发的结合。宁海一市成人学校协助镇政府，把糍（一种小吃食物）文化做成了一个产业园，总投资额4 500万元。产业园整合糍风俗和旅游资源，打造富有文化感召力的乡村度假地。慈溪的两所成人学校开展"老虎鞋"展示活动，为提高"老虎鞋"的知名度，与中国美院合作，开发社区新的"老虎鞋"，让产品进入商场，形成了非遗"老虎鞋"设计、开发、制作、销售一条龙产业链。

注重文化传承与文化强镇的结合。乡村振兴，离不开新型城镇化的发展。象山爵溪、鄞州咸祥等成人学校积极发挥学校在终身教育方面的优势，协助镇（街道）政府工作，坚持走文化强镇之路。象山爵溪成人学校在打造海洋文化、针织文化等方面取得了可喜成绩。鄞州咸祥成人学校通过大嵩戏曲、大嵩石文化等推广，为文化强镇开创了一个良好局面。

注重参与非物质文化遗产传承。宁波市的乡镇成人学校积极开展特色地方文化传承活动。如奉化尚田成人学校推进的布龙文化，宁海县前童成人学校、海曙区鄞江成人学校协助推进的庙会文化，慈溪市长河成人学校推广的草编文化，慈溪市桥头、匡堰成人学校推进的上林湖青瓷文化，北仑区小港成人学校组织的老虎鞋制作、剪纸艺术，慈溪崇寿成人学校依托"围垦文化"，把农村的"五水共治"有机地融入其中。

三、启示

地方政府在终身教育发展中应该扮演什么样的角色？宁波市对此曾有争论，答案也在争论中逐渐明朗。宁波市在完善政府统筹、部门联动、学校协同的终身教育管理体制迈出了一大步，建立起平台化引领、项目化推进、市场化经营的培训服务机制，并成功地走出了"政府主导、市级成校引领、多方统筹协调"的终身教育改革与发展的路子，借终身教育发展之力，推动经济社会的快速发展，实现乡村振兴。

1. 统筹政策

进入 21 世纪以来，宁波市为加快乡村振兴，打出了政策"组合拳"。2003年起，宁波市对中等职业学校开设的涉农专业学生实施免费的职业教育政策，重点为农村培养一支懂技术、会管理、有知识、敢创新的新生代力量。这一年，宁波市开始实施"优秀农民上高校计划"，组织瓜菜高效生产技术、水产品养殖等农民高级研修班 54 期，开办花卉苗木等专业 13 个，共选送 2 098名优秀农民进高校。培训后的优秀农民成了带动周边农户致富、促进现代农业和农业产业化发展的带头人。

2005 年，出台了《关于进一步做好农村劳动力素质培训和转岗就业工作的若干意见》，开展农村后备劳动力和青年农民战略性培训。推行 1～2 年的免费劳动预备制正规职业技能教育，农村青年劳动力学历教育每年超过5 000 人次。

2006 年，颁布了《关于加快构建服务型职业教育体系的若干意见》，要求深入实施"百万农村劳动力素质培训工程"，加快培养农村实用技能人才。

2007 年，出台了《关于加强职工培训提高劳动者素质的实施意见》，实施企业职工培训项目，每年拨专款 1 500 万元用于企业高级经营管理人才、高技能人才和生产一线工人培训补贴。

2009 年，出台了《关于推进成人双证制教育培训工作的几点意见》，要求各县(市)区组织开展农村劳动力"双证制"教育培训，同时确保经费投入，经费列入本地财政年度预算。

2014 年，出台了《宁波市终身教育促进条例》，吹响了依法推进终身教育发展的"号角"。

2019 年,出台了《关于进一步加强农村成校建设增强服务乡村振兴能力的意见》。

2. 统筹协调

强调统筹规划。宁波市委、市政府要求各级党委、政府要把发展终身教育事业纳入当地经济和社会发展总体规划,制定发展规划和实施方案,认真组织实施,统筹安排,促进终身教育与其他各类教育协调发展。

联席会议制度。建立了由 21 个政府部门组成的职业教育联席会议制度,定期研究职业教育、成人教育的重大政策问题,统筹、协调、指导和推动职业教育、成人教育工作。在各部门协同下,开展外来务工人员、退役士兵等"双证书"培训,形成了"政府主导,部门协同,学校跟进,社区参与"的工作机制。

统筹招标培训。政府各部门协同推进企业职工培训招标,各乡镇成人学校、职业院校积极参与企业职工招标项目。近 5 年来,每年有 60 个成人学校、社区学院参与 40 个培训项目的招标,共完成 50.5 万人次的培训任务,发放培训补助 1 300 余万元。

统筹教育经费。在制度保障下,市、县(市)区、乡镇(街道)三级财政投入不断加大,仅 2011 年,宁波市共投入 1.58 亿元经费用于成人继续教育。全市各地普遍建立了终身教育专项经费制度,各县(市)区户籍人口的年人均终身教育经费最高标准达到 10 元,最低则在 4 元以上。

3. 统筹资源

完善四级机构。形成了以宁波市成人教育学校为龙头的市、县(市、区)、镇(街道)、村(社区)四级终身教育网络,形成了"政府统筹领导、教育部门主管、有关部门配合、社会积极支持、社区自主活动、群众广泛参与"的良好格局。

推进项目建设。自 20 世纪 90 年代以来,先后实施了省、市级示范性成人学校、市级高标准成校、市级特色发展成人学校的评估推进工作,使全市成人学校硬件、软件建设不断跃上新台阶,全面提升了服务乡镇经济社会发展需求。当前,宁波市正在全面推进终身教育的品牌项目、实验项目、教育助农项目、农科教项目建设,发动全市成人学校和社区学院参与,提升服务能力。

强化师资建设。近年来，宁波市每年组织全市成人学校教师技能比武，不断提高成人学校教师的基本业务素质与技能水平。组织开展全市成人学校校长培训，涌现出许多优秀代表，如宁海县力洋镇成人校长王可红、原镇海区蟹浦镇成人学校校长吴戏贤等，他们是宁波市名校长；宁海县一市成人学校校长刘文斐更是被农民们认可为的"致富带头人"，是农户眼中的"宝贝式"人物。同时，还通过举办"骨干研修班"、专家带徒、挂职研修等方式，加快培养出一批宁波成人教育的带头人与骨干力量。

改革开放 40 年来，宁波市的终身教育一直致力于服务农村经济发展，致力于服务农民技能培训，致力于服务农业产业结构调整。宁波，这座蓝天下、碧海边的城市，在乡村振兴的号角声中，将更好地贯彻创新、协调、绿色、开放、共享的发展理念和"青山绿水就是金山银山"的发展目标，宁波终身教育的明天一定会更加美好。

第二节　宁波市成人教育服务乡村振兴的典型案例

一、成人教育服务产业与人才振兴的典型案例

案例 1：建设"一路上"服务品牌　助力乡村振兴

奉化大堰成人学校以"生态立镇、旅游致富"为教育理念，立足山区农业产业结构调整与农民致富需要，进行"一路上"服务品牌建设。这一做法卓有成效，实现了"课程建设与产业发展、教学活动与技术开发"的结合，不仅帮助农民掌握了新型产业发展所需的知识和技能，而且加快了农业产业的转型升级，使教育与产业融合，促进了山区经济的发展。

旅游有特色。大堰特有的生态环境、民俗风情、人文遗迹、农耕文化及山水自然满足了游客需求。学校因地制宜，开展切实有效的教育培训，着力挖掘和培养了一批农家厨师、农民导游、村姑服务员以适应乡村旅游需要的特色型人才。经过 10 来年的探索和实践，大堰成人学校共培养不同层次的乡村旅游人员 658 人，培训 4500 多人次，发放合格证 600 余张。通过成人学校培训，100 多人在农家乐、民宿或旅游公司成功就业，30 多人自主创业开

办农家乐、民宿。

农业有品牌。近5年来，先后举办高山西瓜、小京生、白茶、紫玉米、紫番薯、有机竹笋和有机水稻等培训班70多期，推广新技术20多项，每年为3 000多位农民进行"充电"。这些新品种的引进、新技术的推广，提高了农民运用科技的能力，也改变了生产经营的观念与方式。一个以"生态、有机、立体、观光"为主导的农业产业结构基本形成。"可岚牌"白茶、"稷之源"高山菜籽油等品牌不断涌现。全镇40个行政村几乎村村都有以特色农业主导的产业，如董李村的白茶生产、畈田的观光农业等，这些有机、绿色、无公害农副产品走进了各类商场、超市，深受市民喜爱。镇上30家农家乐客栈实行统一管理，统一注册为"一路上"品牌，提高了服务质量。"高山果蔬产地、生态养生宝地、运动休闲基地"的"天然世外桃源"和"生态有机小镇"基本形成，获得"全国生态乡镇"称号。

社会认可度高。改变了"奉命、计划和封闭"的办学形式，树立了以"培育新农民、推广新技术、服务新农村"的办学理念。这种办学方式，得到了政府、同行的认可。慈溪、镇海等兄弟学校前来参观，工作经验在宁波、杭州临安等地交流；《宁波日报》、浙江在线、西湖龙井咨询网、中国宁波网、宁波农村经济合作信息网、中国农业网等对培训经验进行了专题报道，相关课题和论文荣获各类市级奖项。近年来，学校也相继获得"宁波市高标准成人学校""浙江省新型农民培训示范基地"等称号。一个"在品牌中探索、在探索中展示、在展示中发展、在发展中提升"的优质农村成人学校正在逐步向人们走来。图5-1所示为农民"田间课堂"。

图5-1　农民"田间课堂"

好风凭借力,奋飞正当时。大堰成人学校将继续充分发挥成人教育在乡村振兴中的基础性、关键性作用,满足社会主义新农村多样化的教育需求,为建设"具有诗画江南韵味的醉美乡愁小镇"做出应有的贡献。

案例 2: 精准培训 助推榨菜产业发展

余姚小曹娥镇位于杭州湾南岸姚北平原,适宜蔬菜种植。余姚小曹娥成人学校以服务区域经济社会发展为宗旨,精准开展新型职业农民培训,解决了农民"种什么、怎么种",如何把产业做大、做强、做精、做出品牌等问题,促进当地榨菜产业快速健康发展,走出了一条教育助推乡村振兴的成功之路。

1. 实施全产业链一条龙培训

学校聘请教授和农技专家,组建了一支集教育、科研、生产、加工与销售等于一体的教学团队,积极引导农民发展榨菜产业,从榨菜的播种、育苗、移栽、肥水管理、病虫害防治,到初加工、精加工,再到包装、运输、销售等,实施全面的一条龙培训服务,使农民能够运用科技知识轻轻松松地参与榨菜的生产和经营,实现增产增收,使全镇的农业得到了初步发展。

2. 开展持续渐进式培训

成人学校"上挂横联",从种子工程出发,帮助菜农培育出适合余姚种植的余缩 1 号、余缩 2 号直至余缩 6 号;尝试运用穴盘育苗,实现工厂化生产,制作插秧刀架提高移栽生产效率;针对滨海盐碱地,进行脱盐试验,并运用测土配方施肥,确立了氮磷钾的比例;采用综合防治技术,使榨菜几十年来连作不发病,防冻不减产;加工由手工生产改进成机械化生产,再实现全自动生产;榨菜包装从坛装变为小包装、单一产品变为系列产品,并实现线上线下全方位经营;培训内容从榨菜拓展到果蔬,培训方法也从传统理论讲解和现场指导转变为田间课堂教学和信息化助教。

3. 创新精准的项目式培训

在点上,采取智能助教、一场一技艺的培训方式,根据一个农场的生产实际需要,专门就某一项生产技艺,打造致富课堂,通过引入微课等进行培训;在线上,采取能人引领、一村一品的培训方式,就某一个产品,鼓励能人引领,组织参观学习,开展以村为单位的品质化生产和培训;在面上,采取以科技为支撑,一个问题一个项目带动的帮扶方式,依托专家教学团队,围绕一个普遍性的生产难题,精准实施教育助农项目,带动整个区域的生产进步。

通过开展教育助农项目,小曹娥成人学校提升了农民的素质,壮大了乡土特色产业,帮助农民用榨菜头垒起了楼房,住进了别墅。小曹娥镇涌现了一大批有文化、懂技术、会经营、能担当的新型职业农民,他们不仅适应了新形势下的专业生产与经营,还带动周边农户发家致富,成为榨菜规模化生产、专业化加工和品牌化营销的中坚力量。如今,小曹娥镇栽种榨菜 2 万余亩,年产鲜头 6 万吨,实现了生产全自动,涌现出 4 个中国驰名商标。余姚已成为全国榨菜产业"霸主",被誉为"中国榨菜之乡"。图 5-2 所示为首届中国(余姚)榨菜文化节开幕式。图 5-3 所示为小曹娥镇新型职业农民高端培训班开学典礼。

图 5-2 首届中国(余姚)榨菜文化节
开幕式

图 5-3 小曹娥镇新型职业农民高端
培训班开学典礼

二、成人教育服务文化振兴的典型案例

案例 1: 依托戏曲工作室 传承地方特色剧种

姚剧又称"姚北滩簧",发源于姚北地区(以坎墩为中心的周边地区),脱胎于当地雀冬冬、白话佬等民间说唱艺术和车子灯、旱船、采茶蓝等民间歌舞,形成于 18 世纪中叶,至今已有 250 余年历史,现活跃于余姚、慈溪和上虞部分地区,是宝贵的历史文化遗产,被列入浙江省第四批非遗目录。

鉴于坎墩姚剧的剧本老旧化、剧团业余化、受众群体断层等现状,为更好地传承姚剧这一历史文化遗产,慈溪坎墩成人学校依托戏曲工作室,致力于地方特色剧种(姚剧)的传承发扬。

（1）组织建设。取得街道领导支持，成立"姚北滩簧"保护领导小组，对姚剧保护推广工作进行宏观调控和财政调拨；建立"建余工作室"，承担姚剧传承发展工作；借力街道文化站，带领街道内演出团队，做好演出调控、服务工作；与坎墩姚剧团形成"校团学习共同体"，为项目开展增添艺术助力、扩大演出辐射。

（2）剧本创编。"建余工作室"搜集整理经典剧目 72 部，并在传承的基础上革新剧本，以"时代篇、美德篇、学习篇"三篇章创编现代姚剧，将传统劝人为善的理念升华为社会主义核心价值观教育，彰显时代风貌。

（3）剧团培训。一是定期进行全员专业培训；二是选择性培养创作人才；三是重点培养年轻演员和乐师；四是吸收、培养青少年接班人；五是组织、参与各级各类戏曲比赛，提高专业水平。

（4）机制改革。依托工作室、借力政府，深入群众探索市场，采取"周末沙龙""百姓舞台""文化艺术节""百场戏下农村"等演出形式，以"政府买单、街道补贴、群众邀约、公益回馈"4 种渠道开拓演出机制。

（5）广泛宣传。工作室制作宣传册、宣传视频发放村民学校、村文化宫，在村、街道、市级进行专题讲座，在村文化广场做专题展板等。为不同受众群分类服务。如服务老年戏迷开展社团活动，服务青年群体开设网站、微信等现代平台，服务中小学生树立传承理念等。

坎墩姚剧已经成为慈溪、浙江乃至全国的一张艺术名片。"姚北滩簧史迹陈列室""建余工作室""戏曲实训室"为主要基地；周忠强、胡岳泉、陈红亚等 6 位演员被任命为"姚剧传承人"，其中周姚丽君被省文化厅任命为"省级姚剧戏曲传承人"；街道内 9 个民营剧团规模渐渐扩大，目前有专业演员 200 余名，票友 500 余名，爱好者上千；两年一届的民间戏曲艺术节吸引了大量的戏迷参与赛戏、赏戏，效果辐射到港澳地区，2015—2019 年各媒体报道 40 余次。2015 年 11 月，在浙江省文化厅、浙江省戏剧发展促进会主办、省非遗保护中心等单位承办的第二批浙江省传统戏剧之乡授牌仪式上，坎墩街道获得了浙江省第二批传统戏剧特色镇的荣誉，也成为宁波市首个获此殊荣的街道（见图 5-4、图 5-5）。

图 5-4　坎墩第四届姚剧培训班　　　图 5-5　姚剧坎墩曲谱《坎墩戏曲》

案例 2：镇海澥浦农民画的传承与发展

农民画是一种将剪纸、刺绣、雕刻、年画、布玩、壁画、泥塑等多种民间艺术形式集于一体的现代民间绘画，是广大人民群众在贴近生活的基础上创造的，并在民间传统审美情趣的支持下广泛流传。农民画率性天真、质朴平凡，既保留了源于原生性民俗文化基因的民间美术传统，又蕴涵着现代意识与现代艺术性的时代特征，被誉为"东方毕加索"。澥浦农民画起源于 20 世纪 50 年代，80 年代进入兴盛时期，通过农民画团队的不断开拓创新，逐渐形成了自己独特的风格。

为更好地传承这一民间文化，自 2010 年以来，澥浦镇人民政府把澥浦农民画作为特色文化品牌进行打造，农民画的教学培训进入高潮，中小学相继开设了农民画校本课程，镇文化教育中心也常年开设农民画培训班（见图 5-6）。澥浦成人学校抓住这一契机，联合澥浦镇政府、文化站，以十七房村为中心，先后成立了澥浦农民画传承基地、澥浦农民画专业合作社、澥浦农民画画院、十七房村廉政澥浦农民画基地、汇源社区澥浦农民画社、澥浦成人学校澥浦农民画培训中心、澥浦农民画美术馆及澥浦农民画衍生品研发中心等多个农民画创作培训展示基地，成为澥浦镇文化大发展的示范点、传承点、展示点。2017 年，澥浦成人学校在康悦颐养院和汇源社区开设了老年大学澥浦农民画教学；2019 年，与澥浦镇政府、澥浦中心学校合作，开设"四点钟学校"小海娃农民画培训；同时，每年的冬至文化节，还会把农民画绘制运用的各种类型工具进行展演。2017 年底，成人学校统筹各方力量成立教材编写组，在原讲义的基础上进行重新编写，既作为社区教育地方特色课程的配套教材,也作为澥浦农民画的普及读本;《澥浦农民画》更好地推动了这一传统特色民俗文化的传承与发展。

澥浦农民画社团获得了多项荣誉,先后被评为宁波市第三届农村文化礼堂"十佳文艺团队"、镇海区最佳视觉艺术创作群体、宁波市优秀社区学习共同体、宁波互联网年度风云榜十佳宁波网络文创案例等,《澥浦农民画》也获得全国农村成人(社区)教育优秀传统文化特色课程一等奖。作为区域品牌文化,澥浦农民画多次参加全国农民画展;作为优秀传统文化,经过数年精心运作和市场化推广,澥浦农民画已初步形成从画家原创到衍生产品的完整产业链,并带来了一定的经济效益。如今,澥浦农民画早已成为澥浦镇美丽乡村的文化品牌、一张靓丽而厚重的城镇名片。

图 5-6　镇海区澥浦镇农民画培训班

案例 3：编出地方特色　传承竹艺之美

鄞州区塘溪镇竹林资源丰富,竹编工艺历史悠久。塘溪成人学校依托竹林资源优势,聘请顶尖手工艺人,多渠道筹措资金,开发竹编工艺项目,既打造了竹编艺术品牌,又为当地农民创收致富,也使非物质文化遗产竹编工艺得到了很好的保护和传承。

为确保项目开发顺利进行,学校组建领导班子,通过政府下拨、单位筹资、企业赞助、个人捐赠等方式,先后投入 10 万元,为项目开发提供资金保障。学校聘请了叶良康等在竹艺领域颇有造诣的高端人才,发掘竹艺领域的民间高手、民间艺人,为项目开展提供技术保障。塘溪成人学校开创了"五步创新法"来实施项目:第一步,培训理念创新。根据学员基础和需求分层次培训,由最基础粗浅的竹制品入门开始,逐级提升难度。注重对成人技能培训,使他们致富增收;加强对青少年竹文化熏陶,培养竹艺新人。第二步,管理机制创新。竹艺特色培训作为镇成人学校的品牌项目,由成人学校制订科学的培训方案,统筹落实师资、课程、资金等,根据村教学点具体需求,制订开班计划。第三步,培训方式创新。培训方式灵活实用,制作适合各个层次学员需求的课件,通过多媒体技术讲解示范,方便学员学习。第四步,课程体系建设创新。既有村民技能提升课程,又有青少年入门学习课程。第五步,竹产品研发创新。重视竹艺产品的研发创新,开发出不同领域的竹工艺品,如床上用品、常用器具、二胡、竹书画等。

经过多年实践,塘溪成校、塘溪中心二小、东山村已发展成为竹编训练基地,以师徒结对形式手把手传授竹编技艺(见图5-7)。近3年来,共结对师徒180组,其中中高级结对50组。竹编产品年年推陈出新,成绩显著。在鄞州区劳技比赛中,塘溪成人学校推选的竹艺作品获得两个一等奖、两个二等奖,成人学校制作的微课程《纯手工竹编之瓷胎竹编罐》获得全国优秀微课评比优秀奖、省级优秀微课评选二等奖。竹编工艺的创新发展给当地百姓带来了可观的经济效益,150户居民以竹编工艺品售卖为主要经济来源,传承人叶良康、叶商杰每年竹编工艺品收入超过10万元,其中叶良康的灯彩作品获得了2015年浙江省民间文艺家协会"金奖"。图5-8所示为竹编工艺品。

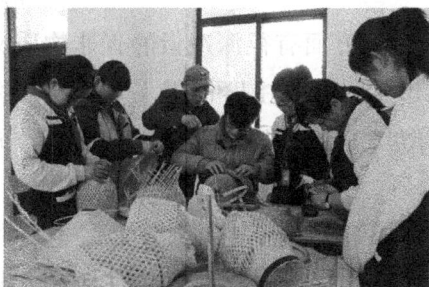

图5-7　传承竹编工艺

图5-8　竹编工艺品

案例4:实施"四个一"　助推舜文化传播

虞舜是我国史载上古时期三皇五帝之一。舜帝的"孝感动天"的"孝义"和㧁鱼制陶的"敬业",对构建文明家风和培养爱岗敬业的社会风尚具有深远的意义。余姚市低塘街道历山村相传为"舜耕历山"之福地。低塘成人学校以"孝义"和"敬业"为主题,整合社区资源,启动"四个一"方案推进舜文化传播,打造社区教育发展新品牌。

一个基地。低塘街道历山村文化公园内有浙江省重点非物质文化遗产项目"虞舜传说"的传承基地——"虞舜纪念馆",公园及周边有孝德文化长廊、古戏台、文化礼堂、孝德讲堂以及"舜耕历山"孝德牌坊等。低塘成人学校整合了社区公共资源,将历山村文化公园作为实训传承基地。2013年底,余姚市委宣传部命名历山文化公园为"余姚市舜耕历山爱国主义教育基地"。自2014年初开馆以来,约1.5万人次到访参观。图5-9所示为小学生参加"虞舜传说"游学活动。

一本书。低塘成人学校走访省、市专家学者,与历山村合作编写了《舜文化之社区读本》。该读本有4万余字,由"舜的文化启蒙""舜文化起源""舜文化传承"3部分组成,以通俗易懂的民间传说,配以故事启思,向读者讲述了舜帝精神;还与舜耕小学合编了《舜文化之青少年读本》,读本为3万余字,由"了解舜文化""舜的孝义""舜的敬业"和"传承舜文化"4章组成,以"民间传说""古迹遗址"和"虞舜传说"为阅读材料,配以"故事启思""小游戏""实践活动""资料袋",通过"学与思"和"学与戏"的形式,向青少年讲述舜帝的"孝义"与"敬业"精神,加强对青少年的思想道德教育。图5-10所示为舜文化读本进小学的宣读活动。目前,低塘成人学校正着手与企业合作编写《舜文化之企业读本》。

一支队伍。成人学校邀请在舜文化研究方面有很深造诣的省非物质文化遗产"虞舜传说"代表性传承人、余姚市社科联副主席杨鹏飞老师担任特聘专家,各中小学团支部书记、大队辅导员和成人教育老师担任志愿者,成立了一支舜文化宣讲队伍。

一系列活动。成人学校组织开展了"模拟长征""文艺演出""走进帅康"等一系列青少年校外活动、社区主题活动以及企业文化宣讲活动。截至目前,宣传讲座达40余次,惠及2万余人。低塘成人学校在各中小学、社区和企业开展"舜文化读本 写读书笔记"征文活动,共收到投稿作品264篇。

图 5-9　小学生"虞舜传说"游学活动　　图 5-10　舜文化读本进小学宣读活动

三、成人教育服务组织振兴的典型案例

案例 1：　慈溪崇寿成人学校"学分制"党员理论学习出实效

近年来，慈溪崇寿成人学校紧密结合党员队伍实际，将"学分制"引入党员教育学习管理中，着力推动党员理论学习的制度化、规范化和定量化，有效地提高了学习质量，提升了党员思想素质和业务能力，助推了学校党员教育的科学发展。

1. 科学制定标准，实现学习任务指标化

学校在推行"学分制"过程中，科学制定、量化细化学分标准，将学习任务指标化，并扎实推动落实。学校为每名党员配发了学习笔记本，建立学分制档案，详细登记每名党员的学习出勤、理论辅导、学以致用等相关情况。在"学分制"实施过程中，根据不同的学习内容，制订不同的计分标准，把参加各类政治理论学习活动、撰写理论学习体会文章、参加各类外出学习参观活动、写读书笔记、政治理论知识答题、承担党员政治理论辅导讲座等项目都纳入计分范畴，以此促进党员干部自觉学习、主动学习。

2. 丰富创新载体，促进学习方法多样化

为推动"学分制"深入实施，学校将约束与激励紧密结合，在确定各项标准的同时，适应形势和党员的需要，探索创新学习载体，丰富了学习的内容和方式方法，增强了学习的吸引力。学校把中央与上级组织重大的决策部署、国际国内的先进思想与理念等作为重点学习内容，使学习贴近时代、靠近前沿，成为引领发展的有力武器。

针对党员干部普遍学历高、自学能力强的特点，学校下发了《找油的哲学》《读点经典》《领导干部心灵咖啡屋》等书籍,开办网上"党员教室",在基层单位建立"读书角",举办各种征文、研讨、学习体会交流等活动,鼓励党员干部主动学习、系统思考、知识共享。各级基层党组织充分利用报告会、培训班、思想辩论会、知识竞赛、演讲比赛、技能比武、学习征文、外出参观等,通过灵活多样的方式和载体,增强理论学习的吸引力和感染力。一些党支部还结合实际经常举办学术沙龙、论坛等小型交流活动,实现了在工作中学习、在学习中工作。

丰富的学习方法推动了"学分制"的有效落实,获镇委党校表彰的先进党支部、共产党员标兵、优秀共产党员、优秀党务工作者政治理论学分都达到或超过了学分要求,普通党员的学分达标率达到了 100%。

3. 完善考核方式,确保"学分制"落到实处

在确定学分标准的基础上,学校组成考核组,采取自查与组织考核相结合的办法,对"学分制"党员理论学习进行考核。考核内容主要包括 4 个方面:①学习态度,主要考核党员对政治理论学习的重视程度,主要检查学习出勤情况;学习方式,主要考核党员学习方式是否多样化,提倡集中学习与个人自学相结合,理论学习与专题研讨相结合,鼓励党员自我学习、自主思考,检查学习笔记记录情况;②学习效果,主要考核学习后取得的成果,是否形成了理论文章,检查文章是否发表等内容;③学以致用,主要考核是否用理论学习成果有效地指导业务工作,检查理论素质促进科研生产以及各项管理工作的情况。

案例 2: 党建引领　服务三农三创　助推乡村振兴

为了深入贯彻落实党的十九大精神,推进基层党组织的创先争优活动,帮助农民解决创业难、创新意识薄弱、经销理论落后等问题,宁海长街成人学校党支部于 2016 年提出搭建"农创空间"的构想,服务"三农"(农村、农业、农民)、"三创"(创业、创新、创优),助推乡村振兴。成人学校联合县农办、县科协、镇政府、宁波大学海洋学院、宁波市农科院、金融行业、相关企业、农民专业合作社、社会化服务组织等各方资源,为广大农户提供政策、金融、科学技术、产品销售、品牌建设等多渠道、多元化服务。目前,已初步建成党委政府主导、部门院校参与、成人学校组织运行、成员全面得益的"农创空间"。

一是多方合作强技术。2018年4月，宁波市农科院第二党支部与学校签约"党建领引共建三门湾农创空间"合作协议（见图5-11），建立瓜菜、水稻专家工作站，每个工作站不少于3名科技人员进站。通过定期的专家"坐诊"服务、实地技术指导、专题技术培训与网上互动咨询相结合，拓宽服务途径，提升服务效率；利用科研单位信息优势，及时提供新品种、新成果、新技术和最新的市场动态信息，帮助三门湾地区农业产业结构的调整与升级。此外，学校与宁波大学海洋学院建立了长效合作机制，共同打造"现代海洋渔业示范中心"。引进浙江毅达水产种苗科技有限公司等多家企业，与这些企业合作举办水产养殖技术推广会，推动长街镇水产养殖业快速、健康发展。

二是教育培训助创业。积极组织各级各类培训，在做好常规培训的基础上重点开展创业培训、技能提升培训与新技术推广培训。学校凭借当地数控雕刻传统的优势产业，打造"数控品牌"；针对当地养殖业和养殖户的实际需求，创建"水产养殖特色"，之后在水产养殖特色项目创建的基础上，总结经验，大力推行按需培训、服务惠民，采用"培训＋基地＋农户""理论学习＋外出考察"的操作模式，培育新型职业农民2300余人，走出了"以产业抓培训、以培训强创业、以创业带产业"的校企校社合作，形成良性循环，互促发展之路。近3年，从事农业种养殖人数由34 348人增加到36 760人，产值由65 110万元上升至101 593万元；数控学员近500人走上了自主创业道路，其中30多家企业年产值达3 000万元以上，促进长街形成了2万余人的数控从业队伍。

三是多元服务花满园。按照"优势互补、资源共享、共同发展"的原则，学校与兄弟成人学校合作办学；引进联合邦农科技有限公司，打造互联网＋农产品销售平台，将电子商务渗透到涉农领域。积极引导农民在专业合作社、家庭农场等农业经营主体发展农产品网上交易，开设农产品网店，帮助农民借助互联网解决"买难""卖难"问题。以蛏子节等活动为载体，举办农产品展销会，提高农产品知名度；以农趣体验等主题活动，带动农产品销售和乡村旅游发展；举办"农创空间印象长街"微拍大赛、"认领爱心梨，举手之劳做公益"等活动。

图5-12所示为南京智亿生态养殖技术交流会。

图5-11 "党建领引共建三门湾农创空间"合作协议签订

图5-12 南京智亿生态养殖技术交流会

案例3：弘扬红色文化　推动乡村振兴

实施乡村振兴战略，是党的十九大作出的重大决策部署，是新时代"三农"工作的总抓手。奉化松岙成人学校紧紧抓住党建这个"牛鼻子"不放松，紧密结合松岙镇党委、政府的中心工作，充分发挥教育优势与组织功能，弘扬红色文化，推动乡村振兴。

1. 以成人学校为阵地，加强教育培训，为党建工作作贡献

1）加强对基层组织与干部的培训

农村基层党组织是农村各个组织和各项工作的领导核心，是乡村振兴战略直接的组织者、实施者、推动者，如何发挥其作用，将直接影响乡村振兴的成败。

松岙成人学校根据松岙镇实行村干部培训学分制度的规定，年初推出培训菜单，配合镇党组织做好培训工作，深入推进学习型党组织建设。学习十九大会议精神、学习党章党规、学习习近平总书记系列重要讲话；扎实开展"不忘初心、牢记使命"的主题教育，引导广大党员干部强化政治意识、大局意识、核心意识和看齐意识，切实提高思想认识和纪律自觉；协助开展解放思想大讨论改进干部作风活动，配合各村党支部做好"三会一课""主题党日"等工作。

2）加强对入党积极分子的教育培训

配合镇组织工作，加强对入党积极分子和发展对象的培训工作。一是每年举办专题培训班两次，学习贯彻了十九大会议精神、党章党规、习近平总书记系列重要讲话等。二是开展载体丰富的教育活动,开展"树形象、讲奉献"征文、演讲比赛等活动,强化对入党积极分子的教育培养。三是组织参观走访党建公园——松岙红色文化园,开展红色教育,宣讲革命先烈的光荣事迹,进行爱国主义教育、党史教育和廉政教育,增强入党积极分子党性观念。四是充分发挥成人学校教育的优势,组织入党积极分子观看优秀共产党员的先进事迹、党的光辉历程等宣传片。

2. 以发展为中心,培育农村领头雁,为经济发展做贡献

1) 积极服务产业振兴

结合当地橘子种植面积广,果农多又缺乏引导的实际情况,松岙成人学校主动与奉化山海果蔬专业合作社对接,建立了橘子新品种栽培示范基地。学校定期邀请专家对广大果农进行橘子新品种及栽培实用技术的培训,在有效促进当地柑橘业增效和果农增收的同时,培养了一批有文化、懂技术、会经营的高素质新型职业农民。

2) 培育农村致富带头人

配合镇政府做好当地农村致富带头人、乡土人才、新乡贤、务工经商返乡人员等农村基层带头人的建档工作与培训教育工作。配合镇政府建好乡贤馆,协助提供乡贤的文字、图片等各类资料。协助做好乡贤返乡创业的项目服务工作。邀请当地农村致富带头人、乡土人才走上讲台授课,分享他们的致富经验,发挥示范引领作用。

3. 以提高居民幸福指数为目标,积极实践,为乡村振兴做贡献

1) 以旅游业带动产业振兴

配合当地政府进行每年一次的松岙"红色之旅"活动,开发"金色十月"橘子采摘游,推动"红色之旅"产业的发展,做优做强"浙东滨海红色旅游基地"。

2) 利用"微党校"引导党员群众转变思想观念

抓示范引领,采取以大带小、以强带弱、"一对一""一对多"等党群结对的帮扶方式,带动群众搞好生产经营,提升致富能力,充分彰显党组织和党员的示范引领作用。

3) 利用教育平台,宣传社会主义核心价值观

订立乡规民约,大力弘扬中华传统美德。组织开展排舞技术培训、旗袍

秀培训，丰富群众文化生活，让乡村文化成为松岙一道亮丽的风景线。

4. 破茧成蝶、成绩斐然

在奉化松岙成人学校的推动引领下，当地党建工作成绩斐然。2016 年后山村被评为奉化区先进基层党组织；2016 年街横村被评为宁波市先进基层党组织；2015 年卓龙华被评为浙江省"千名好支书"，汪利军被评为"万名好党员"；2018 年街横村党支部书记卓龙华获得区首届"银雁奖"。（图 5‐13 所示为松岙镇党建讲解员培训会议，图 5‐14 所示为"红色松岙 致敬英雄"松岙镇—江山岛战役专题活动留影）

图 5‐13 松岙镇党建讲解员培训会议

图 5‐14 "红色松岙 致敬英雄"松岙镇—江山岛战役专题活动留影

四、成人教育服务生态振兴的典型案例

案例 1：北仑区春晓成人学校"五个一"助推美丽乡村建设

春晓街道位于北仑区陆上最南端，三面环山，一面临海，具有得天独厚的地理优势。一边是自然生态充满生机的村落正在积极推进美丽乡村建设，另一边是新兴滨海新城正在建设。街道党工委按照区"美丽北仑"建设的总体目标，带领全体居民着力建设"让农村成为安居乐业的美丽家园"。

为了积极配合推进美丽乡村的建设，春晓成人学校于 2016 年起，聚焦美丽乡村建设工作，着力打造美丽乡村建设的队伍，传播美丽乡村振兴之魂，以"五个一"助推美丽乡村的建设，逐步探索出助推美丽乡村建设的发展思路。

1. 精心打造一支美丽乡村建设"领头雁"队伍

作为一所农村成人学校，为当地美丽乡村建设服务是责无旁贷的责任。

学校为街道党工委献计献策,向各村党支部(党总支)宣传讲解,积极动员组建由共产党员组成的一支美丽乡村建设的"领头雁"队伍。这支由185位党员7个分队组成的队伍,除了开展美丽乡村建设业务培训外,在各次行动中处处起先锋模范的带头作用。如在美丽乡村建设行动、垃圾分类推进、"两整两提"实践、清除垃圾卫生死角、河道亮化行动、推导建设美丽乡村一日游等活动中,这支"领头雁"队伍都冲在最前面,默默无闻地带领着广大居民投身于美丽乡村建设中。

2. 精心培育一支美丽乡村建设志愿者队伍

美丽乡村建设需要有一大批志愿者担负起环境治理、美丽乡村建设排头兵的责任,学校在社区教育志愿者的队伍中广泛宣传发动,激励有志者为美丽乡村建设奉献自己的力量。同时,通过社区教育网络平台广招美丽乡村建设志愿者,到目前为止,美丽乡村建设志愿者已发展到290余人。他们利用休息时间走家串户,发动群众共同参与美丽乡村建设;他们走上街巷,带领群众整治环境卫生;他们走进困难家庭,帮助共建美丽家园。目前,春晓街道处处呈现一派美丽庭院、美丽街巷、美丽村庄的新气象。图5-15所示为志愿者队伍成立仪式、图5-16所示为志愿者推进垃圾分类活动)。

图5-15　志愿者服务队成立仪式　　图5-16　志愿者推进垃圾分类活动

3. 精心上好每一堂美丽乡村建设辅导讲座

美丽乡村建设离不开实践,也离不开以新发展理念指引美丽乡村建设的指导。学校积极组织社区教育讲师团成员,并聘请区、市级领导专家学者走进街道1社6村,常年开展美丽乡村建设辅导讲座,讲美丽乡村建设的意义、目标和任务,讲美丽乡村建设的行动计划和做法,讲美丽乡村建设的前景;同时开展"大树下讲绿水青山""亭子下讲美丽乡村"为主题的宣讲活动,居民爱听、乐于接受。美丽乡村建设的强劲号角已吹响,千家万户在行动,美在生态、美在品质、美在人文、美在风尚的美丽春晓已成为现实。

4. 精心培育每一个美丽乡村建设民间的学习共同体

建设美丽乡村不光是生态优美、宜居宜业,更需要人们积极向上、不断吸取其文化精神内涵。为此,我们近年来在各村开展了精心培育民间学习共同体活动,经过 3 年多的培育,已有 4 个民间学习共同体被评为区级优秀民间学习共同体。随着民间学习共同体的队伍不断壮大,美丽乡村建设的底蕴越来越深、内涵越来越丰富、乡风也越来越文明。为进一步培育民间学习共同体,贴心服务于美丽乡村的建设,今年学校申报的"社区教育助推民间学习共同体的实践"的实验项目被列为区级重点实验,并申报市级立项。

5. 精心打造每一条美丽乡村建设旅游风景线

学校紧紧依托春晓独特的区域优势和资源,按照春晓街道建设"全域景区化"目标,认真做好地方村委会参谋,利用学校教育资源,广开门路,积极开展建设"醉"美春晓田园观光一日游系列创业培训活动,吸纳有志村民发挥自己特长加入旅游风景线建设。经过近几年来的精心打造,春晓街道区域内已建设成"醉"美三山生态美丽乡村一日游、民之丰民族文化传承游乐园一日游、美丽山水——孝德文化传承在昆亭一日游、玩水游山在干岙一日休闲游等旅游线路。美丽乡村旅游风景线带动了农民的经济收入的提高。

春晓成人学校在美丽乡村建设进程中,勇立潮头,开拓创新,为春晓街道全面建成美丽富饶、生态宜居、充满活力、"全域景区化"的美丽春晓而奋力拼搏。

案例 2：垃圾分类教育活动为乡村生态振兴积跬步

1. 概况

镇海区九龙湖镇是宁波市第二批乡村全域旅游示范区之一。近年来,九龙湖镇持续开展美丽乡村建设专项行动,坚持全域整治、立体整治、彻底整治,成功地创建了 4 个合格村、1 个示范村,精心打造了一批马家桥红色革命、上畈水乡田园、长胜茶竹文化等特色村庄,实现全镇市级美丽乡村合格村全覆盖,成为宁波市十佳美丽乡镇、宁波市美丽乡村示范镇。

农村美不美,环境好不好,直接关系到农民生活质量的提高。破解垃圾分类的难题,需要上升到绿色发展、可持续发展的理念高度,即从源头做好垃圾分类。九龙湖成人学校以村镇、社区、企业为平台,结合垃圾分类工作的要求,对辖区内居民开展垃圾分类知识的宣传教育活动,使他们掌握垃圾分类知识,增强环境保护意识,倡导良好的生活习惯和低碳的生活方式,让每一位居民参与垃圾分类的实践行动中,共同打造美丽社区(见图5-17)。

图5-17　垃圾分类处理活动

2. 具体做法

(1) 学校成立了垃圾分类项目领导小组,由学校校长亲自参与研究和督管。小组成员各负其责,责任到人。各个村、社区成立了以社区党组织书记为组长,副书记、副主任为副组长的社区垃圾分类工作小组,明确班子分工,定期召开垃圾分类工作会议,落实村、小区"一栏、二图、三点、四桶、五导"设施,将垃圾分类工作列入社区工作计划,使此项工作真正落到实处。

(2) 加强宣传引导,提升居民垃圾分类意识。村、社区工作人员入户上门,在小区内分发《镇海区生活垃圾分类指导手册》。同时,结合垃圾分类工作进程,以短文、语录为载体,宣传垃圾分类内容,强化垃圾分类知识的普及推广,引导社区居民身体力行。

(3) 加强基础设施建设,引导分类收集。各村、社区在各个住宅小区安放了分类垃圾桶和垃圾分类指示牌,规划建筑垃圾临时堆放点、大件垃圾临时堆放点、园林垃圾临时堆放点等点位,并设置了厨余垃圾和其他垃圾单独收运专线,引导居民分类投放。此外,在各个小区内设置了一栏两图、小蚂蚁、花草等垃圾分类宣传牌,并在宣传窗上张贴垃圾分类知识,提高居民垃圾分类的意识。

(4)创新体制机制,激发居民参与垃圾分类的积极性。为了倡导社区居民在生活中践行垃圾分类的理念,让垃圾分类真正走进居民的生活,鼓励更多的居民参与垃圾分类工作,各村、社区灵活运用垃圾分类积分兑换激励机制,提高居民参与垃圾分类的主动性和积极性。

(5)寓教于乐讲做结合,开展各类垃圾分类知识培训班。春晓成人学校组织垃圾分类培训开展"进社区、进农村、进家庭、进学校、进企业、进机关、进商场(市场)、进宾馆(酒店)、进窗口、进军营"的"十进"活动。田顾村通过村企合作新模式开展垃圾分类,龙源社区还携手九龙湖中心学校、顾兆田(中心)幼儿园通过"家+社区+学校"三结合新模式展开垃圾分类培训。

(6)干部带头党员先行,群众督导全体参与。如龙源社区"党建引领垃圾分类",党员签订党员干部生活垃圾分类承诺书,带头示范。龙源社区还组织垃圾分类督导员培训,对报名参与桶边督导员志愿者进行培训,告知桶边督导员职责以及相关积分兑换机制,鼓励志愿者帮助和督促邻里、亲友、同事做好生活垃圾分类工作。

(7)以龙源社区为主阵地。"垃圾分一分,社区美十分"。垃圾分类处理是一项涉及千家万户的民生工作,培养社区居民的环保意识,让广大居民积极参与垃圾分类工作意义重大。随着全镇垃圾分类工作的全面铺开,龙源社区垃圾分类工作如火如荼,逐渐成为一种新时尚。

3. 结语

"不积跬步,无以至千里",乡村生态振兴,是实施乡村振兴战略的重要部分,而垃圾分类又是生态振兴的一部分,垃圾分类做不好,乡村振兴就会受到影响。因此,做好垃圾分类就是为乡村振兴"积跬步",促乡村振兴得以"至千里"。九龙湖成人学校始终以这项工作做细做实做好为目标,通过全民参与,日积月累的行动,以高标准、严要求推动垃圾分类,切实助力乡村振兴。

案例 3：创建美丽乡村 打造精品小城

余姚泗门镇总面积 66.3 平方公里，管辖 16 个行政村、4 个社区，常住人口逾 11 万，是一座历史悠久与现代文明交相辉映的浙东古镇，曾先后获得"全国综合实力百强镇、全国文明镇、国家卫生镇、全国优秀乡镇、国家级生态镇"等 10 多个国家级荣誉称号。

党的十九大作出了实施乡村振兴战略的重大决策部署，强调坚持农业农村优先发展。在余姚市妇联指导下，泗门成人学校和泗门镇妇联联手在 2017 年"美丽庭院"创建的基础上进行提档升级，打造精品小城镇。2019 年，学校进一步加块"美丽庭院"建设，全面启动"美丽乡村"建设。

自"美丽家园"活动启动以来，泗门镇紧紧围绕创建核心，组织引领干部群众、党员、志愿者以重整体、强基础、抓内涵，人人争当"美丽家园"的建设者，家家提升庭院的清洁度，户户共建村庄的绿化美，"美丽家园"建设取得显著的成效，全镇有 10 000 户成功地创建了镇级"美丽庭院"，其中 1 000 户创建了市级"美丽庭院"。

在创建"美丽家园"工作中，学校以培育和践行社会主义核心价值观为抓手，切实提高广大村民的道德素养，特别是在共建"美丽家园"上，持之以恒进行"三改一拆""五水共治"，建立健全卫生保洁、绿化养护等管理制度。自开展争创"美丽村庄""美丽庭院"活动以来，不断探索深化环境整治的有效措施，"美丽庭院"创建户自查、户与户之间相互督促检查和村环境整治领导小组巡查，都取得了较好的社会效果。

一是三级联动、全力呈现，打造美丽示范线。泗门镇于 2016 年成立了"美丽庭院"工作领导小组，以妇联为主，成人学校为辅，落实到各个村、社区，将相关部门的工作职能进行整合，明确工作职责，发挥部门优势，承担创建"美丽庭院"工作的计划、组织、协调、指导和实施，为美丽乡村建设创建了良好的平台。

应创建工作要求，召开"美丽家园"建设动员会，向党员、村民小组长、村民代表传达创建精神，布置实施方案，领导班子带头引领创建开展活动。科学制订"美丽家园"的建设方案，对全村统一规划、优化设计，并召开座谈会，建立村干部、党员、村民三重责任制，做到责任明确、举措到位。以自然村为单位，村干部全面负责该自然村的创建工作；每位党员联系 6 户农户，负责重点区域的巡查与清理;每户农户签署《东蒲村村规民约》,负责自家庭院及房前屋后环境卫生。

二是破解难题、全力以赴,人人动手创建"美丽家园"。落实专职保洁员,建立长效保洁机制,为村庄环境卫生提供坚强保障。建立党员先锋队,重点开展义务清扫环境卫生,结对帮扶弱势群体,帮助清理庭院卫生等志愿活动,强化党员示范带动作用。建立督查考核机制,定期对各自然村的创建工作进行现场检查和评分考核,并对存在的问题进行重点讨论、逐个化解。每个自然村还设置了两名卫生监督员,将发现的问题及时反馈,以便做好整改落实。

三是紧抓内涵、全力营造,家家参与创建环境美。2016 年以来,泗门成人学校组织开展"美丽庭院、美丽村庄"的知识讲座,把课堂深入到村庄第一线,并利用入户发放宣传品、宣读倡议书、张贴宣传资料等途径,让"美丽庭院"创建工作家喻户晓,让广大村民都能积极行动,广泛参与。各村根据具体情况,因村制宜,分步分层,做好示范户、示范线、示范区块的全面提升工作,使创建工作由户到线(块),由线(块)到村,由村到片,逐步形成共创、联创、群创的线状式、块状式、村落式的"美丽庭院"创建示范点,真正使"美丽庭院"由盆景变为风景,为加快建设现代化创新型生态城市夯实基础。同时组织各村开展"最美家庭""最美庭院"等评比活动,典型带动润物无声,文明理念悄然成风。

各村整改后面貌焕然一新,加快了美丽乡村建设的步伐,庭院内外干净整洁,家庭生活品质明显提高,全面提升了镇容镇貌。如今漫步在村道上,广阔的田野散发着自然气息,清新的空气沁人心脾,这正是美丽的泗门镇,人人共享的优美环境。

第三节　宁波市成人教育服务乡村振兴的实践模式

模式一：电商新农人职业培训实践研究

1. 研究背景

1) 农村电商跨越发展,急需本土化人才支撑

2015 年,党中央一号文件《关于加大改革创新力度　加快农业现代化建

设的若干意见》指出："支持电商、物流、商贸、金融等企业参与涉农电子商务平台建设。开展电子商务进农村综合示范。"2014 年 2 月，宁波市开始全面部署"电商换市"战略，着力打造"互联网 + 三农"农村电商升级版，截至 2015年，宁波市农村电商企业累计上百家，服务点突破了 1 000 个，乡村网络零售额突破 50 亿元大关。培育"电商新农人"，加快发展农村电商，已经成为拉动我市农村产业转型升级、特色乡镇美丽乡村创建，引领农民增收、农业增效、农村发展的重要引擎。

农村电商是大势所趋、政策所指、农民所盼。随着我国农村电商的快速布局和高速增长，乡村本土化电商人才的缺口却在不断增大，并已对农村电商的发展产生了日益凸显的桎梏作用。面对传统企业的"水土不服"与电商企业的"后劲不足"，如何解决农村电商企业人才之困？当务之急是建立本土化的人才培养机制，本课题认为构建基于"O2O 电商服务平台"的"电商新农人"人才培养模式，培养基于"农业 + 互联网"视阈下的农村"网商"、农业企业经理人、农业企业营销人、现代信息化职业农民，是摆在成人教育工作者面前的重大问题。

2) 传统培训问题突出，难以满足企业人才需求

（1）人才定位不准，培养方案难接地气。校、企、村彼此隔离，缺乏"联动布局"，难以协同开展人才需求调研与培养模式的系统论证；培养规格同质且缺乏农村特色，难以形成基于乡村产业与农村市场的人才精准定位；培养方案缺乏实战难接地气，一线农村电商运营人才难以培养。

（2）资源整合不力，课程开发单薄乏力。由于传统体制阻隔与资源彼此封闭，导致农村电子商务培训呈现课程结构单一、授课方式局限，教学资源短缺、课程梯度不足，理论学习较多、实战课程欠缺的尴尬窘境。

（3）产教融合低位，培训过程失真低效。作为实战性很强的电子商务培训，过分强调理念引领、知识讲授、交流研讨，普遍存在培训项目简单失真、教学过程实际操作欠缺、网店经营实战真空等问题。

（4）配套支撑缺失，创业孵化难上加难。电子商务创业孵化是一个系统工程，需要"平台 + 指导 + 货源 + 物流 + 帮扶"等配套支撑，然而传统培训缺乏能人的全程帮扶引领，缺乏完备的一站式服务链条，缺乏通畅的经验交流式扶持。

3）平台搭建平台，开展"电子新农人"培训

针对"互联网＋农业"大背景下，宁波市农村电子商务本土化人才紧缺的问题，宁波市现代服务业公共职业培训平台率先开启以"O2O电商服务平台"为基础的"电商新农人"培训工程，平台整合凡想科技、赢动电商、风云电商、阿里巴巴、浙江万里学院等多方资源，打造"言果网"农村电子商务服务平台，创新"O2O"电商人才孵化机制，营造人才培养的生态圈；创新"1＋1＋N"运营模式，形成创业孵化的"育人环"；创新"立体化"教育服务，拓宽转型升级的新空间。提升了人才培养整体效益，孵化乡村本土创业团队，带动了农村特色产业发展，取得了显著的效果。

2. 研究过程及实施路径

1）平台"电商新农人"培训模式解读

（1）优势集聚：创新"O2O"服务平台，打造人才培养的生态圈。创建跨平台的"言果网"O2O电商教育孵化体系，依托平台充分整合政府、企业、高校、培训机构、行业协会等优质资源，集聚各方力量，精准对接宁波市农村电商本土化人才培养的需求，建成集多元化课程、沙龙式讲座、全方位培训、立体化实操、一体化实战、全程化帮扶、风暴式交流于一体的"电商新农人"人才培养生态圈。

（2）学员试水：创新"1＋1＋N"运营模式，形成创业孵化的"育人环"。实施"1＋1＋N"孵化运行模式，即一个乡村电商分销平台，一个专业电商服务链，N家本地电商体验店。在企业导师的指导下，依托"言果网"平台的43家运营服务商、56家产品供应商、宁波城市职业技术学院创业孵化中心等资源，让学员在分销平台试水开店，全程参与网店注册—组织进货—活动策划—店铺装修—SKU发布—文案设计—商品编辑—客户服务—物流配送等开店实战，全面提升学员农村电商综合运营的能力。

（3）培训试错：创新"立体化"教育服务，拓宽转型升级的新空间。深度对接宁波市乡村特色优势产业，精准聚焦农村电商企业转型的困境，直面关系"电商新农人"梯度学习的特殊性，依托平台优势，深入江北、宁海、奉化、鄞州等地，组织开展乡村电商大讲堂、农村电商企业提振与创新、农村电商创业孵化等立体化教育服务，通过专题讲座、沙龙研讨、运营培训、开店实战、企业1V1辅导、参观考察等形式，成功地帮扶企业转变了思路，开辟"移

动互联网＋文化＋旅游＋农特产"的转型发展新空间。

2）多方联动深度调研，制订"高精准"人才培养方案

校、企、村联动布局，通过人才规格调研、职业能力分析、学习需求调查、学习领域重构等方式，制订"高精准"的宁波"电商新农人"人才培养方案。

（1）人才需求调研。学校与凡想科技、赢动电商、风云电商、阿里巴巴、万里学院等专家，组成农村电商人才培养调研小组（以下简称"调研组"），分别与鄞州供销社、周巷农村合作社、慈城经济合作社、余姚牟山成人学校、宁海农民学校等对接合作，深入县市区开展"电商新农人"人才需求调研。

（2）职业能力分析。调研组深入农村电商企业、农业合作社、村民学校，召开"农村电商人才职业能力分析会"，对宁波乡村电商企业岗位群进行分类，针对每个岗位进行工作任务分解，梳理制订《农村电子商务岗位职业能力分析表》。以能力为本位，设计培训项目、能力实训过程，从而形成了一整套科学的人才培养方案及培训计划。

（3）学习需求调查。调研组深入乡镇成人学校、村农民学校、乡村企业、农村社区，开展农村电商人才培训学习需求调查，针对农村个体户、电商骨干员工、返乡大学生、农业经理人等重点受众群体，从学习风格、学习动机、学习课程、学习方式等维度进行问卷与访谈调查，为培训方案的拟定奠定基础。

（4）培养模式架构。调研组在系统调研、深度研讨的基础上，梳理出农村电商本土化人才培养的实施架构（见表 5－1），并最终制订"高精准"的人才培养方案。

表 5－1　"电商新农人"培养模式框架

培训目标	培养有头脑、会技术、懂经营、能创业的具备策划、创新、市场开拓、项目执行等能力的农村电子商务本土化实用人才
培训方式	专题讲座＋模块实训＋开店实战＋参观考察＋沙龙研讨＋企业 1 V 1 辅导
课程体系	乡村电商大讲堂＋农村电商企业提振与创新＋农村电商创业孵化
课程模块	思想"触网"类、在线"点播"类、技能"实操"类、创业"实战"类、企业"定制"类

（续表）

教学内容	前沿理念＋无忧开店＋店铺装修＋网店运营＋营销引流＋轻松开店快速成交＋"一对一"单独辅导＋资源对接与考察
教学方法	讲授法＋案例教学法＋实操巡回指导法＋情境体验法＋交流研讨法
实训机制	模块化技能实操＋言果网平台实训＋淘宝网创业实战
考核评价	课堂考勤＋作业完成＋知识测验＋技能实操＋开店绩效＋职业素养

3) 服务平台协同打造，创建"立体化"培训课程体系

打造"言果网"电商服务平台，整合 O2O 优质资源，建成"电商大讲堂、企业提振与创新、创业孵化"三大课程体系，形成思想"触网"、在线"点播"、技能"实操"、创业"实战"、企业"定制"等五类课程模块。

（1）打造电商服务平台。学校联合凡想科技，协同打造"言果网"乡村电子商务服务平台，平台设有云课堂、看资讯、猎人才、特品汇、服务社、互动群等模块，平台整合资源，提供线上的点播学习、实战实训、一站服务、互动交流，线下的专题培训、技能实训、开店实战、跟踪帮扶等教育服务。

（2）建成三大课程体系。依据培训内容的梯度、技能学习的规律、培训对象的需求，学校依托 O2O 电子商务服务平台，充分整合线上、线下的优质教育资源，精心打造农村电子商务三大课程体系，即乡村电商大讲堂、农村电商企业提振与创新、农村电商创业孵化（见表 5-2）。

表 5-2　培训课程体系一览表

课程体系	培训班/课程项目
乡村电商大讲堂	"言果网云课堂""互联网＋农业""互联网＋传统企业电商转型""互联网＋行动""互联网＋国际货代"和移动互联网、电商驱动·跨界创新沙龙
农村电商企业提振与创新	"电商"教师与企业家对话沙龙、江东物质联合会电商沙龙、宁波跨境电商卖家沙龙、"创客创业·甬立潮头主题沙龙"、企业 1V1 项目可行性诊断、农村电商资源对接会、商会电商企业服务沙龙、农业信息化高级研究班

（续表）

课程体系	培训班/课程项目
农村电商创业孵化	农村电商创业培训班、创业实践分享会、电商运营培训班、农产品电商品牌运营高研班、自媒体营销培训、青年"农创客"创业创新研修班、微电商营销创业实战培训

（3）形成五类课程模块。学校充分整合"优米网""网易云课堂""开课吧"等在线教育平台，同时，与区域高端培训机构、相关职业院校、电商行业协会、电商龙头企业合作，开发农村电商培训课程。目前已经形成思想"触网"类、在线"点播"类、技能"实操"类、创业"实战"类、企业"定制"类等五类农村课程模块（见表5-3），很好地满足了不同群体、不同水平、不同阶段、不同时空的学习需求。

表5-3　课程模块及内容一览表

课程模块	课程内容
思想"触网"类	商业模式、企业触电、创业心路、电商沙龙、互联网＋农业
在线"点播"类	淘宝入门、微信营销、移动电商、微博营销、淘宝运营、O2O、网络营销
技能"实操"类	店铺装修、店铺管理、客服技巧、电商（平台）软件应用、淘宝店长、数据分析、文案写作、活动策划、推广投放
创业"实战"类	无忧开店、店铺装修、日常运营、分销引流、轻松开店快速成交、一对一开店辅导、资源对接与考察
企业"定制"类	农产品网络营销渠道、农产品电商品牌运营、农产品微营销实操、农产品玩转社群营销、农产品电商促进会小型沙龙

4）专业团队强势介入，构建"实战化"电商孵化模式

（1）组建"言果网"电商导师团队。秉承实战、经验、分享、就业的培训理念，按照企业与人才培训的市场需求，坚持以实战领衔、经验为上、科研为重的原则，整合凡想科技、联动淘宝、宁波市电商协会、一舟跨境电商园、一览科技、慈谷电商科技园、云盟电商、浙江万里学院等30余家单位的优质资源，打造由电商实战经验者、行业资深经验者、高专院校研究者共同组成的"言果网"电商导师团队。

学校严格把控师资质量,所有讲师都必须拥有 3 年以上的电商行业或相关实战经验,并拥有高级技师及以上职业资格认证,导师团采取动态考核流动机制,以保障培训教学的质量。

(2) 植入"实景化"企业运营项目。依托"言果网"电子商务分销平台 43 家运营服务商、56 家产品供应商资源优势,将食品海鲜、服饰家访、家电数码、文具礼品、家居日用等 5 大类百余种企业真实产品运营项目植入平台,设计聚焦工作过程的"真实任务",根据农村电商企业用人规格,将企业完整的岗位群、业务流、任务链、"文化场"引入农村"电商"实践教学,通过校企协同、课程统整、项目研发、教学实验,形成一套真实、完整的"实训教学"任务链条,从而全面助推学员"在线分模块技能实操、全程模拟仿真实训、实战化自主开店运营"。

(3) 开展"实操化"网店运营实训。在"模块化技能实训"与"流程化仿真实操"的基础上,学员参加网上开店实战运营课程,自己选择一种产品供应商,尝试在分销平台试水开店,全程参与网店注册、组织进货、活动策划、店铺装修、SKU 发布、文案设计、商品编辑、客户服务、物流配送等开店实战。导师采取"工作现场巡回指导"对开店学员进行全程辅导,在短时间内引领学员掌握网上开店任务的操作流程、工作步骤、核心技能。通过教师引领示范—传授经验与技能—指导学生实操—学生开店过程评价—跟进指导修正,到最后由学生独立完成工作等环节,带领学员独立完成网上开店运营实战。

5) 创业帮扶持续跟进,铺设"一站式"电商服务链条

与淘宝特色中国宁波馆合作,打造"言果 + 淘宝"全程"一站式"孵化模式。创业伊始:建立平台"试水式"帮扶体系,提供货源、数据包等前期支撑。立稳脚跟:建立市场"深水区"服务链条,提供资金、策划、运营、美工、客服等技术扶持;突破瓶颈:建立定期辅导与跟踪反馈机制,提供网店运营的宝贵经验分享。

(1) 创业伊始:建立平台"试水式"帮扶体系。在导师的全程跟踪指导下,学员分组成立"网商"创业团队(每组 3 人),团队在"淘宝网"开设一家代理网店,做好产品的美工、运营、客服等核心工作,培养网店运营实战能力。

市场调研,选择经营项目。在导师的引领指导下,开展市场调查分析,

通过实地考察、问卷调查、文案调查,进行市场需求、市场行情、竞争者状况、外部环境、消费者购买行为、SWOT(strengths,weaknesses,opportunities,threats;即优势、劣势和威胁)矩阵分析,选择网店经营的产品项目。

注册店铺,设计运营方案。在"淘宝网"平台,注册网上店铺,成为"特品汇"产品供应商分销店。在导师的指导下,对经营产品进行 STP 策划(市场细分、目标市场、产品定位),设计产品价格、网络营销推广方案。

提供货源,入驻一件代发。依托"言果网"平台 56 家产品供应商资源优势,打造"网货超市",学员淘宝店可到"网货超市"选货,供货商免费提供货源,并采用"一件代发"的模式,轻松地解决了学员货源、库存、资金、物流等问题。

数据打包,产品 SKU 发布。学员根据需求选择产品,供货商提供包含商品详细说明和图片的数据包,学员只需按照格式将数据包上传后台,对产品价格进行简单修改,便可轻松进行产品 SKU(stock keeping unit,库存量单位)发布。

店铺推广,开展网络营销。在导师的指导下,学员使用淘宝客、直通车、转展、无线端、聚划算、淘金币、微信、BBS 等营销方式,推广店铺及产品。

网络客服,产品售后服务。通过阿里旺旺软件,接待客户促成交易;订单处理方面,联系供货商物流配送,做好售后退换货等问题处理。

(2) 立稳脚跟:建立市场"深水区"服务链条。为迫切需要创业的"农创"学员站稳脚跟,顺利度过艰难的网店运营的深水区,学校充分依托"言果网"电子商务分销平台 43 家运营服务商资源,打造农村电子商务"一站式"服务链条,为学员网上开店提供文案设计、营销策划、产品拍摄、托管运营、网站美工、客户服务、店铺推广等经济型有偿服务。

(3) 突破瓶颈:搭建网商"帮扶式"分享机制。构建"常态化、多渠道、问题导向(绩效性)"的开店分享机制,小组内部、团队之间、师生之间及时分享心得、总结得失、突破瓶颈、相互借鉴、共同发展。

① 组内碰头会。团队小组长每天在工作结束后,及时召开组内碰头会,布置第二天美工、客服、运营等各个岗位人员的任务(除基本售前客服工作外),值班人员记录工作期间遇到的问题(若无法当场解决的),在之后的培训中集中讨论解决。

② 导生交流会。各团队将网店运营过程中遇到的问题与思考进行汇总,及时上报给企业导师,集中召开导师与学员交流会,针对学员在运营实践中有关文案设计、美工处理、推广技能及千牛、赤兔等管理软件的应用等问题,进行集中培训与专项指导,帮助学员突破运营瓶颈。

③ 工作沙龙会。举办"电商新农人网店运营实践沙龙"培训,各学员团队聚集在一起,根据各团队的网店阶段性实战运营状况,集中研讨核心问题、分享运营经验、突破技能瓶颈,并邀请电商导师予以点评指导。通过问题聚焦、深度研讨、经验分享、专家点评,帮助学员抱团发展。

④ 互动分享群。依托"言果网"平台,打造"网商互动交流社区",涵盖美工、运营、仓储、培训等互动交流社区群。互动群为开店学员提供一对一在线咨询交流服务,并为全员分享资源、分享经验、分享故事、分享技术,帮助学员厘清思路、学习技术、破除瓶颈、获得成长。

3. 研究成效与推广价值

1) 平台集聚引领辐射,提升人才培养整体效益

依托"言果网"平台的优势,坚持五大资源库强势跟进、线上线下一体化培训、一站式开店服务支撑。近两年来,学校深入江北、宁海、奉化、鄞州、余姚等地深入开展"创客创业·甬立潮头"系列电商沙龙、农产品电商品牌运营高研班、农村电商 SYB 创业班、电商运营培训班、微电商营销创业实战班、青年农创客创业研修班等活动 40 余场,共普及乡村电子商务知识 1 390 人次,培训电子商务专业人员 310 人次,培养高级电子商务职业经理人 60 人。

2) 培训对接实战运营,孵化乡村本土创业团队

依托言果网分销平台(链接淘宝网特色中国·宁波馆),邀请来自凡想科技、风云电商、淘宝大学、阿里巴巴等企业的实战精英担任导师,开展"开店实战巡回指导",通过教师开店示范—手把手传授技能—指导学生实操—跟进辅导反馈—学生独立运营等,学员在实打实的网店实战中,成功地掌握了网店开设及运营的核心能力。近两年来,通过该方式共成功地培育了乡村创业团队 35 个,孵化创业学员 105 人,店铺孵化成功率达 95%。

3) 服务撬动创意营销,带动农村特色产业发展

依托"乡村电商企业提振与创新"服务项目,通过课程培训、1 对 1 辅导、资源对接、贸易洽谈等形式,帮助农村企业插上了"互联网 +"的腾飞翅膀,

实现了转型发展,为台州麦浪农业科技、鄞州畅尔食品、宁波冯恒大食品等一批企业带来直接经济效益 800 多万元。2015 年 7 月,奉化网上"试水"推广水蜜桃,13 日至 27 日集中共计销售水蜜桃 2.2 万箱 11.2 万斤(1 斤＝500克),网上平均价格每斤为 16.25 元,是本地市场均价每斤 6 元的 2.7 倍。

通过两年来的推广,逐步探索出"移动互联网＋体验游＋农家乐＋特品跨界购""移动互联网＋文化＋旅游＋农特产"等农村电商企业发展的新路子,带动了宁波市周边乡村特色产业的发展。先后被人民网、《浙江教育报》《钱江晚报》《宁波日报》《东南商报》等媒体争相报道,"电商新农人"培训模式在各县市区大力推广,成效显著。

模式二: 平台思维——成人教育服务全域旅游经济的路径研究(以宁海为例)

宁波市宁海县各乡镇成人学校紧紧围绕县政府提出的"文旅＋农旅＋商旅"的全域旅游经济发展模式,针对产业链各节点培训需求,精准开展"品住赏购"一体化培训,即品生态鲜果,开展宁海新型职业农民培训;住特色民宿,实施乡村民宿经营能力提升培训;赏民俗风情,推进乡村旅游品牌提升服务培训;购农特优品,探索"营销触网"农村电商创业培训。通过系列培训,该模式助力宁海全域旅游经济的持续发展,充分发挥了成人教育服务地方经济社会发展的功能。

1. 研究背景

1)更好地落实乡村振兴战略

党的十九大作出实施乡村振兴战略的重大决策部署。乡村振兴的本质和落脚点就是"让农村美、农业强、农民富"。本课题正是落实国家乡村振兴战略的重要举措,宁海县各乡镇成人学校通过整合中高端资源,搭建培训服务平台,通过农民培训、项目对接、产经服务等方式,服务宁海全域旅游经济发展,打造农村生态之美、农业产业之兴、农民生活之富,服务区域乡村振兴战略。

2)更好地促进旅游经济发展

2017 年,宁海县召开全域旅游创建攻坚大会,启动"百村千宿万景"工程,出台《关于加快推进全域旅游建设的政策意见》,全力打造国家全域旅游示范区。然而,宁海全域旅游经济在发展过程中存在旅游产业规模小、景区规划滞后、产品品牌营销不够、农民素质偏低等短板。本课题正是落实发展规划，促进全县全域旅游经济发展的重要抓手。

3）更好地带动农民脱贫致富

宁海全域旅游经济的核心是以特色旅游业为主导产业，通过"旅游＋"融合发展模式，以旅游业为主线，引领辐射带动地方特色农业、商贸、休闲、体育、民宿等一体化发展，促进农民致富增收。因此，本课题通过开展培训，提升农民的经营管理水平，帮助农民快速融入全域旅游经济发展大潮，实现脱贫致富。

2. 研究综述

笔者通过 CNKI（中国知网）检索，输入"旅游＋培训"关键词，共检索出210 篇相关文献，属于"全域旅游＋培训"，仅有 3 篇文献。其研究成果主要有 3 个方向。

一是有关新农村建设、精准扶贫开发背景下乡村旅游从业农民的职业培训研究。张磊[1]等提出要加强政府统筹，依托行业协会与高校的资源优势，开展乡村旅游从业农民全方位、综合素质的培训。

二是有关旅游类企业员工的职业培训研究。曹艳芬[2]在对湖北孝感市旅游企业员工系统调查的基础上，提出了旅游企业员工培训的策略：做好培训需求调查、实施订单式与菜单式培训、打造培训特色，做好培训绩效评估等工作。

三是有关中高职旅游专业社会类培训及旅游骨干教师培训的研究。刘颖[3]提出中职旅游专业骨干教师培训的模式：知识传授式培训、专家讲座式培训、项目式培训、参与实践式培训等。

纵观国内当前有关全域旅游背景下的农民职业培训的研究成果凤毛麟角，大多数成果是有关传统旅游人才培训的研究，且呈现为理论性泛泛研究较多，实证性个案研究较少；宏观培训模式构建较多，微观行动研究的推进

---

① 张磊,姜艳文,侯明明. 精准扶贫背景下的乡村从业农民教育培训问题[J]. 佳木斯职业学院学报，2016(12)：445－446.
② 曹艳芬. 对孝感市旅游企业开展职业培训的思考[J]. 湖北职业学院学报,2008(02)：11－13.
③ 刘颖. 旅游管理专业骨干教师省级培训模式试探[J]. 吉林工程技术师范学院学报,2012,28(2)：9－11.

较少;重复性的经验总结较多,实效性的典型模式较少等现状。基于此,我们认为本课题研究非常有必要,社区学院通过搭建培训平台,发展全域旅游经济下的农民精准性培训,以满足全域旅游经济发展对农村人才的需求。

3. 研究设计

1) 基本思路

贯彻落实《国务院关于推行终身职业技能培训制度的意见》(国发〔2018〕11号)和《国务院办公厅关于促进全域旅游发展的指导意见》(国办发〔2018〕15号)等文件精神,以农村成人教育与职业培训的相关理论为指导,以国内外有关农民职业培训的成功实践经验总结为参照,组织对宁海全域旅游各业态及从业农民经营现状调研的基础上,挖掘制约宁海全域旅游发展的人才与培训要素。由社区学院牵头,联合宁波市现代服务业公共职业培训平台、宁波市旅游行业企业、宁波市旅游职业院校,组织宁海旅游经济培训平台,利用平台思维,整合各类中高端资源,针对宁海滨海休闲、温泉度假、森林养生、户外拓展、文化体育和乡村旅游等五大业态,开展服务咨询、产经论坛、项目对接、职业培训等活动,为宁海全域旅游经济发展贡献力量。

2) 核心概念界定

(1)新型职业农民。本课题中的新型职业农民是指在宁海全域旅游经济发展的背景下,围绕生态种植、民宿经济、乡村旅游、农村电商等乡村新经济新业态,涌现的一批爱农业、懂技术、善经营,拥有互联网思维,从事农产品种植、乡村旅游、民宿经营、农村电商等活动的新型职业农民群体。

(2)宁海全域旅游经济。作为全国全域旅游示范区,宁海县政府坚持"文旅+农旅+商旅"一体化的全域旅游经济发展模式。坚持"全景打造"的新思路,通过串珠成链,把整个乡镇当作一个3A级或4A级景区来打造,把宁海全境当作一个大景区来打造。首先,文旅融合。打造徐霞客开游节、桑洲油菜花节、胡陈桃花节等18个节庆特色文化,以文化元素带动乡村旅游经济发展。其次,农旅融合。坚持以农促旅、以旅富农,着力打造以精品民宿为支撑、多种业态为补充的乡村旅游产品体系。再次,商旅融合。大力发展住宿餐饮业,建成投运西子国际等一批大型商贸综合体,推动各大商圈从单一购物向游、购、娱、食、展、演全面发展。

（3）全域旅游培训模式。根据宁海全域旅游产业发展的需求，各乡镇成人学校充分整合县农办、农林局、海洋渔业局、农技站、供销联社、镇政府等优质资源，围绕宁海"文旅＋农旅＋商旅"全域旅游产业链，开展"品住赏购"一体化培训，即品生态鲜果，开展宁海新型职业农民培训，引进新品种与新技术，提高宁海农产品种植的产量效益；住特色民宿，实施"乡村民宿"经营能力的提升培训，提升农民民宿业务的经营管理水平与收入。赏民俗风情，推进"乡村旅游"品牌提升服务培训，提升农民素质与农旅服务的质量。购农特优品，探索"营销触网"农村电商创业培训，帮助农民插上互联网的翅膀，将宁海的农特优品远销域外。通过全域旅游培训，提升农民的生产经营素质，提高农民的经济收入，服务区域旅游经济发展。

4. 研究路径与实践成果

1）整合资源，搭建旅游经济培训服务平台

在宁海县人民政府的大力支持下，宁海各乡镇成人学校深度对接区域乡镇政府区域全域旅游经济推进的中心工作，纷纷整合县农办、农林局、海洋渔业局、农技站、供销联社、镇政府、辖区高校以及宁波旅游、餐饮、金融、电子商务、外贸、物流等多家行业协会、县乡农技站的资源，组建旅游经济培训服务平台。

以胡陈乡为例，2017年，胡陈乡人民政府以乡村振兴为引领，以推动农民合作经济组织联合会实体化运作为目标，汇聚"人、财、物"三大要素，深化"农、企、政"三大合作，率先建成全省领先、全市样板的基层农合联现代农业服务中心（简称"农合联中心"）。农合联中心包括农产品交易市场和综合楼。农产品交易市场为一层结构，面积为 $892.6\,\mathrm{m}^2$，为实现胡陈水蜜桃集中交易提供场地及相关服务；综合楼为二层结构，建筑面积为 $1\,007.8\,\mathrm{m}^2$，拥有服务大厅、农产品展销中心、农耕文化展示等功能。此外，中心还引入了农资销售、农村淘宝等经营性服务，提供生产、供销、信用"一站式"服务，包括农产品交易市场、服务大厅（政策宣传、技术指导、产销对接、普惠金融、农业保险等）、农产品展销、农耕文化展示、党建＋农业展示、农村淘宝、农资销售、庄稼医院、农残检测、农药废弃物包装回收等。

又如宁海岔路镇成人学校配合岔路镇，积极开展节庆活动，打造葛洪养生培训平台与基地。通过"万人重走葛洪古道"、葛洪文化节、葛洪文化纪念馆开馆仪式、纪念葛洪诞辰大典、中国葛洪文化国际学术研讨会等系列活动,不断深挖西洋葛氏宗祠、学士坪、葛洪庙、明清道地、古道茶堂等历史遗迹,进一步丰富了葛洪养生文化内涵。围绕"文化＋节日""文化＋餐饮""文化＋就业"等文化旅游融合发展模式,岔路成人学校开展乡村旅游相关主题培训,协助开展两届葛洪文化节、两届王爱踏春节、两届宁海麦饼技能大赛等节庆活动,实现传承地方文化和发展旅游经济的双赢,最终通过"宿、食、游、购"一条龙服务,拉长以健康养生为核心的产业链条。

2)对接产业链,开展全域旅游农民技能培训

(1)品生态鲜果:开展宁海新型职业农民培训。宁海各乡镇成人学校根据地方特色农产品的实际情况,整合资源,开展生态特色农产品种植培训。针对宁海白枇杷、土豆、杨梅、水蜜桃等特色无公害农产种植户的需求,开展农产品种植培训,邀请农技站、农科所专家进农户技术指导,开展优秀农特产品种植经验推广会,促进宁海优质农产品种植与发展。

胡陈成人学校从2015年推出"桃农之家"新型职业农民培训项目,专门聘请县内外的一些相关专家担任技术顾问和主讲教师,还特别聘请省农科院园艺所研究员讲解《水蜜桃新品种新技术》。通过"桃农之家"系列培训,为当地培养了一批懂技术、善经营、会管理的种植大户,一大批农民就此走上了脱贫致富的康庄大道。"桃农之家"特色培训项目也因此被评为2018年宁波市社区教育品牌项目并存入A档。

(2)住特色民宿:实施乡村民宿经营能力提升培训。针对当前宁海的乡村民宿普遍缺乏自己独特的文化标志,且服务内容单一、经营理念陈旧等问题,各乡镇成人学校纷纷整合资源,精准开展特色客栈(民宿)经营者素质提升培训,提升农民的民宿经营水平,帮助农户发家致富。

以前童镇成人学校为例,学校牵头成立了"前童古镇民宿促进会",为前童古镇民宿(农家乐)制订了《前童古镇民宿(农家乐)营销协议》《前童古镇民宿(农家乐)规范运行机制》,并开展"一民宿一特色"的品牌创建工程。建立了宁海县首家校内全仿真民宿体验室。自2012年起开展民宿(农家乐)项目培训,主要有民宿(农家乐)业主培训、多能型民宿(农家乐)管家培训、客房服务员培训、餐厅服务员培训、农家菜制作培训等项目,至今培训了4000余人次,不断提升经营者与服务者的素质,已扶持培育了民宿28家、农家乐

10 余家。通过培训,民宿业主的现代经营理念与水平得到提升,促进了当地民宿产业的发展。2018 年民宿(农家乐)接待游客 6.2 万人次,其中民宿入住数为 45 000 人次,营业收入为 5 500 多万元,民宿产业已逐渐成为古镇旅游的重要支柱产业。

(3)赏民俗风情:推进"乡村旅游"品牌提升服务培训。文化性是旅游产品生命力的源泉,保持文化含量是宁海"全域旅游"的特色与亮点。围绕文化与旅游深度融合的发展模式,各乡镇成人学校配合乡镇政府,积极开发文旅项目与节庆文创产品,配合开展节庆文化、体育文化、养生文化、休闲文化等旅游项目策划培训,让农民学会对当地文化的深度挖掘,提升宁海旅游的文化品牌。

岔路成人学校围绕葛洪养生节庆文化的需求,针对乡村导游讲解、农家餐饮卫生、旅游景点应急管理等问题,开展乡村旅游标准化服务培训,提升农民对乡村旅游管理运营的能力。协助镇政府成功地举办了第二届葛洪文化节,进一步丰富了葛洪养生文化内涵,也提高了葛洪养生小镇的知名度和影响力。近年来,前童成人学校围绕前童豆腐节,开办了前童三宝、十味豆腐宴制作技术培训班 4 期,培训人数达到 500 余人次。同时积极配合前童古镇每年 10 月举办的"豆腐节",活动内容包括前童豆腐传统工艺制作体验、前童豆娘烹饪表演赛、前童豆腐长桌宴活动、前童豆腐掌柜评比、前童豆腐系列产品展销等,通过专题培训与活动筹办,助力了当地"农旅 + 文旅"特色经济的发展。

(4)购农特金品:探索"营销触网"农村电商创业培训。围绕宁海"文旅 + 农旅 + 商旅"一体化全域旅游产业链格局,各乡镇成人学校积极开展移动网络营销专题培训,开设移动互联网营销技术、社群营销技术等课程,让农民玩转体验式营销,依靠互联网技术,帮助农民触网快速销售本地的特色农特优品,提升农民增收致富的本领。

宁海一市成人学校围绕当地的青蟹产业,以当地海山丰水产专业合作社开展校企合作,为青蟹养殖户精准开展青蟹养殖户电商营销培训,邀请相关运营专家团队,手把手教养殖户玩转微信直播营销、淘宝网店运营、冷链供应链,在培训助力的基础上,目前,一市镇已有 20 多家淘宝店、微商加入宁海农产品的电商大军,使一市镇的整个农产品产业链越做越大。

3）深挖痛点,做好旅游发展咨询管理服务

针对乡村旅游管理中心、民宿经营者、农场主、农家乐经营者、农村嘉年华乡村游经营者、特色餐饮、土特产公司面临的经营管理、市场营销、资源对接、金融合作、品牌建设、项目策划等问题,宁海各乡镇成人学校因地制宜开展沙龙研讨、企业1对1辅导、咨询服务,及时解决企业、经营业主问题,服务旅游经济发展。

岔路镇成人学校协助岔路镇出台《岔路镇发展民宿经济补助奖励暂行办法》,创新民宿"协会制"和"公司制"的管理模式,短短两年,天河村就从原先的3家民宿发展到现在的49家,床位数达800张,成功创建为市级"农家客栈(民宿)集聚村"。目前全镇已形成湖头、天河、山洋、干坑、王爱片区的乡村民宿多点发展态势,总床位达1000余张。与此同时,整合地产食材,创新烹饪技艺,营造特色餐饮氛围,把民宿经济和葛洪文化、饮食文化有机结合,推出了具有养生保健功能的"葛洪养生宴",以借助特色餐饮促进餐饮经济发展,丰富旅游三产业态,推动民宿经济更好发展。

模式三：党建引领成人教育服务乡村振兴的路径研究（以西店镇为例）

党建引领成人教育服务乡村振兴是新时代教育助力"三农"发展的重要战略举措。西店镇在西店成人教育党建领导小组的引领下,在西店成人学校党支部积极撮合下,组建了西店企业家经理人俱乐部等7个临时党组织,开发了党建领头雁"灯塔工程"等六大类服务乡村振兴的党建培训项目,构建了校村、校企、校校、村企、校团五位一体的党支部多元联络机制,切实提升了成人教育精准服务的绩效。创新了前期顶账、如期履账、定期核账、终期评账的项目对账清单机制,确保了各乡村振兴党建培训项目责任到人、落实到位。创建了党群共治式、系邻式、菜单式、一站式的党群协同治理机制,促进了乡村综合治理水平的提升。一年来,西店镇党建引领成人教育服务乡村振兴工作取得了一定成绩,得到了相关领导与社会各界的广泛认同,促进了西店镇党建教育培训品牌的建设和发展。

1. 研究背景

1）更好贯彻落实十九大精神

习近平总书记在党的十九大报告中开宗明义指出,"大会的主题是：不忘初心、牢记使命。高举中国特色社会主义伟大旗帜,决胜全面建成小康社会,夺取新时代中国特色社会主义伟大胜利,为实现中华民族伟大复兴的中国梦不懈奋斗。"习总书记还指出,要在全党开展"'不忘初心、牢记使命'主题教育,用党的创新理论武装头脑,推动全党更加自觉地为实现新时代党的历史使命不懈奋斗","为的就是为中国人民谋幸福,为中华民族谋复兴"。基于此,宁海西店为贯彻落实习总书记讲话精神,坚持开展党建工作,以党建为引领,推进西店成人教育发展,服务辖区乡村振兴。

2) 更好地落实乡村振兴战略

党的十九大作出实施乡村振兴战略的重大决策部署。乡村振兴的本质和落脚点就是"让农村美、农业强、农民富"。本课题正是落实国家乡村振兴战略的重要举措,近年来,宁海县把党建引领强村富民作为加强基层基础、推进"三农"改革发展的重点来抓,宁海县教育局党委高瞻远瞩,高度重视成人教育服务乡村振兴的内涵建设,着力打造宁海成教的"一校一品"和"一校多品"工程,涌现了一批誉满全市的农村成人教育品牌项目。未来,如何更好地发挥党建的引领作用,促进成人教育品牌项目助推乡村经济社会发展的智力支撑,成为摆在我们面前的重要课题。

3) 更好地满足人民群众获得感

西店成人学校是西店镇开展社区教育、服务乡村振兴教育培训的主阵地,近几年来,学校立足全镇实际,搭建了众多的教育服务平台,培育了一批社会组织和公益社团,取得了一定成绩。党建引领成人教育服务乡村振兴的课题研究,旨在践行习总书记提出"不忘初心、牢记使命"的重要讲话精神,通过党建引领,充分发挥党的模范带头与战斗堡垒作用,辐射带动西店镇农村成人教育的发展,通过开展各类成人教育培训,提高辖区人民群众的获得感。未来,如何更好地依托党建工作推进成人教育,提高辖区人民获得感、幸福感,成为我们亟待解决的问题。

2. 党建引领成教服务乡村振兴的实践路径

1) 组建基层临时党组织,发挥党的政治堡垒作用

习近平总书记在全国组织工作会议上强调,"加强党的基层组织建设,关键是从严抓好落实。""要以提升组织力为重点,突出政治功能,健全基层组织,优化组织设置,理顺隶属关系,创新活动方式,扩大基层党的组织覆盖

和工作覆盖。"通过基层党组织建设,提升党组织的政治领导力、群众凝聚力、社会号召力、发展推动力,党建引领促进各项事业的推进发展。

(1)组建成教党建领导小组。宁海县党总支、西店镇党委高度重视基层党组织建设,西店镇建立了以西店镇成人教育学校为牵头单位,在宁海县教育局党委、西店镇教育党总支的政策支持下,社会组织临时党支部联动配合西店镇成人教育党建领导小组(以下简称"党建领导小组")。党建领导小组由宁海县教育局党委书记任组长,西店镇成人教育学校党支部书记任副组长(开展工作),社会组织临时党支部相关支部书记任成员。

领导小组定期开展党建引领推进会议,会议重点推进三项工作,一是贯彻党中央学习精神与落实党建主题教育活动,组织开展了"两学一做""不忘初心、牢记使命"、廉政警示月等主题教育学习活动,集中组织党员理论学习武装头脑,提高基层党员的党性修养,提升党性学习的实效性。二是找准党建工作的切入点、突破口和搭建活动载体,推动党建工作和成人教育有效结合,提升成人教育服务乡村振兴的凝聚力、战斗力。三是以党组织为核心,加强成人教育服务乡村振兴的培训落实考核,以西店成校党组织为核心,以各基层党组织开展的乡村文化教育培训活动为载体,以培训教育活动的完成率、参与率、好评率等为考核指标,对照党组织年初、季度、月度制订培训清单,进行严格的绩效考核,将党建引领成人教育的工作落到实处。

(2)完善基层临时党组织建设。基层党组织是团结党员、凝聚党员、激发党员干事创业的战斗堡垒,是发挥党员模范带头作用的重要纽带。基于此,在西店镇成人教育党建领导小组的领导下,在西店成人学校党支部的引领推动下,组建了西店企业家经理人俱乐部、西店企业职工学校(12家)、外来务工人员服务中心、西店数控技术联谊会、西店企业服务中心、西店山花烂漫公益社团、西店社区教育联盟等7个基层临时党组织。每个党组织建设临时党支部,并在组织内部选拔优秀干部担任支部书记和副书记。

(3)加强临时党支部组织管理。西店成人学校党支部根据临时基层党组织建制要求,将与企业职工培训、新型职业农民培训、农村社区教育与老年教育、乡村公益活动、外来务工人员就业服务、小微企业技术服务等相关培训服务相关的组织建立临时党支部,吸纳流动的共产党员进入党组织,更好地发挥党员的先锋模范作用。学校党支部通过与宁海县教育局、西店镇政府等上级行政部门的联系,争取政策、经费与资源等支持,保障基层党组织工作推进,把党建工作与成人教育落实到村(社区),落实到每个党员身上,真正发挥成人学校的桥梁纽带作用。

① 西店企业家经理人俱乐部党支部。由西店企业家经理人俱乐部党员组建而成,西店工业副镇长任书记,西店成人学校校长任副书记,企业职业经理人党员任相关委员。该党支部在开展"不忘初心、牢记使命"等系列主题教育活动的基础上,开展党员引领成人教育培训推进工作,俱乐部成立企业服务管理小组,依托小组抱团发展,面向西店镇中小企业的、开展中高端职业经理人培训、企业高技能人才培训、企业精益生产培训、企业文化提升培训等。

② 西店企业职工学校党支部。在西店成人学校的牵头引领下,由长荣光电、吉德电器、协生照明等12家企业职工学校的负责人及流动党员组成。企业职工学校党支部负责定期开展企业党员专题学习会,配合西店成人学校开展企业培训需求调研,制定年度、季度、月度企业内训计划,针对企业自身需求,开展校企合作办学,推进实施岗位技能、班组管理、企业文化等丰富多彩的企业职工培训。

③ 外来务工人员党支部。依托西店镇外来务工人员服务中心,组建由西店镇工办、西店成人学校培训部和民营企业负责人等党员代表组成西店外来务工人员党支部。党支部定期开展党建学习专题活动,以党建为引领,分模块制订推进计划,分工落实,面向外来人员开展职业推介、职业指导、技能培训、学历进修、法律辅导、劳动事务代理等服务工作。

④ 西店数控技术联盟党支部。在西店成人学校的引领指导下,建立由西店数控技术联谊会各企业技术骨干党员代表组成的西店数控技术联盟党支部。党支部定期组织开展党员"两学一做"等专题教育活动,并在此基础上,以党建为引领,根据联盟企业技术攻关、设备维修、流程再造等需求,组织党员技术骨干,深入企业开展数控技术的研讨交流、技术攻关、设备维修。

⑤ 西店企业服务中心党支部。在原来西店镇企业服务中心建立党支部,由西店镇镇长任支部书记,西店成校校长任副书记,其余企业服务中心党员任委员。中心党支部定期组织开展党性修养主题教育活动,时刻保持

党员的模范先进性。企业服务中心党支部将党建与业务推进深度融合,制订详细的工作计划,落实党员责任到岗到位,整合多方优质资源,针对辖区企业转型升级需要,做好企业项目合作、管理咨询、技术攻关、金融服务、1 对1 辅导等服务工作。

⑥ 西店社区教育联盟党支部。西店镇成人学校与辖区社区市民(村民)学校联合组建西店镇社区教育联盟党支部,西店成人学校校长任支部书记,各社区市民(村民)学校校长任支部委员,定期开展党建引领社区教育发展研讨会,制订推进目标,重点落实农村实用技术培训、乡村社会治理培训等工作,精准服务乡村振兴。

⑦ 公益社团党支部。西店镇成人学校联合"山花烂漫"公益社团和"新西店人"公益组织,吸纳公益志愿者流动党员,组建西店公益社团党支部,党支部由西店成人学校校长任书记,公益社团负责人任副书记,社团志愿者党员代表任委员,公益社团党支部定期组织党员专题学习,以党员为代表建言献策,制订阶段性公益帮扶计划,以党员为先锋模范,策划组织与开展各类助学帮困、敬老助残、公益环保活动,为爱心人士和需要帮助者搭建平台,促进乡村社会治理体系建设。

2) 实施党建+项目引领,打造乡村振兴培训品牌

西店成人学校坚持以乡村振兴党员服务联盟工作为切入点,以课程为载体,开发涉及企业管理、教育培训、社区教育、社会公益等产业与民生重点环节的相关课程,以培训为手段,让品质化培训服务乡村振兴。

通过近一年的实践探索,西店成人学校开发了党建学习、企业培训、社区教育、老年教育和学历提升等课程,以俱乐部、联谊会、志愿活动、讲座和集中培训等活动形式,大力开展六大类服务乡村振兴的党建培训项目。

(1) 党建领头雁"灯塔工程"。西店成人学校党支部围绕"党的十九大精神宣讲""两学一做""36 条"等党的先进理论和农村管理实用知识培训,以"星城论坛"为抓手,结合镇机关干部周二夜学活动,全面提升全镇干部政策理论水平和依法办事能力。同时,积极配合并落实镇政府组织、宣传、人大、纪检、团委和妇联各条线的培训工作。一年来,西店成人学校党支部配合镇党委宣传线共开设"星城论坛"讲座近 20 次,配合镇人大线开展了人大代表培训班和社情民意联络员培训班各 1 班,配合镇党委纪检线开展了村民代表

履职能力建设培训班和农村经管人才建设培训班各 1 班,配合镇委团妇联线开展了美丽庭院创意设计培训班 1 班。

(2)初始创业者"启航计划"。西店成人学校开展创业基础知识、创业政策解读等,着力提升全镇初始创业者能力素质。同时,大力开展新型职业农民培训,助推国家乡村振兴战略。一年来,学校依托西店社区教育联盟党支部、西店外来务工人员党支部,由支部党员发挥组织引领、示范带头作用,设计项目、整合资源、协助办班、组织教学,先后开展了 IYB(提升你的企业)创业培训 1 期,惠企政策解读培训班 2 期,开展"香山杨梅"品牌建设培训班 4 期,涌现了舒军、邬达达、任银辉、丁红领等一批优秀的企业创业者和张建国、石海荣等涉农创业者。

(3)劳动力转移"春风行动"。在学校党支部的引领下,在企业职业经理人俱乐部、数控技术交流联谊会和企业服务中心等临时党支部的配合下,在全镇各企业培训需求调查的基础上,组织开展了企业中高层管理、车间与班组管理、惠企政策、验厂知识、企业制度建设、跨境电商、精益生产、安全生产、现场应急救护等培训工作,着力提升了辖区企业职工专业技术与综合素养。同时,在西店企业职工学校党支部的推动下,西店成人学校牵头在全镇企业开展职工篮球赛、中秋晚会、十佳歌手大奖赛等活动,努力营造新西店人好学、乐学的和谐氛围。一年来,新增企业职工学校 4 家,目前共有企业职工培训学校 16 家。据不完全统计,2018 学年,西店成人学校累计培训企业员工近 4 万人次。

(4)公益社团"爱心领航"。西店成人学校依托西店公益社团党支部,对接"山花烂漫"公益社团和"新西店人"公益组织,以党员志愿者为先锋模范,不断创新公益活动形式,以"互联网+公益"的形式,倡导"日行一善"的理念,汇聚爱心,传播公益,立足西店,面向宁海,组织各类助学帮困、敬老助残、公益环保等活动,为爱心人士和需要帮助者搭建平台。据统计,2017 年度,"山花烂漫"公益社团敬老帮困支出 28 772 元,开展敬老活动 12 次,助学支出 128 000 元,助学 60 人次。因此"山花烂漫"公益社团被中央文明办评为 2017 年度 10 月份"全国好人",并于 2018 年底捧回了宁海县"2016—2017 年度道德模范"奖杯。

(5)星城居民"圆梦行动"。西店成人学校以外来务工人员党支部、西店企业职工学校党支部、企业家经历恩俱乐部党支部为战斗堡垒,根据辖区外来人员、企业一线员工学历教育与培训发展的需求,充分发挥优秀党员以及"隐形党员"的模范带头作用,开展高等学历远程教育培训、"双证制"高中学历教育培训和扫除文盲教育培训,助推"海湾星城"居民素质提升,帮助未取得相应学历者实施"圆梦行动"。2017学年度,学校与西南科技大学、南开大学、中国石油大学合作,招收学员23名,招收"双证制"高中学历教育学员132名,扫除文盲95名。最值得一提的是"双证制"中来自云南的学员滕小云,是西店检察室的帮扶对象。虽然他曾犯过错误,但他求知欲强,很喜欢读书,梦想拿到高中学历证书,是成人学校让他圆了高中梦,成为他实现梦想的引路人。

(6)民间艺人"传承计划"。西店成人学校以西店社区教育联盟党支部为抓手,以各村文化讲堂为载体,重点挖掘樟树女子舞龙、团堁丝弦乐为主的民间艺术传承培训,抓好以回澜书画、木兰舞蹈和艺海演唱等为主的西店镇老年大学教育培训,着力推动"阆风里""金莲斩蛟"等富有西店特色的历史文化品牌和非物质文化遗产,努力丰富群众业余文化生活。一年来,西店老年大学共招收老年大学长期班5班138人,短期班7班310人。西店镇22个行政村的"百姓大舞台"和其他文艺会演活动中经常能看到西店老年大学学员的身影,带动和丰富了人民群众的业余文化生活,极好地诠释了党员是文化传承的参与者。

3)建立党建引领工作制,支部联动提升教育绩效

(1)党支部多元联络机制。西店成人学校党支部建立了学校的项目负责人制度,下派党员或积极分子到各社会组织和社团临时党支部担任联络员,主要承担起各社会组织和社团活动的发起、人员的召集、精神的传达、舆情的处理等工作。

一是校村联动机制。校村联动就是构建西店成校与各行政村联络员机制。校村联动即构建村级党员联络员合作制,建立成人学校党员教师分片教育点负责制,形成"校长—党员教师—教育点"管理网络,成立村级联络员,联络员由各村中层以上年轻党员干部构成。成人学校党员教师定期下村与村联络员联系,开展上情下达、下情上传,落实培训宣传发动、组织实施,交流培训方式方法,及时了解村民培训学习需求,及时改进培训内容和

方式,增补培训学习点。

二是校企联动机制。学校党支部与西店企业家俱乐部、外来务工人员服务中心、数控技术联谊会、企业服务中心等临时党支部建立定期联络机制。学校教师党员深入党支部,配合、监督开展"两学一做"等党员主题教育活动,提升基层党员、积极分子的党性修养。与企业家俱乐部、数控技术交流联盟、企业服务中心沟通交流,制定并推进企业外来人员招聘与培训、企业个性化内训、企业技术跟踪服务、企业文化建设等工作,实现企业培训精准性、落地性、实效性。

三是校校联动机制。西店成人学校党支部与企业职工学校(12 家)、辖区社区市民学校临时党支部建立联动办学机制。支部与支部联合开展党建专题学习活动,西店成人学校党员教师,定期深入企业职工学校、社区市民学校,调研挖掘企业职工、社区居民的多元学习需求,对接项目、整合资源,联合办班、监督检查,使党建工作与学校培训活动紧密结合起来。

四是村企联动机制。在西店成人学校党支部的牵头下,发挥企业家俱乐部党支部、社区教育联盟党支部的联系沟通机制,促进各村党支部与企业党支部联动机制。

设置村企党员"先锋责任岗",以设岗定责、参与志愿服务等方式,拓宽党员发挥作用的途径。通过开展一句话承诺活动,组织村企党员积极参与百村立功竞赛活动中,结合各村实际情况,打造"村企党建联动 + 重大项目建设 + 美丽乡村建设",形成"一村一品",助推村企党建联动模式特色发展,打造基层党建示范区。

五是校团联动机制。西店成人学校组织社会志愿者组建"山花烂漫""新西店人"等爱心公益社团,学校党支部与西店公益社团党支部建立联动机制,联合开展党员与志愿者牵手进社区敬老帮困、公益环保、捐资助学等活动,发挥党员全心全意服务群众的先锋模范作用,在全社会营造良好的帮困扶弱、自觉环保的社会氛围,集聚社会的正能量。

(2) 项目对账清单机制。为更好地推进西店镇党建引领成人教育服务乡村振兴工作,实行任务到事、责任到人、落实到位、成效到家,西店成人教育党建领导小组建立了党建引领项目对账清单机制。

一是前期"定账"。西店镇成教党建领导小组年初召开西店镇党建引领成人教育服务乡村振兴党支部大会,在西店成人教育学校党支部的助推合作下,西店镇企业家俱乐部、西店企业职工学校等7个临时党支部在前期充分调研的基础上,确定各自的培训服务任务清单。内容涉及"不忘初心、牢记使命"专题党建培训、涉农实用人才培训、农村劳动力转移培训、农村青创客培训、成人"双证制"培训、老年闲暇教育等六大类服务乡村振兴的党建培训项目。

二是如期"履账"。在确定各临时党支部任务清单的基础上,在西店成人教育党建领导小组的指导下,由西店成人学校党支部监督,各党支部以项目化、方案化、任务化等方式,将任务账单进行任务分解,明确责任人、责任事项、标准要求、进度安排,确保相关培训细分到月,推动重点任务落实到位,充分发挥党组织战斗堡垒与党员先锋模范的作用。各党支部每月开展总结会,汇报相关培训工作的推进完成情况、亟待解决的问题以及下一步推进计划等。

三是定期"核账"。每个学期结束,由宁海教育局党委、西店教育党总支、西店成人学校党支部组成党建项目督察小组,分别对所辖的西店外来人员服务中心等7个临时党支部进行阶段性工作考核。通过随机抽查,听取汇报、查看台账、现场走访等方式,对任务清单落实情况进行重点核查,并量化考核打分,对遇到的问题集中解决。

四是终期"评账"。年终,西店镇成人教育党建领导小组采用书记述职、学员民意测评、项目考核评估等方式,集中对西店镇成人学校党支部、西店企业家经理人俱乐部、西店企业职工学校、外来务工人员服务中心、西店数控技术联谊会、西店企业服务中心、西店公益社团党支部、西店社区教育联盟等8个基层党组织,进行集中年终绩效考核,对照任务账单考评成教服务乡村振兴工作落实情况,考核结果与基层党支部、党员锋领指数等考核与评优挂钩,并作为评先评优、树立典型的重要依据。

(3)党群协同治理机制。搭建西店成人教育党群协同治理机制,完善党群沟通机制,打造党群"一站式"基地,实现精准"菜单式"服务,将党建引领成人教育服务乡村振兴工作落到实处。

一是建立党群"共治式"组织。各党支部建立党群协商会,如西店外来务工人员党支部,建立了由西店镇工办领导、西店成人学校党员联络员、西店规模企业人事经理、西店外来人员代表等组成的党群协商会,在党支部领导下,坚持"事情共商、资源共享、党群共治"的原则,调研外来人员服务事项,审议年度重点推进计划,协调内部问题纠纷,确保各项工作民主协商,征求民意、服务有效。

二是完善党群"系邻式"机制。实行党员代表"系邻制"。发挥党员联络员民意调查优势,以辖区社区(村)、企业为单位,以党员、志愿者代表联系群众的形式,实现党总支对社区、企业全方位、全天候、零距离动态服务管理。召开党员群众"邻里会"。倾听邻里党员群众的培训学习需求,回复居民问题,反映群众呼声,使教育培训真正为乡村振兴服务。

三是配送党群"菜单式"服务。在西店成人学校党支部的引领下,各临时党支部成立由支部书记牵头,支部党员(积极分子)组成的党员志愿者服务团队。将党建领头雁"灯塔工程"、创业者"启航计划"、劳动力"春风行动"、公益社团"爱心领航"等六大党建培训项目编成"服务菜单",送单入村、入户、入企,使居民、企业员工能根据需求灵活选择学历教育、农技培训、企业教育、文化活动,满足群众终身学习的需求,助力三农发展。

四是打造党群"一站式"基地。以西店成人学校为核心,以7个社会组织临时党支部为纽带,设置党建引领专区、社团活动专区、企业培训服务专区、社区教育专区、志愿服务专区。集中展示组织体系、社团文化、教育成果、志愿服务等内容,满足居民终身学习、休闲娱乐等多元需求。

3. 课题成果及推广价值

1)形成一套成校引领的党建推进模式

一年来,在西店成人教育党建领导小组的引领下,在西店成人学校党支部积极撮合下,在7个社会组织临时党支部共同推进下,逐渐形成了一套由成人学校引领的党建推进模式:组建了西店企业家经理人俱乐部等7个临时党组织,开发了党建领头雁"灯塔工程"等六大类服务乡村振兴的党建培训项目,构建了校村、校企、校校、村企、校团五位一体的党支部多元联络机制,切实提升了成人教育精准服务的绩效;创新了前期定账、如期履账、定期核账、终期评账的项目对账清单机制,确保了各乡村振兴党建培训项目责任到人、落实到位;创建了党群共治式、系邻式、菜单式、一站式的党群协同治理机制,促进了乡村综合治理水平的提升。

2）提升了成教服务区域乡村振兴水平

一年来，西店镇党建引领培训项目提升了区域成人教育服务乡村振兴的综合水平。在人才与产业振兴上，通过开展"香山杨梅"品牌建设、IYB创业教育等培训，培育了一支新型职业农民和涉农创业群体，促进了现代农业产业经济的发展。开展企业中高层管理、车间与班组管理、惠企政策、验厂知识、跨境电商、精益生产等近4万人次的培训，促进了西店民营经济的发展。在生态与文化振兴上，开展樟树女子舞龙、团堧丝弦乐民间艺术传承培训，促进了西店特色历史文化品牌和非物质文化遗产的传承与发展。组织开展丰富多彩的老年教育，提高了农民的文化生活质量。开展山花烂漫"公益社团活动，党员志愿者带头践行垃圾分类与公益环保，提升了社区居民及志愿者自觉参与生态环保的意识和能力。在组织振兴上，开展村级权力清单36条暨农村经管人才建设培训、村民代表履职能力建设培训班，促进了乡村治理人才的培育。

3）得到了领导及社会各界的广泛认同

一年来，在西店镇成人教育党建领导小组的领导下，在西店成人学校党支部的引领推动下，通过西店成人学校党支部和7所社会组织临时党支部的共同努力，西店镇党建引领成人教育服务乡村振兴工作取得了一定的成绩，得到了相关领导与社会各界的广泛认同，促进了西店镇党建教育培训品牌的建设和发展。

2018—2019年，中国成人教育协会会长郑树山、中国教科院成人职业教育研究所所长孙诚、国家民政部副部长顾朝曦先后来学校进行走访考察，对西店成人学校牵头开展党建引领成人教育服务乡村振兴工作给予了高度评价和充分认可，要求相关经验模式在全国进行推广示范。

2018年，西店成人学校被评为宁波市首批特色示范成人学校，学校社团"企业职业经理人俱乐部"被评为宁波市首批优秀学习共同体，学校社团"山花烂漫公益服务中心"被中央文明办评为2017年10份"全国好人"，学校推荐的西店镇被评为全国社区教育示范乡镇和第五批全国农村优秀学习型乡镇，学校推荐的岭口村被评为第五批全国农村优秀学习型村居，学校也因此被评为第六批全国农村优秀学习型单位。校长卢继青受邀在首届全国农村成人教育新任校长培训班上做专题讲座，介绍推广了西店镇党建引领成人教育服务乡村振兴的模式。

模式四：农村成校开展海水"跑道养鱼"技术培训的实践研究（以大佳何镇成校为例）

1. 研究背景

1）传统海水养殖业污染严重与"五水共治"冲突

我国农业农村部在《2012年中国渔业生态环境状况公报》中指出，我国近岸海域海水重点养殖区的主要污染因素是无机氮和活性磷酸盐，除了来自河流和生活污水注入外，海水养殖也成为近岸海域的重要污染源之一。养殖污染主要包括养殖过程中营养物的污染、药物的污染以及底泥的富集污染等。污染的主要表现为养殖过程所带来的氮（N）、磷（P）、化学需氧量（COD）等的排放量，超出近岸海洋的环境承载力和自净能力所导致的富营养化及带来海洋生态环境的破坏和异常。不同的养殖品种和养殖模式产生的污染量不同，对环境造成的影响也存在差异。从2013年下半年起，浙江省政府大力推进"五水共治"工作，也给宁波市的水产养殖业带来极大的压力。目前在诸多沿海省市地区都以环保为由，进行网箱拆除等工作，尽管存在一刀切的现象，但养殖本身造成的水体富营养化和水质污染也是事实。如何实现水产养殖的转型升级和养殖尾水的达标排放是环保压力下渔业相关从业人员亟待解决的问题。农业农村部提出了"提质增效、减量增收、绿色发展、富裕渔民"的口号，习近平总书记在党的十九大报告中提出，"深化供给侧结构性改革"核心之一是引领渔业经济朝着更高质量、更有效率、更加公平、更可持续的方向发展。加快第一、二、三产业融合发展，走出一条产出高效、产品安全、资源节约、环境友好的中国特色渔业现代化道路，实现渔业强国，对保障我国粮食安全和加强渔业在国际上的竞争力，具有重要的战略意义。

2）工厂化海水养殖成本高导致渔民难以学习和推广

工厂化海水养殖模式中，在基础设施的建设和维护上需要投入大量的资金，初始投入以百万计，对于一般的养殖户而言，是难以承受该成本的。工厂化养殖模式与传统池塘养殖模式无论是养殖对象、养殖密度，还是管理方式等方面，都存在着巨大的差异。普通养殖户如果不能很好地适应这一系列变化，以老旧的观念去看待新的养殖模式就存在着削足适履的可能性，反而无法发挥工厂化养殖的优势。另外,工厂化养殖比传统的粗放式养殖更加需要精细化管理,需要运用许多先进的技术和设备,如果缺乏学习的耐心和恒心,往往会画虎不成反类犬,平白损失投入的资金。

3)普通海塘养殖投入产出低使产业转型升级乏力

许多养殖户存在小富即安的心理,粗放的养殖模式和不规范、不科学的管理方式无法适应人民对优质养殖产品的需求,缺乏先进的养殖理念、缺乏专业人员的指导、缺乏专业的知识,完全凭经验进行养殖。不同的渔民养殖的对象多,质量参差不齐,无法形成良好的品牌效应,容易一拥而上、盲目跟风,不能很好地结合自身的实际情况,这些也是传统养殖业转型的重大阻碍。如何引导养殖户转型升级,让他们接受全新的养殖理念,并认识到环保的重要性? 我们认为,让养殖户看到成功转型以后的经济效益和生态效益是最直观的方法。

3. 研究设计

1)概念界定

(1)海水跑道式循环水养殖技术。跑道式循环水养殖技术是指在一定面积的池塘系统中,建造与池塘成一定面积比例的流水养殖槽(一般占池塘面积的 1.5%~2%),将池塘系统分成两个区,养殖槽为鱼类养殖区,池塘为水质净化区。养殖区圈养吃食性鱼类,净化区套养滤食性鱼类、虾、贝类或种植挺水植物。通过安装在养殖槽顶端的气提式推水增氧设备将富含溶氧的水流推入槽内,水流既给槽中鱼提供充足溶氧,便于集约化和精细化管理,又将鱼类排泄物推水至污物收集区沉淀,沉淀污物通过自动吸污设施回收至污物沉淀池,最后通过沉淀脱水处理,污物变为陆生植物(如蔬菜、瓜果、花卉等)高效有机肥。这样既解决了池塘普通养殖的自身污染,又做到了化废为宝,污物变肥料。同时,整个池塘养殖系统实现了循环流水养鱼,养殖水体零排放,降低了养殖对环境造成的影响,减少了抗生素等药物的使用,而且能够大幅度提高产量、效益和劳动生产率。

(2)"基地+培训"一体化养殖模式。学校课题组在研究跑道式循环水养殖技术的基础上,边总结技术经验,边为广大养殖户培训这一新型养殖模式。以往的农业应用技术培训或示范推广,绝大多数都是在成熟的经验上广泛推广的。这种培训的优点是技术成熟,易于接受,缺点则是时效性相对滞后。"基地＋培训"一体化的培训发展模式,其优点也是显而易见的。它具有超强的时效性,试验养殖基地的技术成果可以在时间上零滞后传导到养殖户那里,让农民亲眼看到基地实际生产经营状况和经济效益情况,从而切身体会到现代农业技术的巨大经济效益,实现培训与经营的联动发展。

2) 研究思路

本课题对宁波气候和区域内海水池塘综合养殖现状进行了大量的调研,以学校建立的海水实验海塘作为海水池塘循环水养殖技术的试验基地,重新改造池塘结构,物色适合的海产品苗种,开展海水池塘循环水养殖,并从中提炼有效的海水池塘循环水养殖关键技术体系,为宁波市海水池塘循环水养殖管理提供一定的理论支持。通过成人学校对海水池塘循环水养殖标准化技术的培训和示范推广应用,推动宁海县海水池塘养殖产业的发展。以地方成人学校、产业和科研部门三方协同开展"产、学、研、训"合作教育,加快促进本区域实验池塘的标准化改造和科学规范化的运作,减轻海域水质污染、减少赤潮发生,对生态环境和社会效益产生长远的利益。

4. 研究内容

1) 基地建设:打造循环水养殖技术孵化平台

(1) 海水池塘的改造升级。2017年2月开始项目设计、申报审批、建设单位招投标等一系列前期工作;3月开始池塘改造,将2口并排的普通池塘进行改造、堵漏,按循环水技术要求开口联通,加高塘岸,加深加宽环沟;4月开始新建养殖水槽,按循环水养殖技术的标准,建设3条并联的水泥结构养殖水槽(22 m×15 m×3 m),并配置电力、增氧提水、吸污、集污等配套设施建设;5月,养殖水槽建成,投放大黄鱼、鲻鱼、黄姑鱼的鱼苗,槽外投放铜盆鱼、蛏子苗,正式开展池塘循环水养殖技术在海水池塘中的应用研究。

(2) 成立专家工作室。建立专家工作室。在养殖场办公楼建立了专家工作室(18 m²)、检测室(16 m²),并配套了课桌椅、多媒体系统、水质分析和病害检测设备、办公家具及电脑、网络等。在池塘边修建了50 m²管理用房。

组建专家导师团。学校在省市县三级海洋与渔业研究机构、当地政府领导的大力支持下,通过资源整合,建立了一支由宁波市海洋与渔业研究院、宁波大学海洋学院、宁波市水产技术推广站等相关专家组成的循环水养殖项目专家导师团(见表5-4)。导师团专家主要协助学校开展水产养殖新模式、新品种的培训、推广、指导等工作,旨在培育地方爱养殖、懂技术、善经营的新型海水养殖经营主体,助力地方渔业产业经济的发展。

表5-4 "跑道式养鱼"项目专家导师团

序号	专 家 导 师	工 作 职 责
1	董建波(江苏省渔业指挥部处长)	高产养殖技术、循环水养殖技术授课与技术指导
2	邬勇杰(市海洋与渔业研究院高工)	
3	徐开崇(宁海县水产技术推广站副站长)	生态池塘养殖技术培训与指导 农产品网络营销培训与指导
4	朱邦科(宁海县水产技术推广站高工)	
5	顾晓英(宁波大学教授)	梭子蟹、缢蛏综合高产养殖技术等培训与指导
6	朱邦科(宁海县水产技术推广站高工)	
7	沈亦军(宁海县水产技术推广站副站长)	池塘养殖综合管理培训与指导
8	郑志肖(宁海县大佳何镇农办高工)	
9	冯坚(舟山普陀区水产技术推广站研究员)	水产养殖新模式和新品种介绍、梭子蟹(套养日本对虾)养殖技术培训与指导
10	母昌考(宁波大学教授)	
11	斯烈钢(宁波市海洋与渔业研究院教授)	循环水水产养殖的核心技术指导与培训
12	申屠基康(宁波市水产技术推广站研究员)	

(3)建立技术学习工作坊。学校打造了技术学习工作坊,配备了现代化的多媒体培训教室(60 m²),组建了由宁海县农业局、宁波市海洋渔业研究所、县农机推广站、大佳何成人学校等技术学习专家团队(见表5-4),组建梭子蟹、鲅鱼、日本对虾、日本黄姑鱼、黄鱼、鲷鱼等6个养殖技术学习小组。每个小组推选出一位小组长,分小组建立海水养殖培训学习微信群,小组长负责对本学习小组的培训学员展开培训需求、学习签到、学习研讨、联络专家、技术指导、培训反馈等工作,遇到相关技术难题,学员通过学习小组与导师团专家在第一时间进行沟通交流,学校针对比较集中的技术难点及时邀请专家,组织相关从业人员参加海水跑道式循环水养殖技术培训和观摩学习。

2）技术试验：提炼循环水养殖的技术规程

（1）循环水养殖技术试验：

① 海水池塘流水槽养鱼。海水跑道式循环水养殖模式是全新的尝试，与传统海水池塘养殖和淡水跑道养殖有一定的差异。哪些鱼类适合海水跑道养殖，需要根据预定的目标，结合当地的养殖实践，分析鱼类的生活习性，评估其经济效益，最终筛选出适应该模式的养殖种类。

② 养殖尾水生物利用。通过跑道末端的吸污器，收集推至池尾的鱼类残饵和粪便，集中到沉淀池中，经过 1 个小时左右的静置以后，将其上清水排入二级净化池中，集中曝气处理，达到减少有害弧菌的目的；沉淀的固体物质可以作为很好的天然肥料，用于附近种植的蔬菜施肥。通过这种方式成功地实现了变废为宝，重复利用，减少污染的目标。

③ 利用微生物制剂调控养殖塘水质。使用以枯草芽孢杆菌、光合细菌、酵母菌、乳酸菌等菌种为代表的新型养殖专用微生态制剂对水质进行调节，充分利用池塘自身的营养条件，保持水质良好状态，以维持鱼类、贝类、藻类、细菌的生态平衡。转变了思维方式，用生态平衡的观点来看待养殖中各个成分之间的关系，而不是孤立地看待，机械的处理，从而实现了生物防治的目标。

（2）梳理循环水养殖技术规程：

① 适宜养殖品种的筛选。根据高价暂养鱼（大黄鱼）、当年产出鱼（日本黄姑鱼）、周期性养殖鱼（梭鱼、七星鲈鱼）这 3 种不同的需求，选出 4 种宁波当地养殖的海水鱼进行试验（见表 5 - 5），同时，在单组系统中，外塘套养缢蛏 550 kg，规格 2 000 粒/kg，用于净化水质。

表 5 - 5　养殖试验用鱼

种类	规格/尾	数量/尾	来源	是否携带病原	投放时间
大黄鱼	140 g	7 000	象山	否	2017.05.19
梭鱼	小：150 g；大：360 g	8 000	胡陈港	否	2017.06.20
日本黄姑鱼	3 g	26 000	舟山	否	2017.06.28
七星鲈鱼	小：3 g	25 000	宁海	否	2018.04.03

其一，大黄鱼试验。于 2017 年 5 月 19 日投放大黄鱼 7 000 尾，后死亡 2 373 尾；经宁波市水生动物防疫检疫中心检测有以下病因：传染性脾肾坏死病毒、虹彩病毒、体表原虫、淀粉卵甲藻等，以上病害都是典型的高温性疾病。10 月 24 日再次投放大黄鱼 1 800 尾，由于水温下降，11 月份又大黄鱼出现死亡现象，12 月 13 日大黄鱼出现停食现象，死亡数量逐渐增加，12 月底将存活大黄鱼出售。

两次大黄鱼跑道养殖试验，表明大黄鱼对夏季高温和冬季低温的耐受性较低，在高密度养殖抵抗能力低下，夏季炎热天气容易发病，其适应能力相对较差。如果要实施黄鱼的全周期养殖，需要在目前的基础上解决夏季降温和冬季越冬的问题，同时与科研单位合作，选育耐高温耐低温的品系，逐渐增强其对水温的适应能力；或者可以选择在春夏之交、夏秋之际放入跑道，进行肉质品质的改良，以获得更好的经济效益。

其二，梭鱼试验。于 2017 年 6 月 2 日投放梭鱼 8 000 尾（1 条跑道），2017 年底，规格可达 500～700 g/尾，死亡 32 尾。2018 年 9 月 3 号，梭鱼养殖规格达到 0.80～1.0 kg/尾不等，死亡 286 尾。梭鱼对夏季高温（最高气温 39℃，最高水温 36.006℃）和冬季低温（最低气温 -3℃，最低水温 6℃）都具有较好的耐受性，未发生常见的海水鱼疫情。在本次养殖试验中，可以看出梭鱼具有耐低温高温、发病率低、存活率高等优势，经济效益较高，较适宜跑道养殖模式。

③ 日本黄姑鱼试验。于 2017 年 06 月 28 日投放日本黄姑鱼 26 000 尾（1 条跑道）。7 月 25 日—8 月 5 日由于高温天气，出现集中死亡，共计死亡 1 329 尾。后期基本恢复正常，但生长速度缓慢。12 月 18 日由于水温降低，黄姑鱼出现不耐低温（6℃）的特性，出现大量死亡，于 12 月 18 日开始出售。日本黄姑鱼夏季高温天气易出现弧菌性疾病，虹彩病毒病、白鳃病也较为普遍，本次试验中发现日本黄姑鱼在跑道循环水养殖模式中有一定的局限性。

④ 七星鲈鱼试验。2018 年 4 月 3 日投放七星鲈鱼 25 000 尾（1 条跑道），截至 9 月 30 日养殖过程中死亡 22 尾，养殖规格达 270 g/尾，整体长势良好，投喂饵料 1.01 t，饵料系数 1.5，产量达 61.4 kg/m²。

首先，从养殖情况来看，经过 6 个月的养殖，产量达到了 60 kg/m² 以上，发病率低、成活率高、经济效益明显，而七星鲈鱼本身是既能够在淡水中养殖,又能在海水中养殖的种类,南浔区等地的养殖试验已经证明高密度的七星鲈鱼在淡水跑道养殖中有较大优势,该品种较适宜海水跑道养殖。

其次,适宜养殖密度的对比。密度的筛选受各方面因素的影响,不同养殖阶段具有不同的适宜密度,一般随着养殖生物的生长,养殖容量(尾数)不断地下降。在不考虑病原的情况下,养殖容量主要决定于水中的溶氧,鱼体在水中活动有一个适宜溶氧区间,当溶氧值低于该区间最低值时,鱼体摄食、活力、抗病性等都会受到影响。

根据测量数据得出结论:$8\,000\sim8\,500$ 尾(规格为 $0.85\sim1.05\,\text{kg/尾}$)是梭鱼在跑道(跑道规格为 $22\,\text{m}\times5\,\text{m}\times2.2\,\text{m}$)养殖的合理密度。根据前期的养殖实践来看,对于初始规格约 $250\,\text{g/尾}$ 的梭鱼,养到商品化规格的存活率在 96.4%,因此初始放养密度为 $0.83\sim0.88$ 万尾(规格约 $250\,\text{g/尾}$)较为适合。

再次,适宜养殖温度的研究。根据积累的水温数据,我们发现大黄鱼、日本黄姑鱼是无法适应夏季高温(深度为 $1.5\,\text{m}$、温度为 $36\,℃$,下同)和冬季低温($6\,℃$)的,而鲻鱼和七星鲈鱼则有较好的适应性,因此建议选择适温范围更加广的种类作为养殖对象。

3)培训推广:传授农户"跑道式"养殖技术

(1)开展"基地+示范"的海水养殖技术培训。学校创新"基地+示范"海水养殖项目培训发展模式,通过实地教育、实地经营和基地效益显现项目培训质量。以"现代农业+高效生态养殖技术示范研修班"为例,学校以大佳何水产养殖基地为平台,邀请浙江海洋学院水产学院、宁波市海洋与渔业研究院水产技术推广站专家亲临现场做技术示范与指导,精心安排了池塘生态高效养殖技术、水生生物病害防治、惠农政策等教学内容,采用"理论+实操+参观考察"的立体化课程设置和全方位培训模式。培训将养殖技术推广培训与基地示范、项目经营有机地结合起来,让养殖户看得见、摸得着,从而实现培训能落地,项目能引领,经营出效益的目标,延伸培训的前后两端,使培训和推广有机联动。

(2)实施"指导+服务"的海水养殖技术帮扶。学校组建"技术推广站"形成专家智能库,创新实践了"指导+服务"环节,着重抓培训高效。该策略解决了养殖户培训后在养殖过程中的技术与服务跟踪问题,通过结对帮扶,做好"扶上马，送一程"工作，手把手把新型的养殖技术一步一步教会养殖户，真正做到产教结合、学做一体。技术推广站的指导和跟踪服务，让水产养殖户切身感受到培训带来的养殖技术和经济效益的提高。

以"梭子蟹、脊尾白虾和贝类高效集成生态养殖模式培训"为例，学校依托循环水养殖基地，以专家工作室为载体，以技术学习工作坊为平台，学员分组组建梭子蟹、脊尾白虾和贝类等技术学习小组，邀请宁波市渔业技术推广总站和宁海县水产技术推广站两级专业部门的专家担任技术指导，并开展养殖从业人员的技术培训，在生产实践中完善高效集成养殖技术，建立基地示范—成人教育培训—广大农户参与的先进实用技术示范和推广体系，使学员的养殖技术得到显著提升。

（3）践行"观摩＋研讨"的海水养殖技术推广。在基地做好自身示范的同时，广泛听取多方的声音，吸引众多的团队来基地观摩指导，同时对各位养殖户和与会专家的意见、建议进行现场交流，互相讨论，碰撞出思维的火花，在这个过程中不断地加深认识、发现问题。此外，培训班还安排了现场观摩学习环节，培训会议结束后，学校还组织学员到舟山市岱山县考察，学习外地的先进养殖技术。

2018年11月，学校组织海水池塘循环水"跑道"模式养殖技术研讨会。来自浙江省推广总站、宁波市海洋与渔业局以及市各区县（市）已建和拟建循环水"跑道"的负责人参加活动。与会专家经现场观摩和研讨后一致认为，循环水养殖模式能有效地减少养殖过程对周边水环境的依赖，基本实现养殖尾水零排放、提高成活率、降低养殖风险、提高品质和效益，实现绿色生态养殖。学校循环水养殖技术在观摩学习中得到认可、学习和推广，辐射惠及更多的地区渔业经济的发展。

5. 研究成效

1）新技术培育推广，培育新型职业农民

学校依托循环式养殖基地，市场养殖专家导师团，养殖技术学习工作坊，在省市县三级海洋与渔业研究机构、宁海县、大佳何镇政府的大力支持下，整合各类优质资源，自2017年3月开始，学校组织开展了10期海水养殖技术培训，4期赴江苏、舟山等地考察，受训近1600人次，培养了一大批技术精湛的新型职业农民养殖高手，带动了一批海水养殖户创业致富，进一步推广了海水池塘循环水养殖技术,提升当地渔民养殖技术水平,促进水产品质量产量双提升和产业转型升级,推动了乡村振兴战略的实施。

2) 五水共治显成效,优化乡村环境治理

"跑道式"海水养殖项目坚持"水循环、零排放",大大减少了海水养殖污染。通过集中养殖、集中吸污、集中处理,让养殖水在一个池塘里循环利用,尾水不再外排,实现养殖尾水零排放,成为新时代美丽乡村建设的"新标杆"。2018年上半年,大佳何镇党委书记李文斌分别在浙江省五水共治有关会议、县乡镇改革创新工作会议上做了《大佳何"跑道"养鱼:经济效益与生态效益双丰收》主题汇报。相关经验在浙江省五水共治简报得到专题报道。

3) 提高了海水池塘养殖农户的经济效益

经过一年的实践探索,学校"跑道"循环养殖技术在成活率提高、养殖风险降低、品质和效益凸显方面取得了显著的成效。基地在第一期共投产38 000尾黄鱼、日本黄姑鱼、鲻鱼,30亩试验塘共产出36 t鱼,亩产经济效益达到12 000元,相比过去每亩产值提高了整整3倍,收到了十分良好的经济效益。根据梭鱼养殖的结果,在不计算蛏子收入的情况下可以实现单条跑道利润83 930元,这一收益远高于传统的养殖模式。

4) 带动了区域海水养殖产业的良性发展

在宁海县大佳何镇佳远公司的示范下,以一市镇的晨曦水产公司为代表的大型养殖户也开始引入这一新型的养殖模式,对金鲳、珍珠龙胆石斑鱼等其他种类鱼进行了养殖尝试,迈出了地区性海水养殖产业转型升级的第一步。吸引了周边沿海地区,如舟山、温岭、象山、鄞州等地的养殖户和渔技农技推广站的老师们参观学习,成为产业转型和"五水共治"的优秀典范,起了良好的示范作用。

5) 提升了乡镇成校科研意识与科研实力

学校边实践边开展海水池塘循环水养殖技术研究,取得了重点科研课题项目5项,提升了学校科研的软实力。《培训"补短板",蓝海"增新效"——乡镇成校开展农科教养殖项目培训与推广的实践研究》获得宁波市政府教学成果奖三等奖;《海水池塘循环水养殖技术应用研究》成功立项为宁波市教育科学规划重点课题,还被立项为宁波市社区教育重点实验项目;《基于防残设施的梭子蟹围塘高产养殖技术集成与推广》被立项为2018年宁波市教育局教育助农项目;《海水鱼类"跑道式"养殖模式构建与示范》项目被立项为宁海县科技局科技类建设项目。此外,学校荣获宁波市高标准成人学校、浙江省社区教育示范学校等荣誉称号。

6)赢得了新闻媒体的高度认可与广泛宣传

"海水养殖"特色品牌项目经过近两年的创新实践,取得了显著的成效,得到了社会各界的高度认可,《浙江教育报》《中国教育报》等新闻媒体纷纷报道了学校"跑道养鱼"项目。"跑道式"海水养殖技术与经验唱响了宁海,引领了宁波,辐射了浙江。

模式五：栽培技术培训：成人学校助力杨梅产业发展的路径（以丈亭成人学校为例）

新型职业农民培训是提高农民素质,促进农民增收,实现乡村产业振兴的重要载体。余姚丈亭镇成人中等文化技术学校实施的杨梅栽培技术培训特色鲜明、易学易懂、可操作性强,极大地激发了学员的学习热情,既提升了杨梅栽培技术培训实效,也为提升当地杨梅产业公共服务水平,推动杨梅观光产业发展等发挥了示范带动作用。

1. 研究缘起：直面杨梅产业发展之困境

杨梅是余姚丈亭农业的支柱产业和发展"一镇一品"的拳头产品,也是当地农民经济收入的主要来源。加强杨梅栽培技术推广,事关当地杨梅产业可持续稳步发展,事关广大梅农的切身利益、事关农民的增收问题。丈亭镇杨梅产业发展过程中面临着品种少、储藏难、劳力缺、包装乱等一系列棘手问题亟待解决。

一是品种少。丈亭杨梅以荸荠种为主,占95%以上,虽适于鲜销,但栽培技术要求高;而适于加工、生产低成本、丰产的东魁种以及西山白种杨梅等种植则相对较少,不成规模。二是贮藏难。杨梅鲜果贮藏时间很短,即使温度在0～2℃也只能保鲜10天左右,故有"头日采收,次日色变,三日味变"的说法。三是劳力缺。杨梅是劳动密集型产业,生产资料成本不高,但物化成本高,杨梅的疏花疏果、剪枝、采摘等均需投入大量的劳动力。疏花疏果缺劳力、技术难到位,导致优质果、精品果率不高。四是包装乱。全市杨梅外销包装长期以来缺少一个统一规范的标识和款式,杨梅种植大户大多数是各自为政,行业自律和监管比较弱化,鱼龙混杂,游客难辨真伪和优劣,不易于提升余姚杨梅的对外形象。

2. 精准发力:开展科学栽培技术之培训

杨梅作为丈亭镇的农业支柱产业,涉及千家万户农民的切身利益。如何攻克杨梅种植栽培技术,尤其是大小年生产技术难题,实现杨梅生产保量、保质、高效,实现杨梅产业健康持续发展,是开展栽培技术培训的一件大事。基于此,余姚市丈亭镇成人教育学校紧密结合当地杨梅支柱产业的发展实际,本着以促进农业增效、农民增收为目标,用科学理论武装农民群众,为广大梅农提供胜任杨梅栽培种植工作所必需的思想、知识和技能,充分利用成人学校的阵地,致力于构建面向广大梅农杨梅的实用栽培技术提升的应用性培训体系,培养一支有文化、懂技术、会经营的新型农民队伍。

1) 强化调研,为精准培训打基础

强化对杨梅生产现状和梅农对技术需求的调研摸底,通过广泛听取农技人员、农业骨干的情况介绍,深入有关村专业户攀家常,看现场,召开镇、村有关人员及部分梅农代表座谈会,掌握杨梅生产领域的第一手材料,理清生产上存在的主要问题和急需解决的技术难题,征求培训计划和实施方案。

2) 外聘内引,充实组建专业师资队伍

成人学校专任教师对于杨梅栽培技术相关知识培训大多是"门外汉"。打造好一支优秀的专业师资队伍,是当务之急。为此,我们采用了"外聘内引",即"土洋结合"两条腿走路的方法。一是专程上门聘请市镇农技部门专家来校担任兼职教师,根据学校的统一布置定期来校培训讲课;二是专门物色本镇长期从事杨梅生产,有丰富实践经验,周边群众信得过的梅农(土专家)上培训讲坛,传授自己的栽培技术经验和体会,以现身说法的方式引导和影响其他梅农,使得广大学员"学有榜样、看有实样、干有奔头"。

3) 精心布局,完善培训推广网络体系

相对于正规的学校,参与成人教育培训的学员显得较为松散,组织培训和交流相对困难。为此,我们专门召集辖区内杨梅生产村村委主管农业社长座谈会,明确各村技术培训联系人和责任人,具体协助配合成人学校做好学员登记、培训通知等相关工作制度。同时,根据"成熟一家、发展一家"的整体思路,将分散的梅农按照农村专业合作社、社会团体等法律法规,在镇、村两级分别成立了杨梅专业生产合作组织、技术培训教学点以及专业互助服务队,建立科技示范户制度和教师联系人制度。

4）创新模式,满足学员多元化需求

针对农民学员整体文化程度相对偏低、年龄相对偏大、技术需求不同及可接受程度差异大等特点,采取动静结合、土洋结合等灵活多变的教学方式,打造空中课堂、固定课堂、流动课堂、田间课堂等四大课堂。

（1）进村入社。即把培训地点放在杨梅专业村、重点村或专业合作社,改变过去在镇成人学校培训的方式。一方面方便广大梅农,可以吸引更多群众参加培训;另一方面又可节约时间,扩大影响面,提高知名度,收到宣传的额外效果。

（2）小班化。即根据梅农的特别需求开展专题技术培训。一方面针对性强,效果好;另一方面又可提高教学质量,便于教师学员互动,培训灵活机动。

（3）室内外互动。将室内课堂培训与室外杨梅园实地现场技术操作示范相结合。这种把理论与实际应用相结合的方式,既便于学员当场对培训内容的消化理解,又便于当场发现梅农生产操作过程中存在的问题,以利于今后的技术修整和提高。

（4）土洋结合。实施专家专业理论培训指导,采用实用技术示范与当地杨梅种植能手现身说法相结合的方式,并在此基础上自行设计一整套简明、易懂的科学种梅的流程挂图,对杨梅种植、剪枝、疏果、采摘、包装、贮运等阶段统一操作规程,实施标准化生产技术,便于梅农学习和实践,提高杨梅种植的含金量,促进梅农增收。

（5）请进来,走出去。一方面,邀请宁波、余姚、仙居等农林专家实地传授杨梅疏花疏果、整形修剪、矮化栽培、科学施肥等多项杨梅栽培的新型技术;另一方面组织学员到其他杨梅产区学习先进经验,以此来拓宽梅农的视野,加强与外界的交流学习。

5）因地制宜,标本兼治,注重杨梅栽培技术创新

为解决杨梅结果大小年等难题,成立了以汪国云老师为骨干的技术攻关课题组,开展技术攻关克难。为找到一种既实用易接受,又能标本兼治,

从根本上解决杨梅结果大小年的问题,技术攻关组大胆地突破传统的人工疏花栽培的技术模式,创造性地提出了具有划时代意义的杨梅药剂疏花技术理论,即杨梅"计划生育"技术,并在浙江省农科院、浙江大学等有关专家教授的共同努力下,率先研制成功了杨梅专用疏花剂,这在杨梅生产发展历史上具有划时代意义,也是现代栽培技术与传统栽培技术最典型的区别。

6)与时俱进,丰富完善培训内容

为不断地提高广大梅农栽培杨梅的科技含量,适应新形势下人们对农产品质量的需求,提高培训质量,学校及时、系统地总结与吸收广大梅农传统的栽培技术经验,完善了余姚杨梅栽培技术体系,编制了多种专业书籍和教学资料。如参与了浙江大学、浙江省农业厅《杨梅》《杨梅病虫害原色图谱》《余姚杨梅》等专业著作与教材的编写,独立完成了宁波市地方特色教材《余姚杨梅实用栽培技术》的编写。我们共编印发放各种栽培技术资料25 000 余份,其中栽培模式图 5 500 份,栽培书籍 1 200 册。

7)做好参谋,助推产业链条延伸、品牌提升

结合余姚杨梅独特的文化,我们在杨梅产区进行了系列文化调研,通过与广大梅农谈杨梅,走访文艺界前辈,挖掘和整理有关杨梅的风俗、传说等历史文化遗迹,探究余姚杨梅的历史缘由,为余姚市委市政府举办"余姚杨梅节"和余姚申报"中国杨梅之乡"提供翔实的历史资料和佐证材料。继而将杨梅这一产业链向其他产业特别是第三产业延伸,从而使杨梅实用栽培技术培训项目品牌得以进一步提升。

3. 成效显著:助力杨梅产业品牌化发展

(1)突破了关键技术制约,实现杨梅栽培技术新跨越。加强科研攻关,重视技术的实用性,充分发挥了科技进步对杨梅产业的主导作用,并推动广大梅农科技致富奔小康。我们提出的药剂疏花技术理论很好地发挥了科技对生产实践的指导作用。在此理论指导下研制成功的杨梅专用疏花剂,很好地解决了杨梅大小年生产的实际技术难题,实现了杨梅栽培技术的新跨越,产生了极为显著的经济和社会效益。

(2)突破了传统栽培模式,实现了余姚杨梅标准化生产。在对传统栽培模式调研的基础上,我们系统地总结了生产上的成功经验,同时融入最

新的科研成果,对杨梅栽培领域的各个技术环节进行了组装配套,制定了国家、省、市三级的标准化栽培技术规范,绘制了栽培技术模式图1份,摄制了疏花疏果等核心技术的宣传片3套,建立了杨梅生态种植模式实验园3处。

(3)创新成人教育模式,实现了杨梅实用技术教学成效新提升。结合当地杨梅产业发展实际,开展"进村入社""小班化""室内外互动""土洋结合""请进来走出去"等特色培训模式,很好地发挥了成人学校教学机制灵活的优势,满足了广大学员对技术的多元化需求,深受广大学员的欢迎,也得到各级政府部门领导的好评,有力地提升了杨梅实用技术教学成效,扩大了在农民技能培训中的影响力和吸引力。

(4)创新产业发展新路径,实现杨梅旅游业兴起与发展。杨梅作为余姚市传统特产,历来享有盛誉,它兼有经济、生态、观赏等功能于一体,更可贵的是蕴含深厚的历史文化底蕴。为充分发挥杨梅的价值,我们做好领导的参谋,率先导入先进的管理理念,拓宽产业的发展思路,把传统第一产业与现代第三产业对接,努力延伸产业链条,增强杨梅产业的经济社会辐射功能。"观杨梅、品杨梅、尝农家菜""杨梅情、三江行"等一系列杨梅文化旅游观光节活动至今已持续了29届,营造了杨梅文化旅游氛围,促进了以杨梅为主题的农家乐旅游业的兴起和发展,从而带动杨梅销售,拓展了杨梅的销售市场,扩大了市场的知名度。

(5)助推了杨梅专业组织,实现了生产组织化程度新提高。按照民办民管民受益的原则,在宁波市农林局、宁波市民政局、镇政府的大力支持下,我们率先在渔溪村进行试点,组建了丈亭镇第一家杨梅专业合作社舜果杨梅合作社,共发展会员28人,杨梅总种植面积近4 000余亩。截至2015年5月,丈亭镇已成立合作社10家,发展社员280人,杨梅总种植面积达到6 500亩,实现产值1 700万元,大大提高了全镇杨梅产业化组织程度。现在这些合作组织的广大社员已成为丈亭镇杨梅生产领域名副其实的科技排头兵。

(6)助推品牌战略实施,实现余姚杨梅品牌的崛起。充分发挥成人学校的教学阵地优势,强化对广大梅农的思想引导,通过身边的事和身边的人,树立杨梅质量意识、精品意识和品牌意识。在这十几年中,丈亭镇实现了杨梅从零品牌到多品牌,从零星基地到集中连片产业化基地,从传统的粗包装到多元化的精包装等方面的转变。据统计,丈亭镇在工商部门登记的杨梅品牌有 4 个,其中鹤顶牌余姚杨梅已成为全市品牌的代表,先后获得浙江省优质农产品金奖、浙江省农业名牌产品、宁波市名牌产品等称号。

关于进一步加强农村成校建设增强服务乡村振兴能力的意见

（宁波市教育局文件　甬教终民〔2019〕158号）

各区县（市）教育局，大榭开发区社会发展保障局，东钱湖旅游度假区社会事务管理局，宁波国家高新区教育文体局，宁波杭州湾新区教育文体局，各有关学校（单位）：

为深入贯彻党的十九大精神，落实国家、省、市教育大会及《中共中央国务院关于实施乡村振兴战略的意见》《国家乡村振兴战略规划（2018—2022年）》、《关于印发〈推进社区教育进农村文化礼堂三年行动计划（2019—2021年）〉的通知》等精神，不断加强农村成校的基础能力建设，全面推进农村成校的内涵建设，持续提升农村成人教育的发展水平与质量，充分发挥农村成校在农村经济提振、农业人才支撑、农村文化繁荣、乡村社会治理、乡村组织振兴中的重要作用，在全国率先打造成人教育服务乡村振兴战略的"宁波样本"。现就进一步加强农村成校建设，增强服务乡村振兴能力，提出如下意见。

一、充分认识农村成校在服务乡村振兴中的作用

（一）农村成人教育是我国教育的重要组成部分，是构建终身教育体系、建设学习型社会的重要内容，承担着提高农村成人思想政治和科学文化素质，促进农村经济社会发展的重要任务。农村成校是由区县（市）、乡（镇）两级政府主办、教育行政部门主管的面向农村成人和回乡初高中毕业生开展各种文化技术教育和岗位培训的专门学校，是加强农村人力资源开发和建

设、提高农村居民综合素质的主要阵地，是开展农村劳动力转移培训的稳定渠道，是推广农村实用技术的重要力量。在新时代，农村成校必须紧紧围绕当地党委政府中心工作，坚定为"三农"服务的办学方向，根据乡村振兴战略的实施要求，结合当地经济和社会发展的需要，努力拓展学校功能定位，不断提高学校服务能力，逐步把学校建设成为当地集文化教育、成人教育、社区教育、老年教育等于一体的服务乡村振兴的教育培训中心。

（二）进一步加强农村成校建设，是我市实施"科教兴市战略、人才强市战略"的内在要求；是加快推动农业全面升级、农村全面进步、农民全面发展，创建城乡融合发展先行示范区的客观需要；是实施乡村振兴战略、全面建成小康社会的必然要求。各地要以习近平新时代中国特色社会主义思想为指导，从落实教育优先发展战略地位、实现教育现代化的高度，充分认识农村成校的地位和作用，进一步加强农村成校建设，提高成人教育服务乡村振兴能力的重要性、紧迫性的认识，自觉把这项工作抓紧抓实抓好。

（三）多年来，我市农村成人教育工作取得了明显成效。全市现有独立建制的乡镇（街道）成校 114 所，这些学校在提高农村劳动力素质，拓宽农民致富门路，促进农村经济发展，建设小康社会等方面发挥了积极作用。但是当前农村成校发展中也存在一些突出问题：有些地方重视不够，学校的地位、作用没有落实发挥好；学校基础设施和办学条件比较简陋；办学经费投入不足，学校运转比较困难；学校专职人员不足，师资配备不强；学校办学机制不活，培训质量不高等等。农村成人教育在我市各类教育中较为薄弱，在教育现代化进程中任务十分紧迫，各地必须引起足够的重视，在农村成校转型发展中加强建设，在服务乡村振兴中贡献力量。

二、提升基础能力，加快推进农村成校现代化建设

（四）构建全覆盖高水平的农村成人教育网络。根据农村成人教育工作的"基础在村（社区），重点在乡镇（街道），龙头在区县（市）"的特点，各地要不断整合、拓展农村成人教育的办学资源，大力推进农村成校现代化建设工作，加强对村民学校的办学指导与协调。根据近年来全市基础教育、职业教育办学条件不断改善、办学水平不断提升的实际，从普职成"三教"协调发展的要求出发，要以市特色示范成校建设和省现代化成校建设为抓手，把发展

农村成人教育工作列为推进区域教育现代化的重要内容,到2022年,建成60所左右基础扎实、团队卓越、机制创新、特色引领、服务到位、成效显著的新时代现代化成校,确保全市农村成人教育的整体实力继续走在全省前列。

(五)全面加强农村成校校园文化建设。农村成校是先进文化传播、传承的重要场所,担负着提高农村居民文化道德素养的职责。全面加强农村成校校园文化建设,就是要充分发挥其在优秀传统文化传承、公共文化宣传普及、公民道德教育、群众闲暇活动组织等文化建设中的重要作用,提升农民精神风貌,传承农村优秀文化,推动乡村社会文明。各地要把校园文化建设作为提高农村成校内涵发展水平的新载体和新路径,按照"整体规划,分步实施,追求品质,注重实效,形成特色"的工作要求,探索建立具有时代特征、区域特色、成教特点的乡镇(街道)成校校园文化建设目标体系、工作规范和长效机制,积极争取政府、企业、社会各界的支持与参与,多渠道投入改善优化校园自然环境和人文环境,到2022年,培育形成30所左右在省市有影响的校园文化建设示范成校,提升农村成人教育服务乡村振兴的核心竞争力和长远影响力。

(六)建立农村成人教育数字化学习平台。为推进学习型社会建设,完善新时代终身教育体系,让农村成人教育跟上时代步伐,夯实乡村振兴的数字化支撑,在宁波智慧教育框架下,在宁波市终身教育公共服务平台基础上,推动优质学习资源共享和使用管理权限下移,丰富优化农村社区学习资源供给,建设更具特色、更接地气的农村成人教育数字化学习平台,把农村成校打造成为乡镇(街道)市民数字化学习中心、信息服务中心。各地要把成校信息化建设纳入区域教育信息化建设规划中,从今年起,在农村成校分批安装多媒体培训教室、双向视频直播系统等,扩大建立数字图书馆、电子阅览室等,为辖区居民数字化学习提供服务支持,为服务乡村振兴提供信息技术支撑。各农村成校要进一步挖掘当地文化教育资源,引入市场化运作机制,联合专业机构开展特色网络课程开发、平台维护管理和运营服务。争取到2022年,建成70个左右乡镇(街道)市民数字化学习中心,基本形成市、区县(市)、乡镇(街道)三级一体化的宁波市民终身学习公共服务网络,基本满足全体市民个性化、自主化、品质化学习需求。

(七)实施品牌发展战略提高影响力。各地要加快推动农村成校转型提升,紧紧围绕当地党委政府中心工作,大力实施成教服务乡村振兴创新项目、终身教育品牌项目、社区教育实验项目、社区教育进文化礼堂建设项目等,积极开展有助于促进人才支撑、经济提振、文化繁荣、生态文明、社会治理等教育培训,在服务乡村振兴中促进成人教育服务方式转型、服务内容转型、服务能力升级、服务品牌升级,全面提升农村成校的知名度与美誉度。为加快推进农村成校特色化、品牌化发展,市财政每年安排专项经费用于农村成校品牌建设补助,支持各地不断创新工作模式,加快培育特色品牌,争取到 2022 年全市建成 100 个左右农村成校办学品牌与创新项目,基本形成我市"一镇一品""一笑一品"的农村成人教育办学格局。

三、强化服务意识,围绕乡村振兴开展高质量教育培训

(八)助力乡村人才振兴。农村成校要精准对接当地对人才发展的需求,提供多样化高质量的教育培训服务,到 2022 年,全市每年面向农村各类人群的教育培训达到 100 万人次以上。深入开展新型职业农民培训,加强与职业院校、农科院所、新型农业机构等合作,完善多主体协同参与新型职业农民培训的运行机制,增强针对性、实用性和实效性,着力培养生产经营型、专业技能型、社会服务型三种类型的新型职业农民。大力开展农村实用人才培训,按照当地经济结构调整、发展特色产业和生产实际的需要,大范围培养农村实用型人才和技能型人才,大面积普及农村短、平、快技术和农业先进实用技术,高质量提供就业政策咨询、信息发布、职业指导和职业介绍等一条龙服务。加快开展农村居民自主创业培训,打造农村成人教育众创空间,利用线下孵化载体与线上网络平台,面向返乡农民、农村青年开展创业扶助培训,帮助解决技能、技术、渠道、资金、销售等问题,鼓励和扶持农村居民投身创业实践,实现由"打工者"向"创业者"的转变。

(九)助力乡村产业振兴。农村成校要精准把握当地企业转型发展、产业经济升级中对人才、技术的需求,通过协同创新、帮联众扶等方式,担负起服务区域产业经济发展的重任。立足区域农业产业特色,集聚农场、农技推广站、农村合作社、农业研究院、农产品产业协会等资源,通过新品种引进、新技术推广、新经验普及,创新"成校基地示范—成人教育培训—农户示范推广"的培训模式,赋予"农科教结合项目"和"燎原计划"新的时代内涵,促

进农户增收和农业产业转型升级。要依托乡镇（街道）党委政府力量，联合社会各方资源，打造小微企业众扶平台与团队，开展致力于助力小微企业发展的公益性项目，通过人才培训、技术服务、项目合作、科技推广等方式帮助小微企业解决人才与技术难题，促进辖区小微企业持续发展。要针对乡镇企业实际需要，贴近一线职工学习需求，开展各类岗位技能证书和职业资格证书培训，提高企业的技术水平和经营水平。要服务美丽乡村建设、全域旅游发展，转变农民生产生活方式，开展特色标准化服务、旅游主题活动策划、大型活动承办管理、安全与服务能力等旅游类培训，提升农村从业人员素质，助力乡村旅游经济的发展，打造乡村生态产业链。

（十）助力乡村文化振兴。农村成校要依托文化礼堂、农家书屋、农民大课堂等载体，广泛开展社会主义核心价值观与公民道德规范养成教育，推进"新农村·新生活·新农民"教育培训活动，开展新时代家风乡约教育实践活动，培育农民社会公德、家庭美德、个人品德、职业道德，引导农村居民树立科学文明的生活方式。要精心挖掘培育彰显地方特色的地域文化、农耕文化、红色文化、历史文化等项目，组织开展"乡村记忆文化、乡村传统工艺、历史文化精髓"等传承教育活动，打造一批非遗工作室、优秀文化展览馆，传承甬派优秀文化。要精准对接农村居民对高品质文化生活的诉求，培育农村文化社团和学习团队，实施社区教育进农村文化礼堂工作，参与青少年校外学习活动，开展家庭教育、文体休闲、科普宣传、健康养生等多元化、品质化的社区教育活动，提高农村居民的生活质量，到 2022 年，农村各类人群参与有组织的社区教育活动的占比达到 15％以上。

（十一）助力乡村社会振兴。农村成校要不断推进社区教育，重视发挥社区教育在乡村社会治理中的作用，为促进农村社会和谐、居民幸福提供教育支持。要通过各类专题教育培训活动，采取灵活多样的宣传教育方式，加强对农村居民的思想道德教育、民主法制教育、生态保护治理教育、诚信友爱教育等，不断提高农村居民的文化修养和道德情操。要努力培育农村居民的社区治理意识、社区参与能力，发挥村民议事会、道德评议会等群众组织作用。通过制度创新、平台创设、机制保障、活动推进，建立起由党委政府、教育机构、社会组织、企事业单位、社区居民等多方参与的社区教育参与乡村社会治理体系。要落实国务院老年教育发展规划，完善各乡镇社区老年大学、社区（村）老年教学点、老年家庭学习点、老年学养社团、老年在线学习平台等载体建设，创新社会力量参与办学、养教结合等老年教育办学模式，到2022年，实现以各种形式经常性参与教育活动的农村老年人占比达到30％以上。要重视对外来务工人员、流动人口的教育培训工作，持续开展文化学历教育、职业技能培训、文明素质教育等，提高他们的就业创业能力，加快融入当地社会生产生活。

（十二）助力乡村组织振兴。农村基层党组织是党在农村全部工作和战斗力的基础，是党联系广大农民群众的桥梁和纽带。农村成校要充分发挥基层党校的教育优势和组织功能，配合上级党组织进一步加强对当地村党组织干部、党员和入党积极分子的教育培训，加强农村致富带头人、乡土人才、新乡贤、务工经商返乡人员等农村基层带头人队伍建设，把广大基层党员和群众的思想、行动、力量和智慧凝聚起来，齐心聚力搞好乡村经济社会建设。农村成校要突出政治功能，提升组织力，把学校党组织建设成为宣传党的主张、贯彻党的决定、服务基层治理、团结动员群众、推动改革发展的坚强战斗堡垒。学校党组织书记要当好"领头羊"，充分调动教职员工的积极性、主动性和创造性，带领群众投身乡村振兴新实践，帮助村民拓展致富渠道，增强致富本领，提升广大群众获得感、幸福感。

（十三）建立一支教学与管理兼备的教师队伍。农村成人教育教师是地方教师队伍的重要组成部分，各地要按照服务乡村振兴对农村成校高水平教师队伍的要求，以初级中学教师的任职资格为标准，依法依规严把师资入口，配足配好农村成校教师，由教育部门统一管理。切实解决农村成校教师待遇问题，在农村补贴、福利待遇、职务评聘、评先晋级等方面应与农村普通中小学教师享受同等待遇。实施成人教育师资素质提升工程，加强名校长、名师培养，注重骨干教师培育，关心青年教师专业发展，深入组织开展教师专项技能比赛与科研能力提升培训。鼓励成教教师参加学历进修和素质提升，通过与示范户、农技专家、非遗传人等结对活动，不断学习新知识，掌握新技术，达到一专多能，以适应服务乡村振兴的需要。全面实行成教教师工作业绩年度考核，完善职务聘任制度，加大内部改革力度，引入竞争机制，选配协调组织能力强、工作热情高的青年教师补充到专职队伍中来，逐步建立起一支数量足够、结构合理、素质优良、专兼结合、动态管理的教师队伍，培养一批德才兼备、年富力强、乐于奉献、忠于事业的农村成人教育领导干部。

（十四）落实政府投入责任。各地要认真贯彻《国务院关于大力推进职业教育改革与发展的决定》和《国务院关于进一步加强农村教育工作的决定》，切实落实文件规定的政府投入责任，将农村成人教育经费纳入财政预算，按时足额把办学经费拨付到农村成校。在确保农村义务教育投入的同时，按"政府购买服务"和"以奖代补"等方式，逐年增加对成教服务乡村振兴的经费投入。农村成校的办学场地、校舍改善及必要的设备投入，主要依靠当地乡镇政府统筹协调。要坚持多渠道筹措办学资金，建立政府、学校、社会和个人共同分担的经费筹措机制，鼓励企事业单位、社会团体和公民个人捐资助学。要深化农村成校运行机制的改革，增强市场意识，集聚资源要素，主动面向社会开展多种形式的教育培训，让更多的服务收入用于学校的再发展和教师的再分配。

（十五）切实加强对农村成人教育的领导。各地要把农村成人教育工作摆上重要位置，从严治教，规范管理，引导农村成人教育健康协调可持续发展。各地要加强农村成校党组织建设，按要求明确管理主体、规范隶属关系、健全工作制度；所辖学校党组织和党的工作全覆盖，选优配强党组织书记，每年至少听取1次学校党建工作汇报；做好发展党员和教育管理党员工作，创新党组织活动内容方式，党建工作经费纳入学校年度预算。宁波市教育局成立成人教育服务乡村振兴领导小组，领导小组办公室设在宁波市成人教育学校，具体协调、指导、落实各项工作开展。为推进全市农村成校的现代化建设跨上新的台阶，将农村成人教育工作业绩纳入对各区县（市）政府的年度目标考核体系。各地要加强对农村成教、成校的宣传报道工作，要及时总结推广经验，定期表彰奖励农村成人教育工作成效显著的学校和个人。

2019 年 4 月 24 日

参考文献

［1］莫显君.分析新时期影响乡镇成人学校发展的主要因素——以江苏省无锡市为例[J].经济师,2010(9):142－143.

［2］张昭文.关于乡镇成人学校的历史现状和发展的思考[J].中国农村教育,2014(9):10－17.

［3］张爱娟.近三十年我国乡镇成人学校发展的研究综述[J].高等函授学报(哲学社会科学版),2012(11):78－80.

［4］孙诚.探索转型时期乡镇成人文化技术学校的发展之路[J].河北大学成人教育学院学报,2008(6):35－37.

［5］孙诚.我国乡镇成人文化技术学校的发展现状与若干建议(上)[J].成人教育,2008(10):12－15.

［6］曾书琴,覃广泉.依托乡镇成人文化学校促进农村社区教育发展的思考[J].广东农业科学,2010(7):262－263.

［7］熊艳红,习运群.发展农村成人教育　加快农业经济增长方式的转变[J].江西农业大学学报(社会科学版),2006(4):36－39.

［8］张悦华.农村成人教育为农业农村农民服务的探索与实践[J].成人教育,2001(7):22－24.

［9］张维新,陈宇晖.农村职业与成人教育为"三农"服务功能与途径探讨[J].继续教育研究,2005(3):39－43.

［10］黄德凯.浅析成人教育服务广西现代农业的必要性及策略[J].成人教育,2013,33(11):89－91.

后 记

在《成人教育服务乡村振兴的实践研究》收笔之际，我们首先要致敬多年来在成人教育领域为乡村振兴付出辛劳的基层成人教育工作者，是他们的聪明才智和汗水灌溉成就了本书所展示的内容与成果。

在本书编写的各个阶段，宁波市教育局，特别是张建国副局长，陈鸿洋处长对本书的编写给予了大力指导、帮助和贡献。联合国教科文组织国际农村研究与培训中心副主任王力教授，原中国教育科学研究院蓝建教授等都给予了指导和帮助。我们对他们的支持表示衷心的感谢。我们也要感谢慈溪市教育局、宁海县教育局、镇海区教育局、宁波市教科所等机构和部门对本书提出的宝贵意见和建议。感谢宁波市职业与成人教育学院王阳院长、卢科副院长对本书的编写自始至终的支持和帮助。

我们还要特别感谢参与了本书编写、校对等工作的同事汤海明和徐慧珍。很多乡镇成校的同事也为本书提供了相关案例，他们是：王启平、周新、刘奇华、姚卫平、卢继青、刘文斐、张心才、储功省等。本书的顺利完成得益于他们的辛勤努力与贡献，在此一并致谢！

本书第一章至第四章由陆和杰执笔；第五章由汤海明执笔；陆和杰负责全书的策划和统稿工作。

我们诚挚希望本书能为相关人士提供有益借鉴。由于能力有限，且时间紧迫，难免有错误或疏漏，敬请广大读者批评、指正。

陆和杰

2021 年 8 月 30 日